阅读成就思想……

Read to Achieve

福格
说服技术

[美] B.J. 福格（B.J. Fogg）◎ 著 宋霆 ◎ 译

PERSUASIVE
TECHNOLOGY
Using Computers to Change What
We Think and Do

中国人民大学出版社
· 北京 ·

图书在版编目（CIP）数据

福格说服技术 /（美）B. J. 福格著；宋霆译. -- 北
京：中国人民大学出版社，2022.4
　　书名原文：Persuasive Technology: Using
Computers to Change What We Think and Do
　　ISBN 978-7-300-30284-3

　　Ⅰ. ①福…　Ⅱ. ①B…②宋…　Ⅲ. ①计算机技术—应
用—说服—语言艺术　Ⅳ. ①H019-39

　　中国版本图书馆 CIP 数据核字（2022）第 030380 号

福格说服技术

[美] B. J. 福格　著

宋　霆　译

Fuge Shuofu Jishu

出版发行	中国人民大学出版社	
社　　址	北京中关村大街 31 号	**邮政编码**　100080
电　　话	010-62511242（总编室）	010-62511770（质管部）
	010-82501766（邮购部）	010-62514148（门市部）
	010-62515195（发行公司）	010-62515275（盗版举报）
网　　址	http:// www. crup. com. cn	
经　　销	新华书店	
印　　刷	北京联兴盛业印刷股份有限公司	
规　　格	155 mm × 230 mm　16 开本	**版　　次**　2022 年 4 月第 1 版
印　　张	16.25　插页 2	**印　　次**　2022 年 4 月第 1 次印刷
字　　数	240 000	**定　　价**　75.00 元

本书赞誉

已出版的书籍很少能够定义一门新学科，或者从根本上改变我们对技术和工作的思考。而本书做到了这两点。无论你是想开拓生意，还是想教你的孩子如何避免被人操纵，你都必须阅读本书。

雅各布·尼尔森（Jakob Nielsen）

尼尔森·诺曼集团负责人

B.J. 福格创立了一门重要的新学科。对于伦理学家、市场营销者和广告人，甚至是大街上的普通人而言，这门学科都是至关重要的，当然也包括那些创造、部署和使用现代技术的人。如今，技术被用来改变人们的态度和行为。这带来了巨大的机遇、多重的挑战以及严重的道德问题。本书影响巨大，又易于阅读。它对以上这些议题进行了批判性的探讨，鞭辟入里，洞幽烛远。

唐纳德·A. 诺曼（Donald A. Norman）

美国西北大学计算机科学教授、尼尔森·诺曼集团联合创始人

任何媒介都有可能带来巨大的好处或坏处。我们应该学习如何用设计来实施干预，让我们与技术的互动更加人性化。对于那些认真设计未来的人来说，这是一本必读书。

克莱门特·莫（Clement Mok）

CMCD[①] 设计师和首席执行官

[①] 克莱门特·莫是美籍华裔设计师，曾在苹果计算机公司下属的苹果创意服务任创意总监，CMCD 是他创办的首家免版税的从事在线图像库存业务的企业。——译者注

推荐序

菲利普·G. 津巴多

斯坦福大学心理学荣誉退休教授、美国心理学会前任主席

被计算机说服技术说服的我

我乐于认为自己是 B. J. 福格这项非凡的脑力劳动成果的助产士。几年前，福格在我开设的一门关于精神控制心理学的新课程中担任助教。在他设计的那部分，福格决定围绕一系列新概念来组织他的课程活动，这些新概念是他为自己正在撰写的论文而开发的。他从事的是原创性的研究，探索计算机和人类主体所施加的说服影响之间的相似之处。他的思想是对拜伦·里夫斯（Byron Reeves）和克利夫·纳斯（Cliff Nass）最近的工作的扩展，他们与特里·威诺格拉德（Terry Winograd）和我本人共同组成了福格的论文答辩委员会。最早发现人们对待计算机和其他媒体的方式与他们对待真实的、非虚拟的人的方式类似的传播研究人员之中，就有里夫斯和纳斯。

福格的实验研究令人信服地证明了，在创造"魅力型计算机"——人们认为这些计算机是可爱和可信的——这件事上，社会心理学的基本原理发挥着作用。他的学生们被在他指导下所完成的工作深深地吸引，我也如此。从他的新视角产生的想法既广泛又深刻，他教给我的越多，我就越相信他正在从事着一些非常振奋人心的工作。当我们讨论应该如何发表他的观点时，我提醒他不要把这些重要的信息仅仅发表在学术期刊上，因为这样做可能会限制和延迟这些思想对该领域所能带来的影响。我建议福格从更大的视角思考，从而写出了本书。

亲爱的读者，你手中的这本书，是对某个全新的知识领域进行探索的第一本著作。它围绕说服展开，对各行各业的人都有重要的现实意义。你会发现它是一个惊人的宝藏，包含着新奇的见解和非常强大的实际应用，用一种清晰、令人信服、易读的风格写就。当然，你可以绝对信任自己所读到和学到的东西，因为福格是这个话题的可靠传播者。稍加研读，他的专业度就会在你面前呈现出来。

本书的受众远远超出了社会科学家的范围，包括所有涉及人机交互领域的人——无论他们是提供卫生保健服务、营销产品，或是处理公民事务，当然也包括一般公众。福格告诉我们，在某些情况下，以计算机为中心的说服应用比人类行动者更有说服力。

"计算机说服技术"（captology）是福格创造的术语，用来描述对具有说服力的计算机进行研究、设计和应用的这个领域。它是一个缩写，全称是"作为说服性技术的计算机"（computers as persuasive technology）。我预测，对那些对交互技术如何改变人们的观念、态度、价值观以及影响人们的行为——简言之，新机器如何以具体、可预测的方式改变旧思维——感兴趣的人来说，它很快就会成为该领域中的通用说法。

我职业生涯中的大部分时间都致力于记录社会因素对人们的思想、感情和行动所产生的巨大影响。但是，心理学和其他许多研究领域一样，提倡一种关注个体以了解人如何变化的方法，从而使人们更偏向于寻找性格属性和人的内在品质的先决条件。我们没有意识到一系列微妙的情境变量所具有的普遍性和威力，这些变量可能会以微妙的方式改变我们的行为选择。角色、规则、制服、群体、情境规范、社会模式、主流意识形态、标签、术语、符号、象征，还有更多的其他因素，都能诱导、激发和引诱我们去做出我们原以为与自我格格不入的事情。在我对邪教、去个性化、认知失调的研究以及我做过的斯坦福监狱实验[①]中，我都见证了这一点。然而，社

[①] 斯坦福监狱实验是 1971 年由美国心理学家菲利普·G. 津巴多领导的研究小组，在斯坦福大学心理学系大楼地下室的模拟监狱内进行的心理学研究。这是一项由美国海军资助，针对人类对囚禁的反应以及囚禁对监狱中的权威和被监管者的行为影响的心理学研究。在实验中，囚犯和看守很快适应了自己的角色，一步步地超出了原来预设的界限，导致给被试造成危险和心理伤害的情形。三分之一的看守被评价为显示出"真正的"虐待狂（续下页）

会情境因素从不会停下让我惊讶的步伐。聪明人会做出愚蠢的决定，正常人会做出不正常的行为，好人会做出邪恶的行为——这一切都只需轻轻拨动某个情境变量的开关就能实现。

这项研究，再加上斯坦利·米尔格拉姆（Stanley Milgram，他是我在布朗克斯科学高中的同学）关于盲目服从权威的经典研究 [1]，揭示了行为在多大程度上可以被情境控制。虽然这些受控的实验室实验的例子在持续时间和地点上都是有限的，但每天都有无数"真实世界的实验"在我们国家和全球的许多地方进行着。这些真实世界的实验中没有监督，人们甚至对其持续有效性也不会有任何评估。作为一场社会实验，美国的监狱系统就是一个持续到今天的失败案例，推翻了它原来的关于控制犯罪和减少犯罪行为的种种假设。同样的情况也适用于其他一些美国政府发动的尝试对社会进行干预的举动，其中包括"向贫困宣战""向毒品宣战"和"向恐怖主义宣战"。

自我在耶鲁大学的导师卡尔·霍夫兰（Carl Hovland）于 20 世纪 50 年代开始系统地研究传播和说服以来，我们的世界和技术都已经发生了巨大的变化。尽管霍夫兰所做的工作在当时是开创性的，但在技术上却从未超越纸笔问卷的范畴。我们是时候来关注一下，技术可以如何以及将会如何

（接上页）倾向，而许多囚犯在情感上受到了创伤，有两人不得不提前退出实验。实验原计划进行 14 天，由于种种原因，津巴多在第六天就提前终止了整个实验。此实验旨在说明社会情境因素对人类行为有着之前没有被充分评估计到的巨大影响，实验结果发表后在公众中引起了巨大反响。近些年开始出现了一些针对这个实验结果的质疑。现在有一种观点认为，斯坦福监狱实验与其说是设计严谨的学术实验，不如说是津巴多导演的一场由心理学研究者为社会公众呈现的"真人秀"大餐，其目的在于引发公众的关注。但是，即便如此，仍然不能否定该实验在历史上的巨大影响力。——译者注

[1] 米尔格拉姆的服从实验，又称权力服从研究，与斯坦福监狱实验同属社会心理学领域非常知名的实验。该实验于 1961 年由耶鲁大学心理学家斯坦利·米尔格拉姆主持实施。实验目的在于测试被试在面对权威者下达的违背良心的命令时，其人性所能发挥的拒绝力量到底有多少。实验的大体设计是，实验助理要求抽到"老师"角色的被试对处在隔壁房间内充任"学生"角色的被试，以电击的方式惩罚其对提问所做出的错误回答。错误累计得越多，电击力度越强。事实上，"学生"是由实验人员假扮的，电击并未真正发生，所谓的"痛苦"也只是假象，只不过扮演老师的被试对此并不知情。实验结果简而言之，有大约三分之二的"老师"被试都会服从权威（即身穿制服的实验助理）的命令，对"学生"施以逐次增强的电击。这一实验被视为有关权威与服从效应的经典实验，并在社会心理学界产生了强烈反响。——译者注

被设计以改变人们的思维和行为方式。不这样做我们就会有危险。我们会错过机遇，无法为人们的生活带来积极的、所期望的改变。在采取必要的措施以防止不道德的机构利用这种新技术谋取经济或政治利益方面，我们也会举步维艰，进展缓慢。而且，我们不得不花费更多的时间，才可以更充分地理解态度和价值是如何形成以及如何变化的。

21 世纪的技术已经在许多工作领域取代了人类。在那些领域中，由于"员工效率低下"，人类被认为只会"对利润造成负担"。这类工作包括银行出纳员、加油站服务员、信息操作员、超市收银员等。这些员工将被互动技术媒体所取代，后者更有效率，从不抱怨，从不生病，即使工作无聊也会坚持干下去，不会成立工会，也不要求休假或加薪。这个模式将会扩展到人类被视为消耗品的每一个领域。他们的知识将被系统技术所吸收，他们的专业知识将被机器人或智能软件所模仿，他们的工作时间限制将被打破，取而代之的是 7 天 24 小时的全天候在线。劳动力供不应求的瓶颈将由资历更浅的员工来解决——在以技术为基础的交付系统中，这些资历更浅的员工充当被调度的资源。

如果所有人——不管是专业人士还是普通公民——都能理解计算机可以如何被用来说服我们掌控那些将会影响我们健康和福祉的决定，我们就可以利用这种力量实现它所能带来的好处，同时也能够针对这种说服影响力的阴暗面敲响警钟。理解计算机说服技术的深层本质是有必要的，这有助于我们理解那些说服性技术是如何传递信息，从而改变人们的思想、感情和行动的。

在很多方面，本书关乎影响力的未来——如何说服人们，如何激励人们采取行动。B.J. 福格认为影响力的前景在于数字技术，我相信他的观点是正确的。我们现在仍在被灌输尼可罗·马基雅维利 ① （Niccolo Machiavelli）提出的旧模型，即人类能够成为影响行为的有效行动者，却忽略了乔治·奥

---

① 马基雅维利（1469—1527）是中世纪后期意大利的政治思想家和历史学家，以主张"为达目的可以不择手段"而著称于世。其思想被后人称为马基雅维利主义（machiavellianism），成为操纵他人以达到自己目的的权术和谋略的代名词。——译者注

威尔 ①（George Orwell）在其名著《1984》中首次提出的另一种模式，即技术有可能沦为独裁者"老大哥"手中的工具，以此来控制大众的思想。

作为改变我们的决定和行为的影响来源，新的计算机技术将具有多大的效力？现在下结论还为时过早。但来自实验室的研究结果以及已经在市场上被测试和使用的产品的最新数据告诉我们，计算机确实对人们发挥着影响力。

我认为自己是一个不太懂技术的人，但我坚信新的计算机技术将会对我们产生巨大的影响。不可否认，这些新兴的互动技术具有的影响力令人印象深刻，它们能够影响某些人在其生活的特定领域采取事先设计好的行动，以实现特定的结果。在我看来，计算机是否能影响我们的问题已经无须再讨论——福格和其他人已经证明了这一点。现在的问题是要了解这种影响的范围，即说服性技术将在多大范围内和多大程度上影响我们的生活。

举一个简单的例了：在美国，肥胖和成人糖尿病呈爆炸式增长，现在都快成了流行病。计算机技术可能提供了唯一合理的行为矫正程序，因为它可以让数百万人每天收到关于节食、记录自己体重和成为社会支持团体一员的持久信息；而且只要你拥有了设备，它就可以通过匿名参与，帮你绕过羞耻心和内疚感的障碍；向你提供奖励和激励；使用起来还很方便和经济。

反之，也有一些说服性技术的应用是不受欢迎的。我们必须保持警惕，识别和揭露这些应用，就像我们会对施加消极的说服影响的人所做的那样。

---

① 奥威尔（1903—1950）是英国著名小说家、记者和社会评论家，虽然受教育于著名的伊顿公学，其早期却同情社会底层民众，偏向进步。但是他在20世纪30年代参加了西班牙内战，并受到左派内部派系争斗的排挤迫害，这促使他开始反思，并在此后的一生中都致力于反对极权主义，支持民主社会主义。他以敏锐的洞察力和犀利的文笔审视和记录了他所生活的那个时代，做出了许多超越时代的预言，被称为"一代人的冷峻良知"。他的代表作《动物庄园》和《1984》是反极权主义的经典名著，其中《1984》是20世纪影响最大的英语小说之一。小说刻画了一个令人窒息的恐怖世界，在假想的未来社会中，独裁者老大哥以追逐权力为最终目标，利用技术监控所有人的一举一动，人性被强权彻底扼杀，自由被彻底剥夺，思想受到严酷钳制，人民的生活陷入了极度贫困，下层人民的人生变成了单调乏味的循环。——译者注

然而，作为对此关注的公民、心理学家和计算机系统的创造者，我们关注的焦点应该放在如何明智地利用说服性技术带给我们的崭新力量上面！

我知道你们会从这本意义非凡的书中学到很多东西，它可以为你开启一场新的对话，主题是计算机在我们日常生活中作为影响媒介所占据的位置。这场关于技术如何驱动和说服我们的集体对话必将持续好几十年。最后，请查看他的网站（www.persuasivetech.info）以获取更多的资料、图解说明和关于计算机说服技术的更新。也许我们可以说服福格在他的网站上进行关于新型说服性技术的更广范围内的对话。而在这条振奋人心的、通往新发现的道路上，当下你要做的只是迈出万里长征的第一步——翻到下一页，与计算机说服技术的创造者见面。我向你们郑重地推荐 B.J. 福格博士！

前　言

当我 10 岁的时候，我学习了宣传。来自加州州立大学弗雷斯诺分校（Fresno State University）的一名实习老师每周都会给我所在的五年级班级面授课程。他向我们展示了政客和媒体是如何使用技巧来改变人们的想法和行为的。我学会了各种宣传技巧的名称，很快就能在杂志广告和电视广告中辨认出它们。当时我觉得自己充满了力量。

在一个被无花果园环绕的乡村平房教室里学习宣传知识，看起来似乎有些奇怪，但这个话题却深深吸引了我。我惊叹于文字、图像和歌曲是如何能够促使人们去献血、买新车或报名参军的。

这是我第一次正式接触说服这件事。从那以后，在我目光所及之处，我都能辨认出所谓的"宣传"，其所服务的目的有好也有坏。

在我对说服的兴趣与日俱增的同时，我与科技的接触也在日益增多，而这要归功于我的父亲。20 世纪 60 年代末的某一天，我在家里接到了一个电话，是我父亲打来的。"我现在正顺着大路开车回家，"他说，"大约一分钟后我就能到家。"原来他在自己的车里安装了某种电话设备，这在当时是非常新潮的。后来，一个巨大的微波炉在我们的车库安家落户（车库是当时唯一能装下这个庞然大物的地方）。没过多久，我们又得到了一个可以在电视屏幕上显示图像的设备，我们一家人坐在一起围观由我父亲主持的眼科手术。后来，在计算机系统还没有正式推出之前，父亲就用订购的部件组装了一台他自己的计算机——他花了很多个晚上把计算机芯片焊接到电路板上。

现在听起来也许有些奇怪，但我的父母的确常常和他们在弗雷斯诺的朋友一起去拉斯维加斯度假。他们去那里的目的不是赌博，而是参加一年一度的消费类电子产品展览会（Consumer Electronics Show，CES），体验世界上最新潮、最伟大的面向消费者的技术。有时他们会带着七个孩子中的几个一起去。对我来说，那是我度过的最棒的假期。那时我从来没有想过有一天会有人给我付费，邀请我参加 CES 或者类似的展会。

我早期接触的说服技巧和技术显然塑造了我的兴趣取向。经过七年漫长的本科生涯，我学习了几乎所有感兴趣的东西。最终，我发现了一个领域，它能把我从小就培养起来的各种兴趣联系起来。这个领域就是文档设计 [document design，现在更广为人知的名称是信息设计（information design ）]。正如一位专注于信息交流的著名思想家卡伦·施赖弗（Karen Schriver ）[1] 所描述的那样，文档设计就是要使信息易于获取、有用处和有说服力。

我被这个主题迷住了，并如饥似渴地阅读我能找到的一切有关资料，从字体的可读性、文本结构的模式，到关于编程指令的概念论证。我成立了一家名为"阿凡达"（Avatar ）的公司，通过使用软件 PageMaker（1.0 版本），为软件公司、销售公司以及任何需要以更好的方式来告知和说服受众的客户提供文档设计服务。

在 1992 年获得硕士学位以后，我创建了一门关于文档设计的课程，并给优秀的本科生授课。至今，我仍然认为这是世界上第一门有关信息设计的本科课程。在我教授这门课程的两年时间里，我和我的学生们共同探索了如何使信息易于获取、有用处和有说服力。我逐渐清楚地意识到，我真正感兴趣的是其中的第三个方面，即有说服力。

我看到信息设计的未来，特别是关于如何创造人工产品以说服人们的未来，就隐藏在数字技术、在线环境和交互式计算产品当中。因此，怀着弄清楚如何设计计算系统来说服人们的愿景，我在斯坦福大学开始了我的博士生涯。在此过程中，我成了一名社会科学研究者，更确切地说，是一名实验心理学家。

---

[1] 卡伦·施赖弗所写的那篇名为 "Document design from 1980 to 1989: Challenges that remain" 的文章，发表在 *Technical Communication* 上。正是这篇文章将如此之多我感兴趣的事物联系在一起，并为这个领域正式命名。之后，施赖弗博士又出版了一本关于该领域的书籍，书名和出版信息是 *Dynamics in Document Design: Creating Texts for Readers* (New York: Wiley, 1996)。

　　令我惊讶的是，在查阅了相关文献并询问了心理学、人机交互（HCI）和市场营销等相关领域的思想领袖后，我发现还没有人特别关注计算机在说服方面的作用。虽然存在一些开创性的产品，但对那些为改变人们的态度和行为而创造的计算机系统，却没有人对它们的潜力和缺陷进行检验。

　　我的博士论文将研究计算机如何具有说服力。我将题目定为"魅力型计算机"（Charismatic Computers）。它包括了关于如何使计算机变得更讨人喜欢和更有说服力的实验研究，并勾画了一个我称之为"计算机说服技术"的新领域的愿景，这个概念的英文"captology"乃是"作为说服性技术的计算机"这一短语的缩写。这些年来，随着技术的发展，我对计算机说服技术的看法不可避免地更加深刻了，关于计算机影响人们的方式，我也了解到了更多。

　　说服性技术是一个快速增长中的研究和开发领域。许多类型的计算系统，从网站到生产力方面的应用，再到移动设备，都越来越关注激励和影响用户。

　　本书的论断之一是，在未来，我们将看到越来越多的计算产品是以说服为主要目的设计的。此外，为了其他目的（如提升生产力、创造力或协作）而设计的软件应用程序——无论是基于桌面计算机还是基于网络——将越来越多地融入说服元素。在理想状态下，这样做能激励用户更好地使用这些应用程序，并支持用户实现其目标。

　　在我看来，对于大多数设计面向终端用户的计算产品的人来说，理解在计算机交互体验中如何将有关动机和影响的原则设计进去，将会是一件非常重要的事情。随着最终用户计算 [①] 的成熟，对计算机说服技术的理解可能变得和对可用性的理解一样重要。

　　在斯坦福大学的九年时间里，我一直在研究交互技术如何改变人们的态度和行为。虽然计算机说服技术在研究和设计中仍然是一个新兴领域，

---

① 最终用户计算（end-user computing，EUC）是一个术语，用于描述计算机硬件和软件一经设计并提供给企业或个人消费者使用以后，他们对这些硬件和软件的使用行为。进行最终用户计算的人积极使用最终的计算产品，但通常不参与设计、编程、维修或安装等相关的硬件或软件的过程。

但现在已经是时候与更多的读者分享这项工作的成果，并尝试为这个新兴领域建立一些规则了。写作本书的目的正是如此——为更好地理解当前和未来的说服性技术奠定基础。

基于此，本书主要提供对计算机和说服领域的当前状态的洞察，以及对说服性技术的可能前景的预见。本书主要是为那些对研究、分析或设计说服性技术感兴趣的专业人士而写的。但它不是技术书籍，根据我在斯坦福大学的教学经验，我相信此书与范围广泛的读者都有关联。这些读者包括对技术进行观察的人士，以及相关企业高管——他们希望了解如何利用说服性技术来开发新产品，赢得新客户和市场，或加强品牌认同和提高忠诚度。

我希望所有读者都能理解伦理道德在创造说服性技术产品中的重要性。我在本书中用了一章的篇幅讨论这个话题。在我看来，说服性技术体系的发展不应仅仅取决于偶然事件或市场力量。拥有了通过计算机系统进行说服的能力，就应该承担起责任，将技术用于正当的、合乎道德的目的。这是我对本书的最终希望，即它将对说服性技术的负责任的设计和应用做出贡献。

Contents
目 录

数字化时代的说服

计算机最初不是为了说服别人而创造的，而是为处理数据——存储、计算和检索——发明的。但随着计算机从研究实验室转移到人们的工作台上，并进入日常生活，它们从设计上就变得更具说服力。今天，计算机扮演着各种说服者的角色，包括传统上由教师、教练、牧师、治疗师、医生和销售员等担任的影响他人的角色。我们已经进入了一个说服性技术的时代，即交互式计算系统的设计目的就是改变人们的态度和行为。

> 我把说服性技术定义为任何旨在改变人们态度或行为的交互式计算系统。

说服性技术的最早模型出现在 20 世纪七八十年代，当时有一些计算系统被设计用来促进健康和提高工作场所的生产力。最早的例子之一是 20 世纪 70 年代末开发的名为 "身体意识资源网络"（body awareness resource network，BARN）的计算系统。这一开创性的项目旨在向青少年传授有关健康问题的知识，如吸烟、吸毒、锻炼等，最终目的是改变或提高青少年在这些领域的行为。之后，其他类似的互动项目陆续出现，其中大多数旨在解决青少年健康问题或治疗心理障碍。但直到 20 世纪 90 年代末——具体来说，直到互联网出现——才有不少人开始着手创造说服性技术。

| 网络上的说服 |

互联网的出现使得旨在说服或激励人们改变态度和行为的网站大量涌现。网站是当今说服性技术最常见的形式。可以参考以下例子。

- 亚马逊不仅仅是处理订单，它还试图说服人们购买更多的产品。具体的做法包括：根据在之前的用户访问行为中收集到的用户偏好和其他订购过该产品的人所给出的反馈，向你提供建议；提供吸引人的促销活动。
- Iwon.com 希望访问者将其作为默认搜索引擎，并通过奖励来说服他们这样做。
- Classmates.com 是一家领先的在线聚会服务网站，它充分利用了社会影响原理（这是第 5 章和第 8 章讨论的话题），以说服人们提供从姓氏到出生年份的个人信息。在某些情况下，该网站能够说服人们在网上发布个人历史和近期照片。
- 《纽约时报》（*New York Times*）在线版试图说服读者在注册免费在线版时给出包括家庭收入在内的个人信息。
- 拍卖网站 eBay 开发了一个具有足够可信度（这是第 6 章和第 7 章讨论的话题）的在线交易系统，它的用户被说服与陌生人进行大大小小的金融交易。

| 网络以外的说服 |

除了网络，说服性技术还可以以多种形式出现，从移动电话到智能牙刷，再到计算机控制的拖车——这些拖车停在路边，记录过路车辆的速度，试图说服司机遵守速度限制。在某些情况下，用户甚至压根就没觉察到说服性技术的存在。随着嵌入式计算[①]的出现，说服性技术的形式可能会更

[①] 嵌入式计算（embedded computing）是指依靠嵌入式系统或嵌入式计算机来执行的计算行为。美国电气和电子工程师协会（IEEE）对嵌入式系统的定义是用于控制、监视或者辅助操作机器和设备的装置，是一种专用的计算机系统。国内普遍接受的嵌入式系统的定义是以应用为中心，以计算技术为基础，软硬件可裁剪，能够适应应用系统对功能、可靠性、成本、体积、功耗等严格要求的专用计算机系统。通俗地说，就是让许多原来不具备运算功能的机器和设备都计算机化，可以自行执行运算功能。后文还会出现与之高度相关的另一个概念"嵌入式计算机"，即被嵌入其他机器、设备或系统中的计算机系统。

加多样化、隐蔽化，并以更加润物细无声的形式融入人们的日常生活。今天地位如此显著的网络，在未来 10 年内将仅仅只是说服性技术所采取的众多形式之一。

在未来 10 年内，说服性技术的用途也将扩大，远远超出我们今天看到的主要应用（如广告、营销和销售等）。在工作中，说服性技术可以用来激励团队设定目标并在截止日期前完成任务。在家里，它可以鼓励孩子们养成更好的学习习惯。在公民生活中，它可以说服人们在选举日投票。我相信，在每一处需要说服的地方，交互技术都可以找到用武之地。

在本书中，你会看到许多当前和新兴的说服性技术的应用案例。表 0-1 列出了某些潜在的领域和应用。其中一些例子将会在后面的章节中进行更详细的探讨。

表 0-1　　　　　　　　　说服性技术：领域和应用

领域	应用举例	说服用户去……
商务	亚马逊的推荐系统	购买更多的书籍和其他产品
教育、学习和培训	CodeWarriorU.com	参加一些帮助学习如何编写代码的活动
安全	醉酒驾驶模拟器	避免酒后驾驶
环境保护	Scorecard.org	采取行动，反对那些污染环境的组织
职业效能	In My Steps 虚拟现实系统	用更多的同理心治疗癌症患者
预防保健	Quitnet.com	戒烟
健身	Tectrix 虚拟脚踏车	锻炼并享受其中的乐趣
疾病管理	《哮喘巨龙布朗奇》游戏	更有效地管理哮喘
个人理财	FinancialEngines.com	制订出一个退休计划并坚持执行
社区参与行动	CapitolAdvantage.com	让普通公民参与公共事务
人际关系	Classmates.com	和以前的同学重新联系
个人管理与自我提升	MyGoals.com	设定目标并采取必要的步骤去实现它们

我们仍处于说服性技术发展的早期阶段。使用这种技术造福社会的潜力是巨大的，而滥用这种技术造成的伤害也同样如此。那些先行一步了解了这一新兴领域的人将抢占最佳位置，使自己从个人和职业角度上受益。通过理解本书中的思想，读者会在以下方面受益：

- 当网站和计算产品的设计是为了向人们施加影响时，能够将其辨别出来；
- 确定这些交互系统使用的说服策略；
- 理解网站和其他产品中包含的说服性元素背后的动态；
- 确定计算系统中出现的施加影响力的新机会；
- 创造能够激励和说服人们的互动体验；
- 处理通过计算系统来说服所产生的伦理道德问题；
- 对通过计算产品说服人们的发展前景做出预测。

| 计算机说服技术的兴起 |

针对计算机作为说服性技术的研究是相对较新的。如前言所述，为了描述这一新兴领域，我创造了"计算机说服技术"这一术语。简而言之，计算机说服技术专注于研究、分析和设计那些用于改变人们的态度或行为的交互式计算产品。它描述的是计算技术和说服重叠的区域（见图0–1）。[①]

---

① 本书中有两个频繁出现的术语，其意思高度相关且大部分是重叠的。前一个是"persuasive technology"，大致是指那些为了说服目的而被开发、传播和使用的技术，后一个则是作者福格博士专门为这门新兴学科创造的词汇"captology"，书中已经对此下了定义。如果一定要说两种说法的区别，前者更多的是在指称一种现象，即以说服为目的的技术及其载体（包括产品与服务），后者更多的是指对这一现象的研究，说的是一门学科。为了方便读者区分，本书统一将前者译为"说服性技术"，而将后者译为"计算机说服技术"，又叫"计算机劝导学"。——译者注

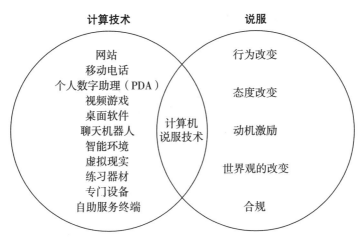

图 0-1 计算机说服技术描述的是计算技术和说服的重叠区域

潜力和陷阱

当我刚开始分享我在计算机和说服方面的实验研究时,我得到了截然不同的回应。一些同事因说服性技术可能会被滥用而感到不安。有些人甚至在同行评议和其他会议上宣称我的研究是不道德的。另一些人则对说服性技术在营销和销售方面的潜力感到兴奋:这些人看到了依靠说服性技术而不是静态媒体或昂贵的人力来开拓生意的前景。还有一些人看到了应用说服性技术来促进积极的社会目标实现的潜力,如防止少女怀孕和减少世界饥荒等。

对计算机说服技术的积极和消极看法都各有其可取之处。我也许比其他任何人都更了解说服性技术的潜力和缺陷。虽然我不认为它不道德,但我承认它有可能被以不道德的方式使用,以期改变人们的态度和行为。例如,一个在线游戏可以被用来说服孩子们泄露个人信息。

在本书中,我将主要关注说服性技术的积极的、合乎道德的应用。另外,我也在第9章中探讨了关于这种技术的伦理道德。

|说服性技术相对于传统媒介的优势——互动性|

传统媒体——从汽车保险杠贴纸到电台广告，从平面广告到电视广告——长期以来一直被用来促使人们改变态度或行为。那么，用计算机来说服又有什么不同点呢？一言以蔽之，就是互动性（interactivity）。

> 互动性使得计算技术比起其他各种说服性媒介具有很大的优势。

作为一条通用的法则，说服技巧在具有互动性时，即说服者可以根据情况的发展来调整他们的影响策略时，是最有效的。熟练的销售人员都清楚这一点，并会根据客户的反馈调整自己的推销方式。

说服性技术可以根据用户的输入、需求和情况调整自身的行为。一个帮助人们戒烟的互动项目可以调整它的方法，或者是测量一个人的吸烟量，又或者是处理使这个人吸烟的影响很大的心理问题。随着该名用户汇报其所取得的进展或所遭遇的失败，系统可以根据它所掌握的该吸烟者的人口统计学变量以及对其生理和心理成瘾问题的了解，提出建议（如当吸烟的欲望强烈时有什么替代方案等），或引导此人通过参与某些活动（如交互式场景），或提供合适的鼓励，来帮助他戒烟。传统媒体无法提供这种量身定制的服务。

当前，人们正在计算机技术中应用传统的人类说服技巧，以扩大人类作为说服者所能影响的范围。这对计算机技术和人类来说都是一个崭新的领域。

|说服性技术相对于人类说服者的优势|

在说服方面，计算机不仅比传统媒体更有优势，而且与人类说服者相比，它们也有明显的优势。具体来说，计算机比起人类在说服方面的优势体现在以下六个方面：

- 计算机比人更"执着"；

- 在匿名性上更为包容；
- 可以管理海量数据；
- 能通过多种方式施加影响；
- 规模缩放自如；
- 在那些人类不能去或者不受欢迎的地方仍然存在。

计算机更执着

你可能有过这样的经历：如果你在安装某程序时没有注册，它会不时提醒你，要你分享自己的个人信息（见图 0-2）。当然不是每个人都会同意这样做，但是持续不断的提醒无疑会增加注册的概率。人们厌倦了说不，当顺从比抗拒更容易的时候，每个人都可能会软弱。

没有人能像机器那样有耐性。计算机不会感到疲倦、气馁或沮丧。它们不需要吃饭或睡觉，可以夜以继日地积极说服，或者观察并等待合适的时机采取措施。正如软件注册的例子所表明的那样，当涉及说服时，这种更高水平的坚持会带来回报。

图 0-2　Eudora 程序 ① 的注册界面 ②

---

① Qualcomm 公司出品的一种电子邮件软件。——译者注
② 这个注册界面的独特之处在于，它以轻松的口吻向客户许诺，如果他们完成注册的话，会在其工作的公司总部前方的草坪上为该用户竖立一座以其形象为主题的巨型雕像，以此作为激励手段（但是下方的另一行小字注明这项客户优惠不适用于地球）。

计算机允许匿名

计算机在说服方面的另一个优势是它允许匿名。在一些敏感领域，如性行为、药物滥用或心理问题，保持匿名是很重要的。[①]通过交互式计算机程序匿名获取信息或提供帮助，通常比与另一个人面对面更容易做到。

当人们尝试新的态度和行为时，匿名性也很重要。你可能已经在匿名聊天室中感受到了这种现象：害羞的人可以大胆尝试；那些价值观保守的人可以尝试自由放纵；那些通常注重隐私的人可以打开心扉，说出他们的想法。匿名有助于打破那些把人们困在常规中的社会力量。[②]有时候，匿名更容易让人们做出改变。

计算机可以存储、提取和处理海量数据

计算机的第三个优势是可以存储、提取和处理海量的数据，这种能力远远超出了人类。这使得互动式的技术有可能比人类更有说服力。

在某些情况下，呈现的信息仅凭其数量就已经足以改变人们的想法，甚至可能改变人们的行为。[③]在这种情况下，计算机利用大量信息的能力将赋予它更强的说服能力。在其他情况下，计算机从大量数据中精确地找

---

① 匿名性对于处理与性有关的行为的重要性，可以参考 Y. M. Binik, C. F. Westbury, and D. Servan-Schreiber, Case histories and shorter communications: Interaction with a "sex-expert" system enhances attitudes towards computerized sex therapy, *Behavioral Research Therapy*, 27: 303–306 (1989)。

② 如果要从早期的研究中举出一个例子，以显示人们在匿名的状态下背离了他们的社会诱导行为，可以参考 P. G. Zimbardo, The human choice: Individuation, reason, and order versus deindividuation, impulse, and chaos, *Nebraska Symposium on Motivation*, 17: 237–302 (1969)。关于计算机环境中匿名效应的最新研究，可以参考 T. Postmes, R. Spears, K. Sakhel, and D. De Groot, Social influence in computer-mediated communication: The effects of anonymity on group behavior, *Personality and Social Psychology Bulletin*, 27: 1243–1254 (2001)；也可以参考曼彻斯特大学的心理学家马丁·利（Martin Lea）博士对此现象的持续研究。

③ 当人们没有深入一个问题或者无法深入思考时（换句话说，他们使用的是大脑的外围处理功能，而不是中央处理功能），他们更依赖于支持某个观点的论据的数量，而不是这些论据的质量。这就是精细加工可能性模型（Elaboration Likelihood Model）的基本论断之一。理查德·佩蒂（Richard Petty）和约翰·卡乔波（John Cacioppo）在这一领域发表了大量文章。比如你可以参考 R. E. Petty and J. T. Cacioppo, The elaboration likelihood model of persuasion, in L. Berkowitz (ed.), *Advances in Experimental Social Psychology* (San Diego, CA: Academic Press, 1986), vol. 19, pp. 123–205。

到并提取正确的事实、统计数字或参考引用的能力，使它们比人类更有说服力。

计算机处理海量信息的能力也使它能够提出建议，而建议则是另一种形式的说服（我将在第 3 章讨论建议技术）。计算机通过使用协同过滤（collaborative filtering）或贝叶斯网络（Bayesian network）——这些是进行推论的自动化方法——可以预测用户可能买什么或做什么事，从而在此基础上提出建议。有时我去亚马逊网站只是想买某一张 CD（激光唱片），结果却多买了好几张其他的，因为网站给出了很好的推荐（对我来说，得到有针对性的推荐就像得到了一种服务，而不是硬性推销，虽然有些人可能会认为这种服务带有侵略性）。

计算机可以使用多种形式

通常，人们并非受到了信息本身的影响，而是受到了信息如何呈现其形式的影响。人类可以以多种形式传递信息，但其多样性仍无法与计算机系统匹敌。

为了达到说服的目的，计算机可以呈现数据和图形、丰富的音频和视频、动画、仿真模拟或超链接的内容。[①] 使用多种形式的能力使技术能够满足人们对视觉、听觉或文本体验的偏好。技术还可以通过结合音频、视频和数据等不同形式，在交互过程中产生协同效应，以产生最佳的说服性影响。

举一个将多种形式结合起来的例子，在 2001 年 9 月 11 日恐怖袭击事件发生之后的几天里，美国和其他国家正在讨论应该如何回应恐怖袭击，Alternet.org 就创建了一个基于网络的体验，以影响这种回应。[②] 为了起到说服作用，设计者们使用了至少三种可在计算机上使用的形式。首先，大多数人是通过朋友发送的电子邮件了解到这个网站的，电子邮件中包含了

---

① 想要了解图形具有多强的说服力，可以参考 W. King, M. Dent, and E. Miles, The persuasive effect of graphics in computer-mediated communication, *Computers in Human Behavior*, 7(4): 269–279 (1991)。

② 这个和 "9·11" 恐怖袭击事件有关的在线体验网页是由 freerangegraphics.com 网站开发的。

一个能链接到该网页的链接。一旦打开了该站点，用户就会看到一个动画开始自动播放，其中包括移动的文本、图像，并伴随着声音。这个一分钟长的动画的结尾处出现了以下文字——"若想敦促布什总统在回应时保持冷静克制，请点击这里"。当用户点击这个按钮时，他们会看到一个具体的行动号召，还有一个可以编辑修改并发送给白宫的电子邮件模板。

计算技术是唯一一种可以将如此广泛的多种形式打造成无缝体验的技术，从来自朋友的电子邮件开始，紧接着是充满情感的动画，并以对问题立即采取行动的手段结束，这就是利用多种形式来说服别人的力量。

说服性技术如何利用多种形式的另一个例子是 Alcohol 101 干预应用程序。当大学一年级的学生使用这个产品来探索在大学聚会上过度饮酒的后果时，他们能发现许多类型的体验：互动式的故事、效果有如电视节目般的视频片段、能够计算血液中酒精含量的仿真模拟、基于文本的交互式游戏等。这是一个内容丰富的交互式产品，它既能吸引广泛的人群使用该产品，又能影响他们的态度和行为。

计算机软件的规模可以缩放自如

说服性技术超过人类说服者的第五个优势是其规模可以缩放自如——当需求增加时，规模也能迅速增长。即使某个人的说服是有效的，这种体验也很难扩大，更难以迅速地影响到世界上的数百万人。怎么能复制出一个顶级的销售代表、一个有影响力的私人培训师，或者一个有魅力的宗教人物？你可以通过印刷品、音频或视频传播来扩大此人的影响范围，但在这个过程中，原始的体验可能会丢失，尤其是在原始体验属于一种交互式体验的情况下。

相比之下，如果体验是基于软件——尤其是那些通过互联网呈现的体验——规模扩张就相对容易得多。你可以复制和传播说服性技术所产生的体验，它的作用方式和原始的体验毫无二致。

计算机可以无处不在

说服性技术相对于人类说服者的最后一个优势是普遍性，就是它几乎无处不在。随着嵌入式计算机的发展，说服性技术被应用到那些人类劝说者不受欢迎的场合的情况变得越来越普遍，比如浴室或卧室，或者人类不能到的地方（进到衣服里面、嵌入汽车系统，或者植入牙刷中）。

如果将交互式计算机系统嵌入日常物品和环境中，它们就可以在正确的时间和地点进行干预，这使得它们的说服力更强（第 3 章和第 8 章论述了在正确的时间和地点进行干预对于说服效果的影响）。与其父母唠叨着让孩子刷牙，不如让智能牙刷在合适的时间和地点提醒孩子，促使他们去刷牙。与之类似，在促进安全驾驶方面，一套嵌入汽车的系统比起课堂讨论更为有效，因为前者可以在恰当的时机进行干预，比如在某位鲁莽的司机差点就导致事故发生时。这套系统可能会感知到司机猛踩刹车、没有使用转向灯或其他疏忽，并通过音频信号、口头信息或其他方式与司机沟通。

随着这种无处不在的计算机系统逐渐兴起，我们将看到越来越多的技术试图对人类施加激励和影响。在未来几年里，我们很可能看到计算机除了能促进销售产品和服务（当前说服性技术最常见的应用）之外，还将在促进健康、安全和环保行为方面扮演新的说服性角色。

| 如何阅读本书 |

在下面的章节中，我将提供理解说服性技术需要用到的框架和原则。在此过程中，我将讨论我在斯坦福大学进行的研究，并分享许多从网站到移动系统的计算产品的例子，这些产品旨在改变人们的想法和行为。我还将概述新型说服性技术的可能性。

本书布局如下：前五章为理解计算机说服技术奠定基础，之后的章节分别讨论了计算机的可信度、网络的可信度、基于移动端网络的说服，以及说服性技术的伦理道德问题。最后一章则对说服性技术的未来进行了展望。

　　我的目标是通过本书提供见解和洞察以及关于"如何做"的指导方法。无论你是一名设计师、研究员，还是说服性技术的使用者，都可以将此书提供的洞见应用到你的工作和生活中。我希望提供一个框架来帮助大家理解说服性技术或设计负责任的、合乎道德的应用，从而利用技术的力量来改善个人和社会的状况。

　　计算机说服技术这个领域还在不断演化发展。考虑到这一点，我建立了一个网站，网址是 www.persuasivetech.info，读者可以在那里找到关于这个新兴领域的最新信息。在这个网站上，我还将张贴本书的勘误表以及读者的评论、更正和建议。也欢迎你的反馈。

第 1 章
计算机说服技术概览

|对"说服"的定义|

尽管哲人和学者们已经对说服进行了至少 2000 年的研究，但人们对这个词的真正含义并未达成一致的意见。[①]就计算机说服技术而言，我将说服定义为在不进行强迫或欺骗（deception）的前提下，尝试改变人们的态度或行为的方法。这是一个宽泛的定义，许多学术研究人员、营销人员和临床心理学家都认同这个定义。它也符合这个词在日常生活中的用法。

> 在计算机说服技术这个范畴内，说服被定义为试图改变态度和行为，或其中之一。

要注意说服和强迫之间的区别，这两个术语有时会被混淆。强迫意味着力量，虽然它也可以改变行为，但它与说服不一样；说服意味着自愿改

[①] 研究说服的学者们无法就说服的定义达成共识。例如，里尔登（Reardon）将说服定义为"试图通过符号互动改变至少一个人的行为的活动"。其他学者对说服的看法更为广泛。这种更广泛定义的一个例子可以参考福赛思（Forsythe）的著作《我们的社会世界》（*Our Social World*）。同样，津巴多和莱佩（Leippe）在他们对说服的定义中，将说服扩展到包括改变一个人"对某个议题、对象或行动的行为、感受或想法"。其他学者扩展说服定义的方式则是突破了"改变"这个观念的限制，而认为说服的作用也包括塑造和强化。如果你有兴趣进一步研究说服的定义，以下资料会是一个很好的起点：K. K. Reardon, *Persuasion in Practice* (Newbury Park, CA: Sage, 1991)；P. G. Zimbardo and M. Leippe, *Psychology of Attitude Change and Social Influence* (New York: McGraw-Hill, 1991)；J. B. Stiff, *Persuasive Communication* (New York: Guilford, 1994)。

变行为或态度。[1]

同样，说服和欺骗也可能会被混淆。例如，当我让学生在互联网上寻找说服的例子时，总有一些人的汇报结果是一些互联网广告的屏幕截图。这些广告要么报告虚假的紧急状况，如"系统资源不足，请迅速点击这个按钮"，要么向用户告知一些虚假信息，如"有一些色情内容正下载到你的计算机上，快点击这里阻止下载"。虽然这类广告可能会改变人们的想法和行为，但它们是通过欺骗而不是说服来实现的。以计算机为载体的强迫和欺骗本身就是值得研究的主题，但它们并不属于计算机说服技术的范畴，因为它们依靠的手段不是劝说。[2]

|关注人机关系|

学术期刊《人机交互》(Interacting with Computers)的第一期中的一篇社论提出了一个重要的问题：我们是与计算机互动，还是通过它们进行互动？虽然一个好的雄辩家选择这两个辩题中的任何一个开辩都能站得住脚，但是在我看来，根据环境的不同，人们既可以与计算机互动，也可以通过计算机互动。

> 计算机说服技术关注的是由于人机交互而导致的态度或行为的改变。

计算机说服技术这门学科研究的是计算机作为说服性技术的存在，它关注的是人机交互，而不是计算机媒介传播（computer-mediated communication，CMC）。具体来说，计算机说服技术研究的是人们在与计算产品交互（而不是通过它们交互）时，是如何被激励或说服的。CMC 则

---

① 说服和强迫之间的界限是很微妙的。考虑以下几个例子：那些直到你回答完它们提出的问题之后才会消失的对话框；那些要求你提供个人信息才能浏览其免费内容的网站；那些正好在你想要阅读的页面上弹出来的广告。这些和其他一些说服性技术可能会被视为微妙的胁迫，并可能会对用户产生逐渐累积的负面影响。
② 里尔登还有津巴多和莱佩都讨论过说服、强迫和欺骗的区别。参见：K. K. Reardon, *Persuasion in Practice* (Newbury Park: Sage, 1991)；P. G. Zimbardo and M. Leippe, *Psychology of Attitude Change and Social Influence* (New York: McGraw-Hill, 1991).

是一个独立的研究和设计领域，其中存在着有趣的求知问题，也涉及经济利益问题。[①]但它不属于计算机说服技术的范畴。

在 CMC 模式中，计算机是人类交流的渠道。举例来说，不同地点的人们可能会使用计算机工具，如即时消息（instant messaging）和电子白板（electronic whiteboards），来实现相互协作。在这种情况下，计算机起到的是促进交流的作用，而不是说服人的作用。

相比之下，在人机交互模式中，计算产品是这种交互的被试，可以成为说服的施加者。计算机可以利用编入计算机的策略程序，主动影响用户。这些策略包括鼓励、激励、协商等。在后面的章节中，你会看到一些关于技术产品的例子，这些产品都使用了类似的主动性说服技巧。

| 说服是基于意图，而非结果 |

在本章的开头，我将说服定义为试图改变行为或态度的手段。这一定义意味着真正的说服——无论是由人类还是由计算机实施——需要具有意向性。计算机说服技术关注的是计算机技术所计划要达到的说服效果。

关于意向性的这一点似乎很微妙，但它绝非不重要。意向性是区分一项技术的计划效果和副作用的分水岭。[②]

> 计算机说服技术侧重于技术的计划说服效果，而不是副作用。

> 计算机说服技术关注的是内生的或嵌入的说服意图，而不是外在的意图。

[①] 计算机媒介传播是一个广泛的领域，因此很难选出某篇文章或某个人来代表这一领域的工作。要了解 CMC，可以访问约翰·狄森巴（John December）关于计算机媒介传播的在线资源 http://www.december.com/cmc/info/。这个网站是营利性的，提供了如会议、期刊和组织机构等资源的指引，供你了解 CMC 中更具体的领域。

[②] 斯坦福大学教授唐纳德·罗伯茨（Donald Roberts）是第一个帮助我清楚地认识到效果和有效性之间的区别的人。这种区别包括了"意图"在解读结果中所起到的关键作用。我在自己的写作中使用了不同的术语（计划效果和副作用），但概念是相同的。唐纳德·罗伯茨和内森·麦考比（Nathan Maccoby）的下列著述阐述了预期和非预期结果的问题：D. F. Roberts and N. Maccoby, Effects of mass communication, in G. Lindzey and E. Aronson (eds.), *The Handbook of Social Psychology*, 3rd ed., vol. II (New York: Random House, 1985), pp. 539–598。

如果你研究计算技术的历史，就会发现许多高科技产品已经改变了人们思考、感受和行动的方式。但是，大多数变化并不是计算技术原计划要实现的说服效果，它们只是副作用而已。一旦人们开始使用电子邮件，很可能就会改变他们邮寄信件的方式——他们不怎么买邮票了，去邮局的次数也变少了。同样，当视频游戏进入市场后，孩子们看电视的时间开始减少，去户外玩也没有以前那么频繁了。[①]

计算机说服技术不包括这些意图以外的结果，它侧重于交互技术产品的设计者意图实现的态度和行为的改变。这些计划效果的范围可以很广，从说服人们在网上购物，到激励人们在长时间伏案工作后休息一下，再到说服人们相信生物恐怖主义是一个严重的威胁。

关于意图的另一点是，计算机说服技术关注的是内生的意图，也就是被设计到计算产品中的说服性意图。产品也有可能从用户或其他来源处获得外生的说服性意图——也就是说，使用产品是为了某个并非设计师原来计划的说服性目标。例如，掌上电脑并不是为了说服而设计出来的产品，但学生可能会购买它来激励自己更经常地做家庭作业。索尼的便携式激光唱片播放机设计出来也不是为了要说服谁，但我有一个朋友就买了一个，因为她认为在锻炼时能听到音乐可以激励她更经常地跑步。计算机说服技术并不关注这种外生的意图，而只关注产品固有的内生性说服意图。

| 说服的层面：宏观与微观 |

成功说服所带来的态度和行为改变可以在两个层面上发生：宏观层面和微观层面。理解说服的这两个层面，能帮助我们在大多数计算产品中更容易地识别、设计或分析说服机会。

> 技术可以在两个层面上发挥说服作用：宏观层面和微观层面。

[①] 尼尔森媒体研究公司（Nielsen Media Research）1999 年的一项研究表明，孩子们看电视的时间越来越少了，并提出其中一个因素是来自视频游戏的影响。1999 年 11 月 8 日，劳伦·鲁布林（Lauren Rublin）在《巴伦周刊》（*Barron's*）上发表了一篇较长的文章《关掉电视》（*Tuning Out*）。这篇文章引用了各种研究，谈及儿童看电视时间的减少，并指出电脑游戏是其中一个因素。

一个叫作"艾滋病毒轮盘赌"（HIV Roulette）的模拟器的设计目的是说服用户避免危险的性行为，我将在第 4 章中更详细地描述这个游戏。另一个叫作"宝贝请三思"（Baby Think It Over）的婴儿模拟器，旨在劝说十几岁的女孩要避免怀孕，在第 4 章中也有详细介绍。说服是这类产品存在的唯一理由。我用"宏劝说"（macrosuasion）这个术语来描述某个产品的这种总体性的说服意图。

一些计算产品，如电子邮件程序或图像处理软件，本身并不具备总体性的说服意图，但它们可以合并较小的说服元素来实现总体目标。我把这种方法称为"微劝说"（microsuasion）。

微劝说元素可以被设计成对话框、图标，或者是计算机和用户之间的种种交互模式。[①] 例如，在教育软件的应用中，微劝说技术——如为鼓励完成一项任务而给予表扬或授予"金星"——可以使人们在任务上花费更长时间，更好地理解学习材料，或增强品牌忠诚度。

由 Intuit 公司开发的个人理财应用软件 Quicken 就是一个很好的例子，它说明了微劝说如何使产品更加有效。该产品的总体目标是使得个人财务管理变得简单。但请注意该项目是如何使用微劝说来实现这一目标的。在最简单的层面上，该软件提醒人们按时支付账单，帮助人们负起财务责任。该程序还会跟踪个人消费习惯，并以图表显示结果，强调过去行为的财务后果，并允许用户对未来的财务情景做出预测。此外，该软件还会对那些做了琐碎但必要的工作的用户进行表扬，比如说，用户做平了他们的在线支票注册表。这些微劝说元素——提醒、可视化和表扬，是嵌入 Quicken 软件使用体验中的，可以改变用户的想法和行为方式。

让我们再来看一下网站 CodeWarriorU.com 使用微劝说的几种方式，这个网站旨在教人们如何使用 CodeWarrior 工具来开发软件应用程序。为了让用户相信它的教学方法是有效的，该网站使用了在主页上很容易访问

① 人际交互中许多常见的模式都可以应用到人机交互中。比如说"拒之门外"技巧，指的就是向对方提出一个可能会遭到拒绝的较难实现的请求，然后利用对方拒绝后的内疚心理，说服他帮个小忙。

的推荐信。为了说服用户注册，该网站的主页宣扬了十几门课程的优势。此外，无论用户去网站的哪个页面，他们都能看到注册邀请——以突出的按钮形式显示"注册"和"立即登录"。此外，该网站还降低了注册门槛——注册是免费的，而且操作简单。

该网站还使用微劝说来激励用户在他们选择的课程中持续进步。每门课程都有一个时间表，列出了明确的结束日期，既可以设定工作目标，也能设定截止日期。每个课程都有跟踪功能，帮助用户查看他们已经完成了多少工作，还有多少工作要做。CodeWarriorU.com 的系统还通过保存一份成绩单来跟踪学生的进度，成绩单上包括了作业完成日期和测验成绩。为了进一步激励用户持续进步，该网站通过班级名单和讨论区的形式，使得注册信息向班级内的其他学生公开；网站还通过发送预先编辑好的电子邮件，提示用户完成他们的工作。所有这些微劝说元素都有助于实现 CodeWarriorU.com 的整体学习目标。

网络上的微劝说

使用微劝说的网站有很多，有时其用法很微妙。例如，eBay 创建了一个评级系统，它称之为"反馈"——买家和卖家在交易完成后可以互相评估。这个系统促使人们在互动中要诚实可靠、乐于响应他人和礼貌谦恭。同样，号称"帮助人们做出明智购买决定"的网站 epinions.com 的生存，也取决于它能否说服人们在网上分享自己的观点。为了鼓励人们这样做，当他们发表了许多被读者重视的评论时，epinions.com 会为他们送上高度引人注目的头衔（"顶级评论家"和"编辑"）。Classmates.com 则利用人们的好奇心——找到更多关于高中同学的消息，来说服浏览者在网站上登记他们的个人信息。注册之后，用户就可以访问班里其他注册过的人的信息。Quitnet.com 使用公开承诺（宣布你的戒烟日期）作为微劝说的策略，以服务于其总体目标，即激励人们戒烟。以上所有这些技巧都涉及微劝说。

视频游戏中的微劝说

视频游戏中有非常丰富的微劝说元素。大多数游戏的总体目标是提供娱乐，而不是说服。但在娱乐体验中，玩家会受到微劝说元素的密集轰炸，甚至是持续轰炸，目的就是说服他们继续玩下去。

《魔兽争霸 3》是一款即时战略（real-time strategy，RTS）游戏，它使用了微劝说元素来使游戏变得吸引人（对某些人来说简直就是成瘾）。在整个游戏过程中，当玩家杀死敌人时，玩家都会听到死亡的声音，这是用声音的方式来对成功作强化。如果玩家杀死了怪物（游戏中的这些怪物既不是敌人也不是朋友），垂死的怪物会掉落金币或其他有价值的道具，玩家在以后会有用得上这些资源的时候。有可能获得新力量的前景也起到了微劝说的作用。具体来说，如果某个玩家所控制的"英雄"晋升到下一个级别，玩家就可以为这个英雄选择一种新的能力，例如治疗他人的能力。此外，毋庸置疑，玩家还有一种动力来自另一项挑战，即让自己的大名荣登高分玩家荣誉榜单。

正如前面的讨论所揭示的那样，像宝贝请三思这样的婴儿模拟器的设计师只有了解了宏劝说技巧，才能成功地实现其总体说服目标。但是，即使是那些说服并非其首要目标的产品，如用于管理和提升生产力的软件，其设计师仍然只有在了解说服技巧在微观层面上如何使用后，才能使他们的产品更有效和更成功。

|计算机说服技术的关键术语和概念小结|

1. 在计算机说服技术的范畴内，说服被定义为：在不使用强迫或欺骗手段的前提下，试图改变态度和行为。

2. 计算机说服技术关注的是由人机交互而不是计算机媒介传播所引发的态度或行为的改变。

3. 计算机说服技术专注于技术有计划的说服效果，而不是使用技术所产生的副作用。

Persuasive Technology
Using Computers to Change What We Think and Do

4. 计算机说服技术关注的是交互技术内生的或嵌入的说服意图，而不是外在的说服意图（即来自用户或其他外部来源的意图）。

5. 计算机说服技术可以在两个层面上进行劝说，即宏观层面和微观层面。

第 2 章

计算机三位一体的说服功能

我在计算机说服技术方面的教学经验让我了解到，帮助人们掌握这门学科的最快方法，就是介绍"功能三位一体"（functional triad）。这是一个概念框架，说明了计算技术可以发挥的不同作用。

功能三位一体概述了自亚里士多德时代以来发展起来的关于说服的各种观点和理论，同时强调了计算产品在说服和激励上的潜力。有了这个框架，就可以更容易地将计算机看作一种说服性技术来进行设计或研究。

> 功能三位一体是一个框架，它说明了计算技术可以发挥的三个作用：工具、媒体和社会角色。

这一章将概述功能三位一体中的三个关键元素。接下来的三章将逐一详细地分析每个元素。

| 计算机能够发挥三位一体的作用 |

功能三位一体是一个框架，它是从用户的角度出发，来思考计算产品所能起到的作用。以其最简单的形式来看，功能三位一体表明交互技术可以按照三种基本方式来运作：作为工具、媒体和社会角色（见图 2–1）。从便携式电子计步器这样的简单产品到复杂的产品，这三种功能决定了人们如何使用或对任何计算产品做出反应，比如用于网络的 TurboTax 税务软件。大多数计算产品是这三种功能的混合，比如，工具功能加上社会角色功能，或者媒体功能加上工具功能，等等。

工具
增强能力

工具的说服作用体现在：
- 使目标行为做起来更容易
- 引导人们经历一个过程
- 执行那些有激励效果的计算或衡量工作

社会角色
建立关系

社会角色的说服作用体现在：
- 给予他人正面反馈
- 为目标行为或态度树立榜样
- 提供社会支持

媒体
提供体验

媒体的说服作用体现在：
- 允许人们探索因果关系
- 为人们提供具有激励效果的代入式体验
- 帮助人们预先排练某种行为

图2-1　交互技术的三种基本运作方式

说服研究简史

对说服的研究有着漫长的历史。在古希腊，亚里士多德是修辞学领域的主要思想家。所谓修辞学就是如何在任何情况下说服别人的艺术。[1]在亚里士多德时代，修辞学家主要关注的是发表公开演讲以影响听众。作为他们所受教育的一部分，地位尊贵的希腊男性要学习如何利用公众演讲技巧来改变人们的情绪，影响他们的观点，或激励他们采取行动。古希腊人认为，具有说服力的演讲艺术是维持健康民主的关键。

时至今日，对说服的正式研究仍在不断向前推进，主要是因为20世纪早期开始出现的社会心理学领域内的研究。社会心理学家在很大程度上受到美国政府说服公民支持其战争行动的需求的激发，建立了雄心勃勃的研究项目，以确定是什么导致人们改变他们的态度和行为的。[2]后来，市场营销人员和广告人员基于从社会心理学中收获的见解，系统地研

---

[1] 具体来说，在亚里士多德的《修辞学》（*Rhetoric*）的第一卷第2章中，修辞学被定义为"在任何情况下观察并发现有哪些说服手段可用的能力"。

[2] 关于支持战争行动的说服研究，参见 C. I. Hovland, I. L. Janis, and H. H. Kelley, *Communication and Persuasion* (New Haven, CT: Yale University Press, 1953)。想了解更多说服研究在现代的发展历史，可参见 W. J. McGuire, Attitudes and attitude change, in G. Lindzey and E. Aronson (eds.), *The Handbook of Social Psychology* (New York: Random House, 1985), vol. 2, pp. 238–241。

究了影响是如何起作用的，并经常将他们的发现用于帮助企业赚取巨额利润。

虽然古典哲学家、现代心理学家和当代营销人员做了这么多研究工作，但关于说服并没有形成一致的定义。许多理论和观点来自修辞学、心理学、市场营销学以及其他领域。所有这些都有助于我们对说服的理解，但每一种都有局限性。没有一套单一的理论能完全解释是什么激励着人们，是什么导致他们采取某种态度或以某种方式行事。

作为工具的计算机

计算机的一个基本功能是充当工具。这是功能三位一体的第一个支点。作为工具，计算产品的目标是使例如数学计算或文本操作这样的活动更容易或更有效率，或者使得原来几乎不可能的事情成为可能——如跟踪你寄出的包裹的位置，或者将一枚残缺不全的指纹与档案里成千上万的罪犯指纹进行比对。

当计算机作为工具时，它可以以特定的方式影响和激励人们。在解释完功能三位一体的另外两个支点之后，我将重新回来探讨这个话题。

作为媒体的计算机

计算机还扮演着媒体的角色——随着近年来计算机处理能力的增强和网络的普及，它作为媒体的作用也在不断增强。作为媒体的计算机有两种类型——符号型和感觉型。当计算机使用符号（例如文本、图形、图表和图标）来传递信息时，它就充当了符号媒体（symbolic media）的角色。当它提供感觉信息——声音、视频影像，甚至嗅觉[①]和触觉[②]（这样的情况很少见）时，它就充当了感觉媒体（sensory media）的角色。虚拟现实和虚拟环境就属于感觉媒体，还包括其他一系列的计算机模拟。

[①] 在著名的"数码气味"（Digiscents）公司破产后，有两家公司都在力图成为以数字技术表示气味这个市场的领导者。它们分别是位于佐治亚州萨凡纳的 Trisenx 公司，以及位于得克萨斯州普莱诺的 AromaJet 公司。

[②] 位于加利福尼亚州圣何塞的 Immersion 公司正在对计算机系统进行创新开发，以求对触觉进行利用。

虽然符号媒体和感觉媒体都能影响人，但计算机说服技术主要关注作为感觉媒体的计算机，特别是计算机模拟的情况。这是因为计算机在这个角色中拥有独特的能力来提供有激励和说服效果的交互体验。（事实上，在计算机系统中，符号和感官经常交织在一起，很难截然分开。）

作为社会角色的计算机

功能三位一体的第三个支点描述了计算机作为社会角色或有生命的实体时所发挥的作用。当人们使用一种互动技术时，通常是把它当作一个有生命的东西。电子宠物，如20世纪90年代中期的一种流行游戏产品《电子鸡》（*Tamagotchi*），就是这种现象的一个著名例子。在某些方面，电子宠物的主人与这些数字生命形式互动，就好像它们是活的。

电子宠物的流行表明，人们可以像对待活物一样对计算技术做出反应。此外还有很多其他证据也能表明，人们是把计算机当作社会角色来看待的。你可以在计算机用户使用的语言中听到下面的这些说法：计算机被置于"休眠"状态，它们"醒过来了"，有时它们会"死亡"。人们会对计算产品产生感情。你可能见过有人因为计算机不能如期交付工作成果而生气或咒骂，或者因为计算机在紧要关头撑住了没有拖后腿而向它表示感谢。

20世纪90年代，我和同事在斯坦福大学进行了受控的实验室研究，结果表明人们确实对计算机技术做出了社交反应。[①]在实验中，我们把学生带进实验室，让他们就某个特定的任务与计算机发生交互。有时计算机会为完成任务的一部分提出建议，有时计算机会赞扬人们所做的工作，而有时计算机则需要帮助并要求人们听从。

在以上实验的所有情景中，计算机使用的都只是简单的对话框，而且

---

① 要了解支持人们会对计算机做出社交反应这一观点的多项实验，请参阅以下内容：B. Reeves and C. Nass, The Media Equation: *How People Treat Computers, Television, and New Media Like Real People and Places* (New York: Cambridge University Press, 1996)；B. J. Fogg, *Charismatic Computers: Creating More Likable and Persuasive Interactive Technologies by Leveraging Principles from Social Psychology*, doctoral dissertation, Stanford University, 1997。

从不把自己称为"我"或把自己当作一个有生命的实体来称呼。然而，参与这些实验的学生对计算机的反应很像他们对另一个人的反应。他们把自己的计算机当作队友，他们受到计算机的表扬时会感到意气风发，他们会回报计算机给予他们的恩惠，此外还有许多其他方面（关于这些研究，我会在第 5 章中介绍更多细节）。

我要指出的是，这些实验的被试都是计算机高手。事实上，其中某些研究仅限于工科专业的研究生参与，他们非常清楚计算设备并不是活生生的实体。然而，这些工程师的反应方式也表明，他们在与计算机互动时，使用的是人与人之间的互动准则。总之，不管是否有意为之，人们常常把计算产品当作有生命的物体。

|在计算机说服技术中应用功能三位一体|

理解功能三位一体对于利用或分析计算机的说服力至关重要。说服策略会因计算技术起的作用是工具、媒体还是社会角色而有所不同。功能三位一体中的每一个角色都有它自己的一套说服技巧，我将在接下来的三章中逐一探讨。

> 计算机会根据其扮演的角色——工具、媒体、社会角色，采取不同的说服策略。

发挥工具作用时，计算机可以在很多方面影响人们。例如，它可以使目标行为更容易执行，引导用户经历一个过程，或执行那些有激励效果的计算或衡量工作。这些方法以及其他方法将在第 3 章中探讨。

当计算技术发挥感觉媒体作用时，它可以通过模拟仿真，提供令人信服的体验来说服人们。这些计算机模拟说服人们的策略包括使人们能够探索因果关系，提供具有激励效果的代入式体验，或帮助人们排练某种行为。我们将在第 4 章中探讨这些说服方法。

最后，当计算产品发挥社会角色作用时，它们会运用人类用来影响他人的同一套说服方法来说服他人。作为社会角色，计算机说服人们改变其态度或行为的方法包括以积极反馈作为对他人的奖赏，为目标行为或态度树立榜样或提供社会支持。对于计算机扮演有说服力的社会角色的种种，我们将在第 5 章中进行详细的讨论。

研究和设计方面的应用

对于那些有志于研究或设计说服性技术的人来说，功能三位一体提供了一个框架，以整理产品的整体用户体验中的所有元素。对研究人员来说，通过确定产品的哪些元素发挥了工具、媒体、社会角色的作用或这三种作用的某种组合，就能更容易地理解产品所具有的说服力的本质。根据我自己的经验，这个简单的步骤通常会使某个研究或分析项目变得清晰，并为进一步探索奠定基础。

功能三位一体的框架对说服性技术的设计者也会有所帮助。在设计新产品时，设计师可以问问自己，产品在发挥工具、媒体、社会角色的作用或者是这些作用的某种组合时，它将如何起到说服他人的作用。无论设计的是网站、桌面应用程序还是移动设备，只要深入地回答这些问题，都会产生很多设计上的想法。

举个例子，让我们考虑一个任务——设计一个网站来激励人们健身。这个在线系统可以作为工具、媒体、社会角色或三者的某种组合来发挥说服力。当设计师逐一审视功能三位一体的三个支点时，不同的激励和影响策略将变得清晰。

作为一种工具，该系统可以引导某人逐步识别出是哪些个人因素妨碍了饮食健康和定期锻炼。然后，它可以考虑到个人的偏好、家庭情况和工作限制，从而提出切实可行的方法，以克服这些障碍，改善健康状况。此外，它还可以跟踪和直观地显示这个人在实现健身目标方面的进展情况。

作为一种媒体，该系统可以让此人在虚拟环境中实践更健康的饮食行为，比如在外出就餐时选择只吃一半食物，或在开始吃之前就把另一半打包。媒体还有一个功能，即可以让人体验到，如果采用不同的饮食和锻炼方法，在几周或几个月后，他们的减肥效果将会是怎样的，心血管状况又会有多大的提升。这样一来，与健康有关的关键因果关系就变得更显而易见了。

　　最后，在发挥社会角色的作用时，可以将在线系统设计成一个知识渊博、关心并支持用户的健康顾问。在这个角色中，系统可以使用语言来指导、鼓励和赞扬用户，让他们努力变得更健康。

　　正如这个例子所表明的那样，功能三位一体对于说服性技术产品的设计师以及那些想要了解计算机如何说服的人，都有着实际的效用。在接下来的三章中，我们将深入探讨功能三位一体的每个支点。

第3章
作为说服性工具的计算机

大学毕业后，杰夫找到了一份大部分时间都要坐在办公桌前的工作。三个月过去了，他意识到自己的体重在增加。他决定开始一个锻炼计划。

一位朋友建议杰夫买一个心率监测器。这是一种戴在手腕上的计算机设备，看起来像手表，可以从表带处接收心率信号。该系统将使杰夫更容易追踪自己的心率变化，并在运动时让心率保持在目标范围内。

杰夫以前从没有注意过自己的心跳，但这个设备使了解心率这件事情变得很容易。他不但在公司健身房锻炼时戴着它，而且白天也一直戴着，甚至睡觉时也戴着。这样，他就可以让系统在他睡觉时定期记录、存储他的心率。杰夫认为，他睡觉时的静息心率是一个很好的指标，可以用来反映他在有氧健身方面取得了多大进展。

从计算技术迈入现代①开始算起，最早的计算机就被创造成具有两种基本功能的工具，即存储数据和执行计算。早期人们对计算机的看法很狭隘。1943年，当时的IBM总裁托马斯·沃森（Thomas Watson）做出了一个颇受诟病的预测："全世界对计算机的市场需求可能只有五台。"在当时，拥有个人电脑的想法纯属异想天开——如果曾经有人想到过的话。

---

① 1946年，电子数字积分器和计算机（electronic numerical integrator and computer，ENIAC）建成了。这是世界上第一台"全电子、通用型（可编程）的数字计算机"（http://www.kurzweilai.net）。关于ENIAC的最新著作，请参阅 S. McCartney, *ENIAC: The Triumphs and Tragedies of the World's First Computer* (New York: Berkley Pub Group, 2001)。

正如本章开头的故事所说明的那样，作为工具的计算机在过去半个多世纪的时间里取得了长足的进步。它承担了许多功能，从文字处理到簿记再到健康监测。如果没有它，我们许多人会感到茫然无措。在未来，计算机可以作为说服工具来改变人们的态度和行为，这一点将变得越来越明显。仅举几例潜在的应用：计算机可以激励人们锻炼，鼓动人们购买更多的产品，发动人们捐款给慈善机构，敦促人们与家人保持联系，或驱使人们去追求一份新的事业。本章的重点是将计算机作为说服工具来运用，这也是功能三位一体的第一个支点（见图3-1）。

工具
增强能力

工具的说服作用体现在：
• 使目标行为做起来更容易
• 引导人们经历一个过程
• 执行那些有激励效果的计算或衡量工作

社会角色

媒体

图3-1 作为说服性工具的计算机

|七类说服性技术工具|

在计算机说服技术这门学科的范畴内，我将说服性技术工具定义为一种交互产品，通过设计它们来使期望的结果更容易实现，从而改变人们的态度或行为。我列举出了七种说服性技术工具，如下：

• 削减技术；

• 隧道技术；

• 定制技术；

• 建议技术；

• 自我监控技术；

• 监测技术；

• 条件反射技术。

本章对这七种说服性技术工具中的每一种都加以描述，讨论了它们背后的原则，并提供了例子，以说明每一种工具的现实或潜在用途。每种工具都应用不同的策略来改变态度或行为。尽管我将这七种类型分别单独列出，但实际上，说服性技术产品通常都会包含两种或两种以上类型的工具，以期达到想要的结果。

| 削减技术：通过简化来说服 |

当某家长途电话公司试图说服你更换运营商时，它不会让你填写表格，取消以前的服务，或签署任何文件。你只要在该长途电话公司与你通话时表示同意，新公司就会负责相关事宜。这就是一个削减策略的例子，即令一个复杂的任务变得更简单。

> **削减原理**
> 使用计算技术将复杂的行为简化为简单的任务，提高了行为的效益 / 成本比，并驱动用户实施行为。

当我搬到欧洲时，我曾经用过某种削减策略来说服我的家人给我写信。具体来说，临行前我送给每位家人一份礼物，那是一套已经贴好邮票的信封，上面写着我的新地址，这是一种简单的削减技术。我希望通过减少给我写信所必须经历的步骤来说服家人定期给我写信。事实证明这个策略起作用了。

削减技术通过将一个复杂的活动简化为几个简单的步骤（或者理想情况下，简化为一个步骤），使目标行为变得更容易。如果你在亚马逊的网站上购买产品，你可以注册"一键式"购物。只需点击一下鼠标，你所购买的商品货款就会自动记到你的信用卡账单上，然后你购买的产品就会被打包、运走。藏身于这种一键式购物背后的削减策略能够有效地激励用户购买商品。[①]

---

① 在调查亚马逊一键式购物方法的有效性时，尽管亚马逊不愿透露任何数据，但史黛西·珀曼（Stacy Perman）的结论是，这种技术确实增加了销量。在杂志《商业 2.0》（*Business 2.0*）的 2000 年 8 月号上她写道：亚马逊拥有专利的一键式技术，使得购物者只需点击一个按钮就可以下订单，这本身就是简单性的体现。我们询问亚马逊这一功能对其业务有何影响，比如它是否增加了销量，通过一键式技术销售了多少书等，但该公司礼貌地拒绝了向我们提供任何信息。以下是我们对一键式购物的了解：除了我们认识的每个人都在使用它之外，亚马逊的主要竞争对手巴诺书店也在其网站中加入了类似的功能。亚马逊感受到了足够的威胁，于是要求巴诺书店停止这种做法。我们假设一键式购物对于亚马逊来说是成功的，但它更愿意将这种成功为自己所独享。

心理学和经济学理论表明，人类追求成本的最小化和收益的最大化。[①]削减技术背后的理论是，使行为更容易实施，从而提高行为的效益/成本比，而提高人们的效益/成本比，就会增强人们的动机，使其更频繁地实施这种行为。

在简化一种行为或活动的过程中，削减技术也可能会增加一个人的自我效能感，即一个人对自己有能力实施某一特定行为的信念。这反过来又能帮助这个人对这种行为形成一种更积极的态度，从而更努力、更频繁地去尝试实施这种行为。[②]

使政治参与变得更简单

在 capitoladvantage.com 上，我们可以找到一个更详细的削减策略的例子。为了增加草根阶层对政策制定、如何撰写新闻以及总体政治进程的参与，该网站创建了一个在线系统，使美国人民更容易与他们选出的领导人分享他们的观点。CapWiz 系统削减了分享观点这种行为的复杂性（见图 3-2）。

CapWiz 系统的目标是"赋能、激活、教育和动员选民，从而影响政策制定者和媒体，以实现公共事务目标"。换句话说，就是让普通公民参与到公共事务当中。这种方法很明显是奏效的。该系统每天都会帮助选民发出 2 万到 4.5 万条信息。

你不必搜索姓名、地址，也无须准备纸张或邮票。你只需通过 CapWiz 系统来访问一个网站［在本文写作时，这些网站包括美国在线（AOL）、雅虎（Yahoo）、微软的 MSN，以及今日美国（USA Today）等］，然后输入你的邮政编码。Capitol Advantage 网站告诉用户："只需点击一下，就可以给你的选票所对应的所有政治人物发送信息。"

[①] 认知科学和社会心理学的各种理论解释了我们要去评估成本/效益的自然倾向。其中最明确的一种是期望理论（或称效价－工具－期望理论），它假设行为源于对什么选择能使快乐最大化、痛苦最小化的期望。这一领域的一项著名研究是：V. H. Vroom, *Work and Motivation* (New York: John Wiley and Sons, 1964; reprinted Malabar, FL: Krieger Publishing Company, 1982)。经济学在很大程度上依赖于对成本/效益的评估。有关这方面的概述，可以参阅 J. Taylor, *Economics*, 3rd ed. (New York: Houghton Mifflin Company, 2001)。

[②] 请参阅 A. Bandura, *Self-Efficacy: The Exercise of Self-Control* (New York: W. H. Freeman, 1997)。

我发现，以前我要写信向我的政治代议者表达观点时，所涉及的工作远比点击一次鼠标要多得多，但是 CapWiz 系统大大降低了这件事的复杂性。为了进一步降低复杂性，组织机构可以使用 CapWiz 系统为其成员提供一封模板信，以便向政府官员发送。

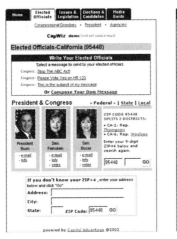

图 3–2　CapWiz 系统使得向民选政治人物表达观点更容易了

|隧道技术：带着指引的说服|

计算机作为说服工具的另一种方式，就是引导用户一步一步地经历预先设定的一系列行动或事件。我把这种策略称为"隧道技术"。使用隧道技术就像在游乐园乘坐过山车：一旦你坐上了过山车，你就必须经过一路上的每一个迂回曲折，不可能中途下车。

当你进入某条"隧道"时，你也就放弃了一定程度的自决能力。而通过进入"隧道"，你又接触了一些别处没有的信息，参与了一些别处没有的活动。以上这两个因素都为说服提供了机会。

人们经常自愿把自己置于隧道情境中，以改变自己的态度或行为。他们可能会聘请私人健身教练指导他们完成锻炼，报名参加那些会控制他们的日程安排的精神静修，甚至报名去戒毒中心。

隧道技术可以收到很好的效果。对于用户来说，隧道使完成某个过程变得更容易。对于设计师来说，隧道控制着用户的体验，包括内容、可能的路径和活动的性质。从本质上讲，用户变成了被动的受众。如果用户愿意留在隧道中，他们就必须接受——至少要面对——支配着受控环境的背景设定、价值观和逻辑。

> **隧道效应原理**
> 使用计算技术来引导用户逐步通过一段过程或经历，从而提供了说服的机会。

隧道技术有效的最后一个原因是人们重视一致性。一旦人们认可了某个想法或过程，即使之后面对反面证据，大多数人仍会选择坚持该想法。如果所进入的隧道是人们自由选择的结果，那就更是如此。

软件安装是应用隧道技术的一个很好的例子。在大多数情况下，现在要安装一个软件已经很简单了；计算机会带你一步一步地完成整个过程。在安装软件这条隧道中的一些地方，你可以选择安装应用程序的哪些部分以及将软件安装在硬盘的哪里，但是你始终身处这条隧道中。

这就是说服力可以施展潜力的空间。当软件正在被复制到你的硬盘驱动器上的时候，为了说服你这个应用程序是一个伟大的产品，有很多你会喜欢的功能，软件的安装程序可能会给你安排一个促销之旅。这次旅程可能会包括以下内容：祝贺你做出了明智的选择，指出软件将如何帮助你，并向你展示正在愉快地使用这些功能的其他人，甚至还会为其他公司的产品打广告。因为你身处安装隧道中，你现在是一个被俘获了的观众，看到的是你在其他情况下不会看到的信息。

网站注册是另一种形式的隧道。有许多网站，用户如果想访问其服务或内容，必须先经历一个注册过程。eDiets.com 是目前领先的减肥饮食网站，在注册过程中，该网站会收集你的信息，同时提供有关额外尊享服务或其他产品的优惠。在程序询问你对减肥的态度之后，如"我发现我经常因为紧张和压力而吃东西"，而你则必须选择"非常同意""同意""有些同意"等，它会给你提供一个音频课程，旨在"创造出成功所必需的心理转变"。此处的关键是，通过之前注册的隧道过程，eDiets 系统引导用户通过一个循序渐进的过程，使他们能够辨别出自己有待克服的弱点，创造了需求，而这个需求马上会被这门音频课程满足。

伦理道德问题

隧道技术可以是一种合乎道德且有用的说服策略。一个退休软件程序可以引导用户经历许多步骤，比如分析他们的财务状况，设定财务目标，并引导他们采取行动来实现这些目标。健康网站可以引导用户回答一系列问题，这些问题旨在辨别不良的健康习惯，并采取措施加以改善。

隧道技术也可能包含负面的甚至是不道德的元素。回到我们的软件安装例子上来，许多软件程序都将产品注册作为安装过程的一部分。有时候，程序会要求输入你的个人信息，如姓名、工作单位和其他联系信息。通常情况下，很难做到既能避免泄露你的个人信息，又能成功地完成软件安装。根据完成软件安装所需的个人信息的性质和范围，有些程序可能会被认为是不道德的，因为它们会让你别无选择：要么泄露个人信息，要么就面对安装错误的风险（这种做法还产生了一个意想不到的后果，那就是一些想维护隐私的用户会提供虚假信息）。

在最坏的情况下，隧道技术可能接近于强迫。具体取决于它们是如何设计的。为了避免强迫，隧道技术的设计者必须向用户申明，他们如何可以在不破坏系统的情况下随时抽身离开隧道。

|定制技术：通过个性化定制来说服|

定制技术是一种计算产品，它提供与个人相关的信息，旨在改变他们的态度或行为。定制技术使计算机用户的生活变得更加简单，因为他们不想在信息的汪洋大海中费力寻找自己想要的内容。

心理学研究表明，在改变态度和行为方面，定制化的信息比一般信息更有效。许多这类研究

> **定制原理**
> 如果计算技术提供的信息会根据个人的需要、兴趣、个性、使用背景或其他个体相关因素进行调整，那么它将更有说服力。

都是在保健干预领域进行的，其中的信息经过了调整，以符合人们的教育水平、疾病类型和阶段、对疾病的态度以及其他因素。

定制技术可以嵌入各种各样的说服性技术产品中。仅举一个例子：某个文字处理应用程序可能会建议你通过每天学习一个单词来增加你的词汇量（这是因为该程序已经注意到你使用的单词相对较少）。如果应用程序提供了经过剪辑的信息，显示了你所掌握的有限词汇量，以及显示了有关你的词汇量远远低于同行中的其他人的一张对比图表，那么你可能会更愿意去遵循这一建议。

互联网提供了一些很好的例子，说明了为个人定制信息可以达到说服的效果。让我们以 scorecard.org 为例来看看。这个网站是由美国环保协会创建的，它鼓励用户对那些污染环境的组织采取行动，也便利了人们与政策制定者联系，以表达他们对污染的关注。

用户输入邮政编码后，该网站就会列出该邮政编码对应地区的排污单位，提供有关化学品排放的数据，并概述其对健康可能造成的损害。定制技术还可以生成一张地图，让你看到与你生活、工作或上学地点相关的污染源的位置。

这些量身定制的信息可能产生令人信服的效果。我为我所在的硅谷地区生成的报告指出了我不知道的危险，并指出了那些主要的污染者。令我惊讶的是，污染者中有几家名声显赫的公司，其中一家还是我的前雇主。

我也从 scorecard.org 网站中了解到，我跑步路线旁的一家公司每年会排放近 1 万磅①的二氯氟乙烷；这种化学物质疑似对心血管有害。这毫无疑问改变了我的行为——在访问了这个网站后，我开始在健身房的跑步机上跑步，而不是在室外。

许多网站为了商业目的提供量身定制的信息。越来越多的电子商务网站根据消费者以前访问网站时所收集的信息，建议他们购买额外的商品。这种信息剪裁的做法很有效。当客户再次访问网站时，该网站不仅可以推

---

① 1 磅≈0.45 千克。——译者注

荐更多的商品让客户购买，如果客户选择了购买，它还可以通过电子邮件发送优惠券，提供内部通讯让客户了解新产品和新的促销活动，或者使用其他在线技术说服客户在该网站开展更多业务。

伦理道德问题

　　量身定制的信息确实更有效。但一些学者认为，只要人们认为信息是定制的，其效果可能就会有所不同。[①]换句话说，量身定制的信息不一定要与个人真的相关，只要看起来是这样就行。

　　为什么会这样呢？因为当人们相信信息是为他们量身定做的时候，他们就会更加关注这些信息。然后，他们会更认真地处理这些信息，因而也将更有可能被说服——如果这些信息经得起仔细审查的话。

　　然而，这一事实也带来了负面作用，导致了设计师可以用不道德的方式来应用定制技术。假设一个交互式金融规划产品收集了关于用户的信息，然后建议该用户主要投资免税债券。对定制技术的研究表明，用户会认真考虑这个投资选择。但事实上，给出建议的机器可能给每个人都提出了相同的建议；或者更糟的是，它可能会按照隐藏在这项服务背后的公司能获得最大收益的方式来向潜在投资者提出建议。只不过，貌似将用户的特殊需求考虑在内的方式使得建议看上去更有吸引力。

根据情境定制信息

　　前述的 scorecard.org 只是为个人定制信息，但它还没有做到根据情境来定制信息。这是它以及其他定制技术要努力实现的下一个目标。以 scorecard.org 为例，所谓根据情境定制信息，就意味着从系统的数据库中获取信息，并在日常生活中根据人们的需要将信息提供给人们。

　　设想一下，有一对年轻夫妇想买套住宅，假设他们车里的某项定制技术可以告知他们，目前他们正在考虑的社区环境状况如何，会怎样？又

---

① 这些研究的其中一例可以参考 J. R. Beninger, Personalization of mass media and the growth of pseudo-community, *Communication Research*, 14(3): 352–371 (1987)。

或者，无论我在哪个地方慢跑，某种便携式定制技术都可以告诉我，那个地方有没有、有哪些、有多少有毒化学物质，又会怎样？

从概念上讲，从个性化信息转到情境化信息并非难事。但从技术和实用的角度来看，要实现这一目标还有很长的路要走。为了提供情境化的信息，该技术不仅要定位你的位置，还必须确定你是独自一人还是与他人在一起，你正在做什么事情，你是匆忙还是悠闲，你的心情如何，以及许多其他事情。所有这些都是决定有效说服策略的重要因素。此外，还有一些实务问题和社会问题，比如说，谁将为所需的技术买单以及如何保护隐私，等等。随着这些障碍被克服，定制技术将对人们的态度和行为产生更大的影响。

|建议技术：在正确的时机进行干预|

在一个沉闷的冬日，15名学生站在横跨加利福尼亚州帕洛阿尔托的101号高速公路的某座大桥的桥边。每个学生都手持一张海报，每张海报上都画有一个橘黄色的粗体字母。按照顺序排列，这些字母为硅谷司机们拼出了一条简单但颇具煽动性的信息："W-H-Y N-O-T C-A-R-P-O-O-L？"（干吗不拼车呢？）桥下道路上的汽车一辆接一辆以蜗牛般的速度行驶着，后车的车头紧紧地挨着前车的车尾，中间几乎没有一点空间。然而，有一条车道却几乎是空的，那就是共乘车道。很难想象一个被困在高峰时段、以龟速行驶的司机竟然没有重新考虑他的通勤策略。"是啊，为什么不拼车呢？要不我现在应该早就到家了。"

> **建议原理**
>
> 计算技术如果能在适当的时候提出建议，就会有更大的说服力。

这个故事说明了在最恰当的时间提出建议的潜在影响。这是另一种说服性工具背后的原理，我称之为"建议技术"。我把建议技术定义为一种交互式计算产品，它可以在最合适的时刻建议人们实施某种行为。要想具备可行性，建议技术必须首先促使你去思考，"我应该遵循这条建议的指引，还是继续我现在的方式？"

建议技术背后的演变可以追溯到至少 2000 年前的一种叫作"关键时刻"（kairos）的说服原则。在古希腊修辞学家的讨论中，kairos 的意思是找到合适的时机来表达你的信息（在希腊神话中，Kairos 是宙斯最小的儿子，是"代表有利时刻的神"）。

建议技术通常建立在人们现有的动机之上，比如说财务稳定、身体健康、受人尊敬。建议技术所做的无非就是提示一下相关的行为而已。本质上，建议技术等于在说，"现在去做某事正当其时也"！这件事可能是卖出成长型股票和买入政府债券，或给家里的供热系统更换空气过滤装置，或给你久未谋面的朋友寄张贺卡，或打电话给客户看她是否需要从你这里购买更多产品。为了获得成功，建议必须足够有说服力，时机也要刚刚好，以便采取行动。

建议技术的一个常见例子是速度监测感知和雷达拖车（speed monitoring awareness and radar trailer，SMART[①]），这是一辆可放置在路边的便携式拖车（见图 3-3），它可以监测从它侧面驶过的车辆的速度。如果你以前见过 SMART，你见到它的地点很可能是在学校或者居民住宅区附近的那些街区，因为行驶在那些区域的司机经常会超速。

图 3-3　智能拖车通过信息对比来影响驾驶员

---

① SMART 在英文中有"聪明"的意思。——译者注

当车辆接近拖车时，SMART 就能感知到汽车的行驶速度，感知距离最远可达 90 码 [①]。然后，它会将汽车的时速显示在一个巨大的输出设备上，字体大到司机从远处也可以看得清楚。在 SMART 设备的大多数版本中，拖车还会显示街道的速度限制，允许司机将他们的实际速度与屏幕上的限制速度进行比较。

SMART 的目标是让司机重新评估他们的驾驶行为。它在正确的时间——人们开得太快的时候，创造出了一个决策点，促使人们重新决定他们的行驶速度。

SMART 提供的建议并不是明确的，而是含蓄的，那就是在规定的速度限制内驾驶，不要超速！对这些建议采取行动的动机来自司机自身——要么是害怕收到超速罚单，要么是自觉对安全驾驶负有责任。

时机至关重要

时机对建议技术的有效性来说是至关重要的。该技术必须辨识出合适的时机以提出建议。但是，什么才算得上是合适的时机呢？

虽然古典修辞学家强调关键时刻在说服中的重要性，但他们并没有留下关于如何识别或创造最合适的时机的实用指南。然而，心理学家发现了一些可以确定适合进行说服的时机的特征：比如，当人们心情好的时候，他们更容易被说服；当人们发现自己当前的世界观不再有意义时，他们就更愿意接受新的态度和观点；[②] 此外，如果人们能立即采取行动，或者因为

---

① 1 码 ≈ 0.9144 米。——译者注

② 除非情况不同寻常（比如从属于某个相信世界末日的组织，然后遭遇了该组织的预言失败）或者人们感觉自身受到了威胁，否则，心理学家所说的"不确定信息"会导致人们体验到认知失调，并寻求新的、更一致的信念和行动。这一领域的经典著作是费斯廷格的《认知失调理论》[L. Festinger, *A Theory of Cognitive Dissonance* (Stanford, CA: Stanford University Press, 1957)]。关于认知失调的最新治疗方法以及说服中的一致性问题，请参考 Chapter 5 （"Motivational Approaches"）in R. Petty and J. Cacioppo, *Attitudes and Persuasion: Classic and Contemporary Approaches* (Dubuque, IA: Wm. C. Brown Publishers, 1981)。关于自我价值如何影响对于否定信息的同化，参见 Geoffrey L. Cohen, Joshua Aronson, and Claude M. Steele, When beliefs yield to evidence: Reducing biased evaluation by affirming the self, *Personality & Social Psychology Bulletin,* 26(9): 1151–1164 (2000)。

受过的恩惠 ①、犯过的错误 ②、最近拒绝的请求 ③ 而感到有亏欠感，那么他们更有可能被说服以遵从某个要求。

以上这些都是关于合适时机的简单例子。事实上，说服中的时机问题并没有那么容易简化为一些指导原则。时机涉及环境中的许多因素（从物理环境到社会环境），以及说服对象在某一刻的瞬间性情（比如其情绪、自我价值感和与他人的联系感等）。为了说明创造出说服的合适时机有多困难，可以参考一下我在斯坦福实验室的两个学生探索的研究——使用全球定位系统（global positioning system，GPS）技术来确定一个人的位置。从理论上讲，通过使用 GPS，可以创建出一项建议技术，即当一个人出现在某个特定的地点时，说服此人去做某事。

学生们制作了一个填充玩具熊的原型，他们的设计是：麦当劳可以把它送给孩子们，或者以低价出售。每当这只玩具熊接近某家麦当劳餐厅时，它就会开始唱一首有关炸薯条的广告歌——歌词内容是关于这些炸薯条如何美味，这头熊又是多么地喜欢吃炸薯条的。

这个玩具计划从来没有被实施，但你可以想象到，孩子们可能会受到玩具熊的歌声的提示，唠叨父母，要他们开车去麦当劳餐厅。你也可以想象到，如果父母很忙，或心情不好，或者没钱买快餐，这项技术可能会适

---

① 有关互惠原则如何起作用，以及其在使人服从方面发挥了什么作用的更多信息，请参阅以下内容：A. W. Gouldner, The norm of reciprocity: A preliminary statement, *American Sociological Review,* 25: 161–178 (1960)；M. S. Greenberg, A theory of indebtedness, in K. Gergen, M. S. Greenberg, and R. H. Willis (eds.), *Social Exchange: Advances in Theory and Research* (New York: Plenum, 1980), pp. 3–26；M. S. Greenberg and D. R. Westcott, Indebtedness as a mediator of reactions to aid, in *New Directions in Helping*, Vol. 1, (Orlando, FL: Academic, 1983), pp. 85–112。

② 要了解更多关于人们在自我概念受到威胁后如何服从要求以确认其自我概念的信息，请参考：Claude M. Steele, The psychology of self-affirmation: Sustaining the integrity of the self, in L. Berkowitz (ed.) et al., *Advances in Experimental Social Psychology, Vol. 21: Social Psychological Studies of the Self: Perspectives and Programs* (1988), 261–302；Amy Kaplan and Joachim Krueger, Compliance after threat: Self-affirmation or self-presentation? *Current Research in Social Psychology,* Special Issue: 4(7): (1999)。

③ 关于对 "拒之门外" 影响策略的研究，有一份相对较新的元分析（meta-analysis），它是：Daniel J. O'Keefe and Scott L. Hale, An odds-ratio-based meta-analysis of research on the door-in-the-face influence strategy, *Communication Reports,* Special Issue: 14(1): 31–38 (2001)。

得其反。其中的关键在于，虽然地理位置对于说服来说也许是合适的，但这项技术没有能力识别出构成合适时机的其他方面，如父母的心理状态、经济状况、这个家庭是否已经吃过饭，以及其他种种变量（在这个例子中，还有与操纵孩子有关的明显的伦理问题。我将在第 9 章探讨这个话题）。

建议技术既可以用于宏劝说，比如 SMART，其存在目的就是促进安全驾驶；也可以用于微劝说，此时它是一个更大的互动系统中的一部分。个人理财应用程序可能会建议你今天就支付水电费，软件管理系统可能会建议你尽快备份数据，或者某个电子提醒服务可能会建议你下周初给你母亲买份生日礼物并寄出去。此类技术成功应用的关键是在适当的行动时机让人们做决定。

|自我监控技术：让跟踪不再单调乏味|

下一种说服性技术工具是自我监控技术。这种类型的工具允许人们监控自己，改变自己的态度或行为，以实现预定的目标或结果。理想情况下，自我监控技术可以实时工作，为用户持续提供数据——关于他们的身体状态，或基于生理数据的反馈推断他们的精神状态，或他们所处的位置，或他们在任务上的进展。这种技术的目标是消除在测量和跟踪绩效表现或状态时常常

> **自我监控原理**
> 应用计算技术来消除跟踪绩效表现或状态时的单调乏味感，从而帮助人们实现预定的目标或结果。

会有的单调乏味感。这使得人们更容易知道他们实施目标行为的效果如何，增加了他们继续实施这种行为的可能性。①

此外，自我监控技术也满足了人们了解自我的本能。自我监控技术可以帮助人们了解自己，就像人格量表或能力倾向测试一样。因此，使用自我监控技术可能具有内在的激励作用。

---

① 各种理论都支持这样一种观点：人们更倾向于做容易做的事情。举例来说，可以参考：A. Bandura, *Self-Efficacy: The Exercise of Self-Control* (New York: W. H. Freeman, 1997)。

心率监测器（见图 3-4）是一个利用自我监控技术来改变行为的很好的例子。这些设备通常被直接戴在身上，在人们运动时监测其心率。通过使用这些可穿戴的设备，用户可以准确、轻松地跟踪自己的心率。

图 3-4　心率监测器通过让人们改变运动强度，从而达到目标心率

心率监测器帮助人们调整他们的身体运动，使他们的心率保持在预定的范围内。更先进的设备会在你的心跳太快或太慢时发出音频信号，让你的心率更容易保持在想要的范围内，这样你就知道是要减弱还是要增强运动强度。

心率监测器不仅可以帮助人们改变行为，还可以通过两种方式改变人们的态度。首先，由于这项技术可以很容易地追踪你的心率，你不再需要关注自己跑了多远或跑得有多快，你只需要监测你的心率——也就是有效锻炼的最佳指标。使用心率监测器改变了我对锻炼的态度。我变得更关心我的心率，而不是坚持某个特定的锻炼方案。其次，拥有像心率监测器这样的工具也可以改变一个人对运动的总体态度。因为这种设备可以针对人的生理状态提供信息，所以运动能引起你更多的关注，对某些人来说，也会更有乐趣。

有时候，自我监控工具可以非常专门化。Tanita 公司推出了一款名为"健康蹦蹦跳"（HealthyJump）的跳绳（见图 3-5），它有一个内置的显示器，可以让用户知道自己消耗了多少卡路里，以及完成了多少次跳跃。这款设备不仅使追踪一个人的运动数据变得更容易，而且从该装置获得具体反馈这一点很有可能会强化跳绳的动力。

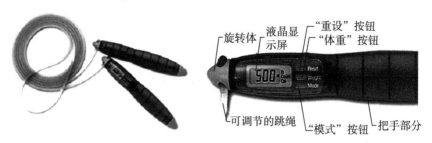

旋转体　液晶显示屏　"重设"按钮　"体重"按钮

可调节的跳绳　"模式"按钮　把手部分

图 3-5　健康蹦蹦跳跳绳

消除语言怪癖

我的一个学生团队做了一个概念设计，说明了自我监控技术是如何改变语言行为的。他们的设计针对的是一种他们自己也不能避免的行为，那就是对"好像/似乎"使用得太频繁了。学生们常常这样说话："我去上这门课，但是教室似乎太拥挤了"，以及"我感觉就好像是'天啊，我居然找不到坐的地方'"。该学生小组知道他们这个年龄段的大多数人都有这种语言怪癖。他们很担心在求职面试时或将来的工作中也会这样说话，比方说"我似乎接近于完成明天客户会议的演示文稿了"。

在我的学生的概念设计中，他们展示了人们如何使用新一代移动电话系统来自我监控并减少或消除这种语言怪癖。他们的概念设计包含了很多方面，但其精髓是一个单词识别系统——这个系统可以在人们打电话时听到讲话者的声音。每当人们使用"好像/似乎"这个词时，手机就会发出信号，让他们意识到这一点。信号可能是振动或微弱的音频信号。这种方法可以训练说话者较少地使用"好像/似乎"这样的表达方式。

| 监测技术：通过观察来说服 |

自我监控技术使人们了解自己，而监测技术使人们了解他人。在计算机说服技术的范畴内，监测技术被定义为任何允许一方监视另一方的行为，并以特定的方式调整行为 ① 的计算技术。

在本章的所有说服性技术工具中，监测技
术是目前最常见的。有一些应用程序可以跟踪员
工如何使用互联网，青少年如何开车，客服人员
如何给客户打电话，等等。

> **监测原理**
> 应用计算技术来
> 观察他人的行为，从
> 而增加达成预期结果
> 的可能性。

早在 1993 年，一位研究人员就报告说，有
2600 万美国工人通过他们的计算机受到监测。
另一项 1998 年的数据显示，三分之二的美国大公司对他们的员工实施了
电子监测。2001 年，美国管理协会（American Management Association，
AMA）发布的一项调查显示，超过 77% 的美国大公司使用了某种形式的
高科技来对工作场所进行监测。这项调查表明这一数据自 1997 年以来翻了
一番。② 监测技术应用如此普遍的原因之一是它确实能起到作用。监测一直
是社会心理学领域中一个活跃的研究课题，研究证明监测会对人们的行为
产生巨大的影响。当人们知道自己正在被他人监测时，他们的行为会有所
不同。根据研究，如果某人知道自己的行为能被其他人监测到，并且会因
其行为而受到他人的奖励或惩罚，那么他很可能会使自己的行为符合观察
者的期望。

"保健卫士"（Hygiene Guard）是监测技术的一个例子。该系统（见图
3–6）安装在洗手间，用以监测员工的洗手情况，确保员工遵守卫生规则。
该系统在多处使用了传感器技术：在员工的工牌上，在洗手间的天花板上，
在水槽上方。它能识别每个进入洗手间的员工，员工使用完厕所设施后，
系统会验证该员工是否在水池旁站足了 30 秒钟的时间。如果不是这样，系
统就会记录下这一次违规行为。

---

① 严格地说，监测技术并不像我之前描述过的其他交互式计算产品那样具有互动性——那些
　产品专注于技术和最终用户之间的交互。然而，根据我的定义，我认为监测技术是一种有
　说服力的技术，因为它确实包含了一种有限的互动性。输入来自一个人（用户），输出会
　发送给另一个人（观察者），然后观察者通过对观察对象实施奖励或惩罚来完成互动循环。
② 美国管理协会对工作场所中的测试和监控进行了年度调查。最近的调查结果显示，自
　1997 年以来，工作场所中监管和监视的普及程度有所提高。

图 3-6　保健卫士是一套监测员工的洗手动作的系统

另一个监测技术的例子是"自动监视"（AutoWatch）系统，这是一种能让父母监控孩子驾驶行为的计算机系统（该系统的制造商表示，它还可以让你监控员工如何驾驶公司车辆）。资料显示，自动监视系统是一个小型的黑匣子，可以记录行车速度、启动和停车，以及其他数据。家长可以将该设备从车上卸下将信息下载到计算机上。

监测必须公开

乍一看，自动监视似乎是一个合理的想法：父母应该能够监控他们的孩子如何开车。然而，产品资料却建议家长"将此系统隐藏在仪表板下或座椅下"。以这种方式安装自动监视系统时，它就是一种隐蔽技术。在这种情况下，自动监视就不属于说服性技术了——因为它的目标不是激励或影响他人，而是秘密监控。

这就引出了一个关键点：监测技术要想有效地改变行为，它就必须是公开的，而不是隐蔽的。快递公司有时会在公司的运货卡车后面贴上一个问题："我车开得怎么样？"再印上一个免费电话，以供人们向公司汇报司机的违规驾驶行为。卡车司机知道会有人举报他们鲁莽驾驶，这会促使他们更安全地驾驶。

与此形成对比的是自动监视系统的隐蔽安装。如果青少年压根就不知道他们的驾驶行为正在被自动监视系统监控，他们怎么会受到激励，避免鲁莽驾驶呢？隐蔽使用自动监视系统是用来惩罚的，而不是用来说服别人的。使用隐蔽技术存在着重要的伦理问题，但在这里我就不讨论了，因为从定义上说，隐蔽技术并不属于说服性技术的范畴。

通过监测提供奖励

监测技术可以利用惩罚的威胁来改变行为，也可以被设计成通过承诺提供奖励来激励人们。例如，父母可以使用自动监视系统来奖励孩子们的安全驾驶行为——比如说，可以提供油费，供他们未来的驾驶使用。

在工作场所监测方面，有几家公司已经建立了跟踪员工行为的系统，如果员工做了公司期望的行为，公司就会奖励他们。这些公司不把这些产品称为"监测系统"，而是称为"激励系统"或"激励管理技术"。

伊利诺伊州一家名为 Cultureworx 的公司发明了一种产品，可以跟踪员工全天的行为。它还可以奖励那些做出了符合公司政策或有助于提高公司利润的事情的员工。举例来说，假设某家公司想让其呼叫中心的员工使用其客户关系管理（CRM）软件，输入客户信息和员工每次与客户联系的结果后，Cultureworx 系统就可以根据这些信息跟踪其员工的表现。以这种方式追踪员工表现，员工感觉到的苛刻程度会有所减轻，此监测系统还提供了积分，可供员工在线兑换类似埃迪·鲍尔 [①]（Eddie Bauer）和玩具反斗城（Toys "R" Us）等公司的产品（不过，还不清楚员工会在多大程度上仅仅因为这种制度提供的奖励而接受它）。

阳奉阴违

虽然监测可以有效地改变行为，但在许多情况下，它却导致了阳奉阴违。一些理论家将之描述为"顺从与内化的矛盾"。人们如果知道自己正在被他人监测，就会按规定的方式行事；但是，如果他们不再受到监测，行

---

① 美国一家著名的户外运动服装品牌。——译者注

为就不会继续，除非他们自己有要这样做的理由。[①]换句话说，如果没有将行为内化的动机，当一个人不再受到监测时，从众和遵从效应就会减弱，而且往往会消失。

监测技术最重要的应用在于防止违法行为。监测应该侧重于威慑，而不是惩罚。即便如此，将监测作为一种激励工具并不是最堂堂正正的说服方法，即使它利用的是对奖励的承诺，而不是人们对惩罚的恐惧。监测技术的使用也引发了严重的伦理问题，涉及维护个人的隐私和尊严（我将在第9章中更详细地探讨伦理问题）。

|条件反射技术：强化目标行为|

说服性技术的最后一种工具我称之为"条件反射技术"，指的是一种计算机化的、利用"操作性条件反射"（operant conditioning）的原理来改变行为的系统。

美国心理学家斯金纳（B. F. Skinner）是操作性条件反射的主要倡导者。这一学说在40年前达到了顶峰，时至今日却在某些圈子里引起了争议。简单来说，操作性条件反射［也被称为"行为主义"（behaviorism）和"工具性学习"（instrumental learning）］，是一种使用正强化或奖励来促进行为的发生或塑造复杂行为的方法[②]（操作性条件反射也可能包括使用惩罚来减少行为的发生，但这种方法充满了伦理问题，而且在我看来，它也不是对条件反射技术的适当运用。[③]因此，我在本书中不会对此做更多的探讨）。

---

① 顺从能导致内化吗？在某些情况下是可以的。至少有四种理论认为行为最终可以改变态度，即使行为最初是由外部因素驱动的。这些理论包括认知失调、自我知觉、自我表现和自我肯定。对这四种理论的简短评论，请参阅 D. R. Forsythe, *Our Social World* (Pacific Grove, CA: Brooks/Cole, 1995)。

② 操作性条件反射比我在这里描述的要复杂得多。关于操作性条件反射的可读性颇强的一份概述，参见 R. A. Powell, D. G. Symbaluk, and S. E. MacDonald, *Introduction to Learning and Behavior* (Belmont, CA: Wadsworth, 2002)。这也是我所主持的实验室对这个主题最喜欢使用的介绍材料。

③ 其中一个使用软件来实施惩罚的例子，可以参考 B. Caldwell and J. Soat, The hidden persuader (booby-trapped software), *InformationWEEK*, 42(3): 47 (1990)。

只要你曾经试着训练狗做一些游戏，你很可能就已经使用过操作性条件反射技术了。通过表扬、爱抚或在狗狗成功表演后打赏点零食，你已经给予了狗狗正强化。当你赞美你的孩子，给朋友发一封感谢信，或给某人送一件礼物，不管你是否有意，你都在潜移默化地塑造着他们未来的行为。操作性条件反射是人类社会中普遍存在的现象。[①]

操作性条件反射的技术应用

计算机也可以使用操作性条件反射来改变行为。在斯坦福大学的课堂上，我和我的学生探索了使用高科技来实施条件反射技术的各种方法。两个工科学生做了一个"电视健身单车"（Telecycle）的原型（见图 3-7），其实就是一辆健身单车，通过一台小型计算机连接到电视上。在这个系统中，当你以接近目标的频率踩单车踏板时，电视上的图像就会变得更清晰。如

图 3-7　电视健身单车的原型设计

注：它是对操作性条件反射的一种简单应用。

---

① 关于这个话题有一本有趣的而且可读性也很强的书：Karen Pryor, *Don't Shoot the Dog: The New Art of Teaching and Training* (New York: Bantam Doubleday Dell, 1999)。

果你的速度下降太多，甚至停止了踩踏板，电视画面就会变得模糊，几乎毫无观看价值。学生们推测，可以将能够接收到更清晰的图像信号作为行为强化因素，从而导致所期望的行为改变，即更努力地踩健身单车。

电视健身单车是针对特定目标行为使用强化的一个简单例子。在许多电脑游戏中，我们都可以找到操作性条件反射的更复杂的应用。

计算机游戏中的操作性条件反射

虽然游戏设计师很少从行为主义的角度来谈论他们的设计，[①]但优秀的游戏玩法和有效的操作性条件反射是密不可分的。从设计者的角度来看，一款电脑游戏能够称之为好，其中的一个标志就是玩家想要一直玩下去。最重要的是，游戏设计师试图改变人们的行为。理想情况下，玩家会沉迷于这款游戏，将其置于其他电脑游戏之上，甚至是其他可以消磨时间的事情之上。

电脑游戏通过声音和视觉来提供强化。奖励也可以通过其他方式获得，比如积分、升级、高分记录排名等。在第1章中，我们曾经用《魔兽争霸3》作为微劝说的一个例子，像这样使用强化来保持玩家兴趣的游戏还有很多。

电脑游戏可能是操作性条件反射技术最纯粹的应用实例。电脑游戏其实就是管理强化和惩罚这些手段的有效平台，只不过其上还有一些故事和情节作为点缀。

对周期性强化的应用

为了使效果最大化，在目标行为发生以后应该立即对其施以正强化，不要拖延。然而，并不需要对目标行为的每一次发生都予以强化。事实上，要想强化已经存在的行为，强化物不可预测时反而最有效。玩老虎机就是一个很好的例子：赢取回报（硬币如潮水般涌入金属托盘）的确是一种强

[①] 计算机游戏的开发者很少谈论操作性条件反射在他们的产品中所起到的作用。有一篇文章说明了操作性条件反射是如何成为那些电脑游戏大获成功的关键因素的：John Hopson, Behavioral Game Design, *Gamasutra* (April 27, 2001), at http://www.gamasutra.com/features/20010427/hopson_01.htm。

化，但它的发生是随机的。这种不可预测的奖励安排使得目标行为非常吸引人，甚至令人上瘾。

TreeLoot.com 是使用周期性强化的一个典型例子（见图 3–8）。当你访问这个网站时，你会被要求点击一幅图，图上是一棵树。点击后，你将从系统获得反馈，而反馈的内容则取决于你点击的位置。有时候，你只会收到一条要求你再次点击的信息，而另一些时候，系统会告诉你说你赢得了一些"香蕉币"。

图 3–8　TreeLoot.com 通过周期性强化来说服访问者留在该网站上玩游戏

尽管访问 TreeLoot.com 的体验比我刚才描述的要复杂得多，但与主题有关的要点是访问 TreeLoot.com 的行为很像玩老虎机，两者都提供了不可预测的奖励来强化某种行为。我的一些学生说，他们花了好几个小时反复点击这棵树，希望能中大奖，就像鸽子不断啄食杠杆以求获得饲料一样。不可否认，操作性条件反射的威力是巨大的。

塑造复杂的行为

如前所述，操作性条件反射不仅可以用来强化行为，还可以用来塑造复杂的行为。塑造是一种方法，指的是强化那些接近于目标行为的行

> **条件反射原理**
> 　　计算技术可以使用正强化来塑造复杂的行为或将现有的行为转变为习惯。

为。你可以在动物训练中发现这种方法。通过"塑造"这种方法，海豚可以被训练到学会跃出水面，并跃过一根横拉的绳子。在这种训练刚开始时，每次海豚游过放置在池底的一根绳子时，就会得到一份奖励。然后绳子在水里的位置会被向上移动几英尺 [①]，海豚只有从上面游过去而不是从下面游过去时，才能得到奖励。如此循环，直到绳子高出水面。

技术可以被设计成以类似的方式来塑造复杂的行为。例如，条件反射技术可以用来促进在不同地点工作的员工之间的合作，虽然无法列出何为合作的明确方式，但某些活动有可能表明合作正在发生，比如给同事发电子邮件，共享文档，后续跟进电话，安排会见，等等。计算机系统有可能被设计成通过强化合作元素来塑造这一类合作行为。

尽管操作性条件反射在日常生活中被广泛使用，但是，通过基于计算机的操作性条件反射来影响人类行为的巨大潜力还远远没有被发挥出来（除了把电脑游戏制作得如此吸引人甚至有上瘾效果以外）。我的实验室目前正在研究什么样的技术可以强化行为；我们正在研究声音、图像和其他数字体验，以求开发出由有效的"数字奖励"所组成的一个"百宝箱"。但我们对所获得的新知识的应用是非常谨慎的。就像监测一样，这种技术的使用引发了伦理问题，尤其是因为操作性条件反射可以悄然改变我们的行为，即使我们并没有意识到目标行为和所给予的强化之间的联系。

| 选择适合任务的说服性工具 |

对内在动机和外在动机的研究表明，为达到预期行为的改变而实施的干预越温和，其长期效果就会越好。在考虑使用何种说服性技术工具时，最好把这一结论牢记在心。举例来说，如果某项建议技术可以产生期望的行为，那么就应该使用这种方法，而不是监测技术。温和的建议技术不仅能产生更好的结果，而且不会引发与监测有关的伦理问题。

---

① 1 英尺≈0.305 米。——译者注

　　在许多情况下，要达到有效的说服效果，必须使用不止一种工具或策略。我在本章中描述的一些例子就是多种说服性工具的组合：心率监测器是自我监控技术和建议技术的组合；它监测心率，当心率不在预设范围时会通知用户。scorecard.org 使用定制技术提供有针对性的信息，同时使用了削减技术以使采取行动（即向政府官员和违规公司发送电子邮件和传真）变得更容易。它甚至会替你起草这封信，并将相关的细节包括进来。

　　这些例子说明，在许多情况下，有效的说服需要不止一种工具或策略。无论你是在设计、分析还是在使用说服性技术，你都要寻找这些天然的协同效应，因为不同的工具类型聚集在一起以后，可以打造出一段具有说服力的互动体验。

第 4 章
作为说服性媒体的计算机

　　说到塑造态度和行为，经历和体验会起到很大的作用。从事说服工作的人，应该理解并运用这一原则。美国在线公司以 CD 的形式提供试用会员资格。汽车经销商鼓励客户试驾。政府开展的项目让有犯罪倾向的孩子去参观监狱，以了解牢狱生活是什么样子。这些场景和其他许多类似场景的目的都是提供一种令人信服的体验，从而说服人们改变他们的态度或行为。

> 计算机可以通过提供令人信服的模拟体验来塑造人们的态度和行为。

　　体验的原则也可以应用于说服性技术。当计算机被用作有说服力的媒体时，尤其是当它们被用来创建模拟时，它们可以产生强大的影响，塑造现实世界中的态度和行为。本章将重点讨论计算机作为说服性媒体的运用，即功能三位一体的第二个支点（见图 4–1）。

　　计算机模拟既可以创造出模拟真实世界的体验，也可以创造出被体验为"真实"的虚拟世界。模拟既可以像掌上电脑上的《印第安纳 500》（*Indy 500*）赛车游戏那样简单，也可以像虚拟现实那样复杂。[1] 人们对虚拟体验

---

[1] "虚拟现实"有各种各样的定义。根据克鲁格（Krueger）的说法："虚拟世界（virtual worlds）、虚拟驾驶舱（virtual cockpits）和虚拟工作站（virtual workstations）等术语是被用来描述特定项目的。1989 年，VPL 公司的首席执行官杰伦·拉尼尔（Jaron Lanier）创造了虚拟现实这个术语，将所有的虚拟项目归到同一个类别之下。因此，这个术语通常是指通过立体眼镜和现实手套实现的三维现实。"参见 M. W. Krueger, *Artificial Reality*, 2nd ed. (Reading, MA: Addison-Wesley, 1991), p. xiii。

的反应往往就像对现实世界的体验一样。[①]正是人们的这种反应为影响力动态发挥威力奠定了基础。

技术创新者刚刚开始探索计算机模拟体验发挥说服力的种种可能。对于计算机来说，这可能是前景最为光明的说服性技术。

本章将概述三类基于计算机的模拟，并探索当前以及未来如何运用模拟来改变人们的态度和行为。对于每种类型的模拟，我都将给出范例，说明并强调其关键优势，提出设计和理解计算机模拟的相关原则。

工具　　　　　　　　　　　社会角色

媒体
提供体验
媒体的说服作用体现在：
• 允许人们探索因果关系
• 为人们提供具有激励效果的代入式体验
• 帮助人们预先排练某种行为

图4-1　作为说服性媒体的计算机

|通过计算机模拟来说服|

从说服的角度来看，模拟中包含的技术元素不如用户的实际体验来得重要。根据人们对计算机模拟的体验，我提出了与说服性技术相关的三类模拟：

---

① 在下面这本书中，你会发现大量关于人们对互动技术做出类似于现实生活体验的反应的证据：Byron Reeves and Clifford Nass, *The Media Equation: How People Treat Computers, Television, and New Media Like Real People and Places* (Stanford, CA: Cambridge University Press, 1996)。

- 因果模拟；
- 环境模拟；
- 物体模拟。

在以上每一种模拟中，社会科学的理论，尤其是心理学，都提供了见解，说明了计算机如何作为有说服力的感官媒体发挥作用。下面将依次讨论每一种模拟。

｜因果模拟：提供探索和洞察｜

计算技术很早就能帮助人们模拟如天气、人口增长、经济等动态系统。有了这些技术，人们可以改变"输入"或"原因"变量，并几乎能立即观察到"输出"或"结果"的变化。假设城市人口激增引起了城市规划者的关注，如果有一个好的模拟程序［比如专业版的《模拟城市》（*SimCity*）游戏］，城市官员就可以输入不同的

因果原理

通过使人们能够立即观察到因果之间的关系，模拟可以说服他们改变态度或行为。

人口增长水平，然后观察不同的人口增长水平会如何影响其他变量，比如交通拥堵程度或对电话线路的需求。利用因果模拟器，规划者不必等到城市人口增长后才做出必要的安排。这是理解不同情景的一种有效方式。

因果模拟可以成为威力强大的说服者。这种力量来自不用等待很长时间就能看到结果的那种探索因果关系的能力，以及以生动可信的方式展示结果的能力。由于这些模拟可以清楚地显示因果关系，它们使用户能够洞察到他们的态度或行为可能产生的后果。

因果模拟使用户能够在一个安全的环境中进行探索和实验，避免了在现实世界中可能引发的后果。在这样的环境中，尝试新的态度或行为带来的威胁较小，而这些行为随后可能会转化到现实世界中。此外，处于探索模式的人希望发现新事物，希望受到启发，找到惊喜。这种思维模式使人们更容易在模拟的环境中形成新态度，采取新行为。如前所述，这些态度和行为随后可能会被转化到现实世界中。

通过压缩时间，计算机模拟可以立即显示因果关系，这有助于改变人们的态度或行为。你可能在理智上知道每天吃汉堡包和薯条有可能导致心脏病，但其影响在现实世界中并不会立即显现。一个因果模拟可以让这种关系变得清晰，促使你改变你的饮食习惯。

同样重要的是，要认识到用户可能没有意识到模拟中隐含的偏见，所以因果模拟有可能通过微妙的方式说服用户。当人们沉浸在一场仿真模拟中时，他们很容易忘记其结果都是由人类定义的规则决定的，而设计者有可能将自己的偏见注入模拟中。人们会自然而然地倾向于认为这种模拟是真实的和准确的（关于准确性的问题我会在本章后面详谈）。人们通常不会仔细检查模拟中所包含的内容，部分原因是他们的大脑正忙于处理这段体验的其他方面。正因为如此，那些设计模拟体验的人就可以在表面上并没有说教的情况下传达他们的信息。

因果模拟中说服力的来源

- 使用户能够在安全、无威胁的环境中探索和实验；
- 清楚而且即时地显示因果关系；
- 表面上并没有说教，而是以微妙的方式说服。

艾滋病毒轮盘赌：一个因果模拟器

一个关于说服性因果模拟的例子是旧金山探索博物馆（San Francisco's Exploratorium）内的一个名为艾滋病毒轮盘赌的小型展示位。这个展示（见图 4–2）乍看上去并不起眼，但那些花时间坐下来玩的人会立即了解到他们的性行为将如何影响他们罹患艾滋病的可能性。

它的工作原理是这样的：首先，用户能够看到一些假想人物的图像。然后用户选择自己想要与之发生性接触的对象的性别和行为，以及他们的地理位置。然后，计算机进行计算并报告这种行为是否可能导致用户感染上艾滋病毒或其他性传播疾病。

该报告基于真实数据并考虑了各种因素，包括假想伴侣的性行为史以及其是否曾通过静脉注射过毒品。大多数玩艾滋病毒轮盘赌的人很快

就发现，性行为的风险不仅取决于所选择的伴侣，还取决于此人的所有
性史。

　　艾滋病毒轮盘赌使人们可以安全地探索性活动对健康的影响。大多
数人玩艾滋轮盘赌的方式是可以预见的：起初，他们小心谨慎，选择低
风险的性伴侣。然后他们开始做出危险的选择，只是为了看看会发生什
么，直到计算机报告他们感染了艾滋病毒。患病前所度过的时间有时候比
玩家预期的要长；有时候则更短。此模拟基于真实数据，通过图形显示特
定行为的后果（见图 4-3），试图说服用户进行更安全的性行为。你会看
到，仅一次性接触就有可能让你暴露在数百次间接的性接触所含的风险当
中，风险具体有多大则取决于每个伴侣的性史。当然，在现实中你不需要
使用计算机来计算那些间接的性接触累积起来有多快。不过，通过让艾滋
病毒轮盘赌做计算工作，并以图形化的方式呈现结果，间接的性伙伴接触
所带来的指数化风险因此变得更显而易见，更触目惊心，更难以被人们
忽视。

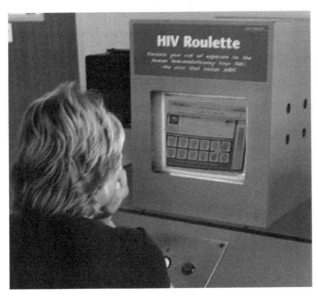

图 4-2　艾滋病毒轮盘赌展示位，它模拟了性接触所带来的健康风险

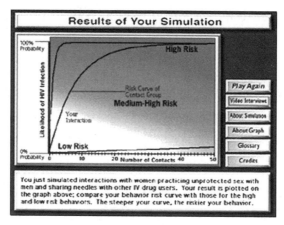

图 4-3　艾滋病毒轮盘赌每一轮结束后都会输出一份报告 [①]

罗基特的新学校：学习社交技能

　　《罗基特的新学校》（*Rockett's New School*）是一款针对即将进入青春期的女孩设计的游戏，也是因果模拟的另一个例子。游戏的目的是帮助主角——一个名叫罗基特的八年级学生（见图 4-4），探索由一所新学校所构

图 4-4　《罗基特的新学校》的主角罗基特

注：用户要决定罗基特如何对一些社会情境做出反应。

---

① 图 4-3 中的纵轴是感染艾滋病毒的概率（由下至上为 0% 到 100%），横轴是直接性伴侣的个数（从左到右为 0 到 50）。曲线则代表了随着性伴侣个数的增加，感染艾滋病毒的概率急剧增加的因果关系。——译者注

成的社会环境。故事从罗基特第一次来到她的新学校开始。故事的情节会周期性地中止，在那个停顿的时刻，用户必须代表罗基特做出一些决定，比如她应该说什么话，或者应该对某些事件采取什么态度，然后用户就会代入罗基特的角色并体验到这些决定所产生的影响。

虽然这款产品是以游戏的形式出现的，但模拟游戏背后的规则使游戏体验不仅仅是一种消遣。该产品的目标之一是塑造玩家在自己的现实生活中应对社交情境的行为反应。

《罗基特的新学校》这个模拟其实是有倾向性或有偏见的。具体来说，如果你做出的选择反映了罗基特的自信特质，那么她通常就会表现得很好——大家都喜欢她，她对自己的所作所为也感觉良好。相反，如果你为罗基特做的选择是出于恐惧或自我怀疑，那她的表现就会不那么好。例如，在到新学校的第一天，当罗基特在课堂上出现后，老师邀请她做自我介绍，此时此刻你必须决定罗基特的态度。如果你选择了一种胆小怯懦的方式，那么故事就会以学生们的轻蔑回应展开，而罗基特则会觉得自己像个傻瓜一样。如果你为罗基特选择了自信的态度，老师会表扬她，她的同学也会发现这位新同学诙谐有趣。

有些人可能会说，这个程序太简单了，或者完全就是在误导人，这个世界并不一定会奖励那些真诚或直言不讳的人。但这就是设计师们植入游戏的偏见，他们特意设计了这个游戏来激励女孩培养自信、冒险精神和同理心等品质。

设计者偏见的影响

这就引出了关于模拟的一个重要问题——设计者可能会在其中植入自己的偏见。虽然模拟的确有可能提供丰富的信息，吸引人们参与，具备说服力，但并不一定能保证它们就是准确的。建构在系统里面的规则可能并非基于对因果关系的最佳认识，而只是设计者自己的倾向。

《模拟城市》是由威尔·赖特（Will Wright）开发的热门游戏，旨在展示规划决策对城市发展的影响。在一场关于设计师偏见问题的激烈辩论中，这款游戏成了焦点。技术观察家埃斯特尔·戴森（Ester Dyson）指出，《模拟城市》是将模拟作为微妙宣传的典型代表，这激起了许多争论。人们认为在此游戏的模拟规则中存在着不同类型的政治偏见，有一个例子特别突出。戴森写道："当被问及增加税收会有什么影响时，一个体验过《模拟城市》的 14 岁少年回答说，'那还用说，当然是公民暴乱了。'"

在 1990 年 2 月的《字节》（Byte）杂志 [1] 上，专栏作家杰瑞·波尔内尔（Jerry Pournelle）写道：

> 这个模拟很有说服力，然而这就是问题所在。因为它只是对设计者自己所持有的理论的模拟，而不是对现实的模拟。举例来说，比起汽车，设计师更喜欢轨道交通——它虽然很贵，但不会造成污染。事实上，你可以设计一个只有轨道交通的城市，其中连一条道路都没有。在现实世界中，这样的城市很快就会被垃圾淹没。我不是要谴责这些程序。相反，我想警告大家不要滥用它们。对太多的人来说，计算机有着一种魔力，人们很容易相信这些小机器告诉我们的东西。

毫无疑问，"这些小机器告诉我们什么"取决于设计者在模拟程序中编写了什么。

要创造一个真正客观的模拟是不可能的，因为设计者不可能准确地知道所有变量在现实世界中是如何相互作用的，所以偏见其实是不可避免的。以《罗基特的新学校》和《模拟城市》为例，虽然研究和事实可以帮助建立模拟的基本规则，但对于某些类型的模拟，特别是涉及社会问题的模拟，数据是不充分的或相互冲突的。就像撰写历史在本质上是不可避免地带着偏见对过去加以解读一样，那些创造模拟的人也很有可能会在工作中带入某种偏见。

那些创建模拟的人应该向用户揭示他们的偏见吗？如果模拟的设计不仅仅是为了娱乐，而是为了帮助人们对他们的生活做出涉及健康、财务或其他方面的选择的话，我认为他们应该这样做。

---

[1] 1975 年创刊, 1998 年停刊, 是 20 世纪 70 年代末和整个 80 年代影响力非常大的计算机杂志。

　　然而，揭示偏见并不总是一种可取的、实用的或有效的做法。在模拟中，并没有标准的方法能让用户知道设计者的偏见——没有一块显示初始信息的显示屏，也不存在关于这个模拟本身的解说。当然，设计师的确可以尝试让用户了解模拟背后所隐含的假设，也许他们也应该这样做。但如果产品是为了推广某种意识形态而设计的，那么其创造者不太可能冒着损害效果的风险来承认自己的偏见，不管这种偏见有多小。不过如果某个模拟的创造者让用户对模拟背后的事实究竟有多么精确获得了事先的印象，这对于提高他们的可信度会有巨大的帮助［一个名为《伟大城市》（*Great Cities*）的产品做到了这一点，它不但在模拟开始前承认了自己的偏见，而且还允许用户审查甚至改变模拟的规则和假设 ①］。

　　"揭露偏见"这件事所要面对的另一个困难就是，创造者自己可能没有意识到自己的偏见。我们常常将自己持有的偏见和假设视作理所当然，毫无察觉。

　　在我看来，最合理的方法——同时也是一个需要时间和需要付出努力的方法——是教育人们。这里所说的"人们"既包括研究人员，也包括终端用户。我们要教会他们，交互模拟在其体验规则中难免会包括偏见。随着交互模拟在我们获取信息和娱乐的领域中变得越来越重要，我们最好也将模拟纳入需要我们用批判性眼光加以仔细评估的范畴当中。

环境模拟：为说服性体验创造空间

　　环境模拟是另一种说服性技术，它指的是那些为用户提供新环境的模拟。有时环境是沉浸式的，比如在那些高端的虚拟现实应用程序当中。更常见的虚拟环境则要简单得多，而且只使用基础的技术。Alcohol 101 是一款桌面应用程序，模拟的是大学生的一场聚会。惠普公司的"莫比"（MOPy）是一个屏幕保护程序，它模拟了一条鱼在水族箱里游来游去。"生

---

① 《伟大城市》明确阐述了模拟背后的假设。它甚至允许玩家改变潜在的假设。同时，丹·吉尔摩（Dan Gillmor）在 2000 年 10 月 20 日发行的《圣何塞水星报》（*San Jose Mercury News*）上发表了一篇介绍这个产品的专栏文章。

命健身"（Life Fitness）虚拟现实划船机模拟的是划船体验，有观众为你加油，还有其他选手与你竞争。即使是这些简单的系统也可以相当吸引人，因为沉浸感是由头脑决定的，而不是由技术决定的。事实上，在学习模拟中，有些人认为过度的真实感反而会使得学习体验有所减弱。[①]

与因果场景一样，模拟环境也为探索新行为和新视角提供了一个安全的"场所"。与真实环境不同的是，虚拟环境是可控的；用户可以在任何时候开始或停止体验，当他们回来寻求更多的虚拟体验时，他们可以从之前中止的地方继续。

> **虚拟演练原理**
> 通过提供一个有激励作用的模拟环境来演练一种行为，可以使人们在现实世界中改变他们的态度或行为。

模拟环境可以通过以下方法来说服人们：创造出针对目标行为提供奖励和激励的情景；允许用户演练目标行为；控制那些来自新鲜的或令人恐惧的情景中的风险；促进角色扮演，从他人的角度看世界。

环境模拟中说服力的来源

- 能够创造出奖励和激励人们实现目标行为的情景；
- 允许演练，人们可以就某种目标行为反复练习；
- 能控制来自新鲜的或令人恐惧的情景中的风险；
- 促进角色扮演，从他人的角度看世界。

健康和健身行业在使用环境模拟来激励和影响人们的思想和行为方面处于领导地位。它们对技术的这些运用是基于这样的一个事实，即我们的

---

① 一些学习和训练模拟方面的专家认为，真实感的增强可能会使人们从学习体验中分心。这方面的观点可以参考以下文献：P. Standen, Realism and imagination in educational multimedia simulations, in Clare McBeath and Roger Atkinson (eds.), *Proceedings of the 3rd International Interactive Multimedia Symposium,* Perth, Western Australia. January 21–25 1996, pp. 384–390。R. T. Hays and M. J. Singer, *Simulation Fidelity in Training System Design* (New York: Springer-Verlag, 1989)。

环境在塑造我们的行为和思想方面起着关键作用。①

虚拟现实划船机：在虚拟环境中比赛

单独锻炼或者无媒介的锻炼可能会让人感到枯燥乏味，所以锻炼设备的早期创新者努力寻求那些能让时间过得更快和更愉悦的方法也就不足为奇了，比如添加一块液晶显示屏，以在假想的慢跑跑道上显示锻炼者的进度。如今，许多类型的运动设备都添加了模拟功能，使锻炼更加吸引人。通过模拟新的环境，健身公司发现它们可以增加顾客的动力和乐趣，同时改变他们与锻炼有关的态度和行为。

使用模拟促进锻炼的一个早期例子是生命健身虚拟现实划船机（见图4–5）。这个静止的划艇装置中包含了一块显示屏，显示屏上描绘的是作为运动者的你在虚拟的水面上划着船。你划得越快，你的船在水中就会移动得越快。你可以划船经过不同的风景、里程碑标记和地标。你还可以和一个虚拟的对手比赛，这个虚拟的对手有助于你设定自己的划船速度。为了增强锻炼的动机，某些版本的产品还会在显示屏上描绘一条正在追逐你的鲨鱼。

> **虚拟奖励原理**
> 计算机模拟在虚拟世界中奖励目标行为，比如对锻炼行为给予虚拟奖励，可以促使人们在现实世界中更频繁、更有效地实施目标行为。

这部虚拟划船机使用了许多说服策略来激励用户更有效地锻炼。它提供了反馈、竞争和奖励。此外，模拟的环境会分散或"抽离"用户的注意力，让他们较少地关注锻炼带来的不适感。

---

① 环境对行为有着重大影响是斯金纳和其他行为主义者的主要观点之一。而许多其他学派，尽管对人类行为的看法各有不同，也支持这个观点。在促进健康的领域，环境对行为的影响已经清楚地显现出来。例如：N. Humpel, N. Owen, and E. Leslie, Environmental factors associated with adults' participation in physical activity: A review, *Am. J. Prev. Med.* 22(3): 188–199 (2002); D. Stokols, Establishing and maintaining healthy environments: Toward a social ecology of health promotion, *Am. Psych.*, 47(1): 6–22 (1992).

图 4-5　生命健身虚拟现实划船机

注：该划船机提供了一个虚拟的环境以激励用户。

Tectrix 虚拟现实脚踏车：踏着车去探索虚拟世界

　　Tectrix[①] 虚拟现实脚踏车（见图 4-6）是另一个例子，说明了环境模拟是如何激励和奖励人们执行某些行为的——在本案例中，行为是指更有效地锻炼。当你在这个设备上锻炼的时候，你可以模拟驾驶飞机或雪地摩托等工具来探索一个虚拟世界，你也可以随意选择你喜欢的路线。

　　你骑得越快，你在虚拟世界中的旅行就会越快。你可以乘雪地摩托穿越高山，也可以乘飞机探索热带岛屿。当你这么做的时候，安装在显示器附近的一个风扇会吹出风，风会打在你的脸上，为模拟环境增加了触觉体验。要转弯或做出其他机动动作时，你必须在脚踏车座位上左右倾斜。如果你选择去沙滩和海底，你可以看到深蓝色的世界。在该产品的某些版本中，你的脚踏车还可以化身为输入装置，以便你在虚拟世界中与多名其他玩家开展比赛。在我常去的位于圣罗莎（Santa Rosa）市的健身房里就有两辆这样的脚踏车，而且我发现这种竞赛模式很受欢迎，尤其很受年轻会员的欢迎。

---

① Tectrix 公司于 1998 年被 Cybex 公司收购。

图 4-6　Tectrix 虚拟现实脚踏车可以模仿海、陆、空的不同旅程

尽管虚拟现实脚踏车还没有在健身俱乐部普及（可能是因为其价格昂贵），但对这些设备产生的效果的研究表明，它们确实成功地改变了用户的行为和对锻炼的态度。在一项研究中，有 18 名被试在模拟虚拟环境的状况下骑脚踏车，另外的 18 名被试则在没有模拟的情况下骑脚踏车。在 30 分钟的研究期间，在虚拟现实环境中使用脚踏车的被试达到了更高的心率，燃烧了更多的卡路里。

尽管那些使用了虚拟现实锻炼设备的被试的表现有所提高，但当被问及他们在 30 分钟的锻炼期间付出了多少努力时，两组被试在对自身所付出的努力的感受方面并没有显著差异。换句话说，尽管使用了虚拟现实设备的那一组被试在锻炼中实际付出了更多努力，但他们并没有产生这样的感受；模拟环境会导致更大的体力消耗以及对此更不明显的感知。这一发现与其他研究结果相吻合，这些研究表明，人们在户外会比在跑步机上更喜欢跑步，也会跑得更卖力。

这些研究证实了我们通过常识和经验已经知道的道理，那就是环境是会对活动的发生产生影响的。研究还表明，虚拟环境可以产生一些与现实世界相同的有益效果。

在模拟环境中管理哮喘

另一些保健产品则利用模拟的力量来达到抵抗慢性疾病的说服目的。"点击健康"（Click Health）公司开发的《哮喘巨龙布朗奇》（*Bronkie the Bronchiasaurus*）游戏（见图 4-7）就是这样一款产品。这是一款基于任天堂游戏机的视频游戏，旨在帮助患有慢性哮喘病的儿童控制病情。在美国，有 1500 万人患有哮喘病（其中三分之一的人年龄在 18 岁以下）。那些能够成功控制病情的人，比起那些无法很好地控制病情的人要健康得多。

这款游戏将玩家带入一个全新的环境——史前的恐龙世界，他们将扮演布朗奇（Bronkie），这是一只患有哮喘病的恐龙。在这款任天堂游戏中，玩家要努力找到风力机的部件并将其组装起来，所谓风力机是一种可以清除空气中的灰尘的设备。在游戏中，玩家必须控制好布朗奇的哮喘病情，否则就无法继续完成他们的任务。

为了管理好布朗奇的哮喘病情，玩家必须执行与人类患者类似的一些有助于管理哮喘病的任务。举例来说，他们必须帮助布朗奇使用吸入器，避免烟雾和灰尘，以及其他事情等。

图 4-7 《哮喘巨龙布朗奇》游戏

注：它有一个说服性目标，即让孩子们更有效地控制自己的哮喘病情。

一方面，《哮喘巨龙布朗奇》是一款玩起来很有趣的游戏；另一方面，它也是一种练习自我护理的工具。这种寓影响于娱乐（influtainment）[①] 的方式是一种强有力的策略，特别是对目标年龄组（即 8～14 岁）的儿童而言。

对这个电子游戏的研究显示，哮喘儿童只要玩 30 分钟，就会对控制自己的病情产生更高的自我效能感。他们不仅相信自己能成功地控制自己的哮喘病情，而且比那些自我效能感低的人更有可能做到。研究表明，玩这个电子游戏不仅对被试产生了即时影响，而且这种影响在实验结束后还会持续很长时间。

虽然这项研究还显示出了其他积极的结果（被试了解了更多的知识，更多地与朋友分享他们的情况，等等），但是这个例子的关键点在于，通过在模拟的环境中练习行为，人们可以提高他们在实施这些行为时的自我效能感。这反过来又会增加在现实世界中实施这些行为的可能性。

游戏本身的互动性是很重要的。一项研究将这款电子游戏与涉及同一主题的录像带进行了比较。观看录像的孩子报告其自我效能感反而下降了，而玩互动电子游戏的孩子则报告其自我效能感得到了提升。这意味着互动体验比被动体验更能提高自我效能感。与互动游戏《哮喘巨龙布朗奇》不同，录像带不允许观众演练某些行为，这显然导致了他们内心的不确定感，担心自己在现实世界中是否有能力实施这些行为。

使用模拟来克服恐惧

环境模拟不仅能提高自我效能，还能减少恐惧和由此产生的行为。在针对战斗机飞行员和医生的训练中，虚拟现实技术早已备受赞誉。但这种沉浸式技术还有另一种鲜为人知的用途，那就是帮助人们克服恐惧症——具体地说，是改变他们与恐惧症有关的态度和行为。

大约 10% 的人对某些东西有恐惧症，比如怕蜘蛛、恐高或害怕坐飞机

[①] 这个词是"影响"（influence）和"娱乐"（entertainment）两个单词的组合，属于一种对词汇的创造。——译者注

等。在治疗中应用虚拟现实技术，可以帮助人们改变他们与恐惧有关的态度和行为反应。①

华盛顿大学（University of Washington）的研究人员发明了一种虚拟现实的应用程序，旨在治疗"蜘蛛恐惧症"（arachnophobia）（见图4-8）。在接受对这种恐惧症的治疗的过程中，患者会佩戴一个头戴式显示器，使自己获得身处某个虚拟房间的沉浸式体验。治疗师或患者本人可以控制其与某只虚拟的蜘蛛发生何种程度的接触。此处所使用的策略是：通过在一个安全的虚拟世界中与蜘蛛多接触来帮助病人减轻对蜘蛛的焦虑。

病人可以从在远处看到一个虚拟的小蜘蛛开始。之后，他们就会逐渐适应以越来越近的距离观察越来越大的蜘蛛。在某些情况下，病人可以想象自己触摸了蜘蛛。渐渐地，大多数病人在面对蜘蛛时所感受到的焦虑会变少。

华盛顿大学的研究表明，虚拟世界中所发生的恐惧的减少也会使得现实世界中的恐惧同样减少。在他们的第一个案例研究中，研究小组研究了一位患有严重的蜘蛛恐惧症的女士，其研究结果随后得到了另一项规模更大的研究的证实。通过使用一个名为"蜘蛛世界"（SpiderWorld）的虚拟现实系统进行了多次（每次一小时）的治疗以后，这位女士［在研究报告中被称为"玛菲特小姐"（Miss Muffett）］逐渐对蜘蛛脱敏了。也就是说，渐渐地，这位女士会越来越接近那只虚拟蜘蛛，并与它有更多的互动。模拟明显收到了效果。

在后来的治疗中，当玛菲特小姐对蜘蛛的一些恐惧消失后，实验者有时会鼓励她用她虚拟的手拿起某只虚拟的蜘蛛或某一片蜘蛛网，并将其放置在最容易引发焦虑的方向上。其他时候，实验者会控制蜘蛛的移动（比如让蜘蛛出人意料地跳跃等）。一些虚拟的蜘蛛被放置在一个结了蜘蛛网的柜子里。另外的一些

---

① 佐治亚理工学院（Georgia Institute of Technology）是一个在将虚拟现实技术用于治疗方面有所创新的学术中心。此外，这一类的治疗方法得到了阿尔伯特·班杜拉所提出的心理学理论的支持，你可以参考：A. Bandura, *Self Efficacy: The Exercise of Control* (New York: W.H. Freeman, 1997)。

虚拟蜘蛛或在蛛丝上爬上爬下，或靠着悬挂的蛛丝从天花板上落到虚拟的厨房地板上。最终，在习惯了这种种不同情形之后，玛菲特小姐已经可以做到捡起或者拿着虚拟蜘蛛而不再恐慌了。

接受了这种治疗后，这位曾经对蜘蛛感到极度恐惧的女士决定去树林里露营，即便她知道那里蜘蛛很多。虚拟现实疗法首先改变了她的态度，接着改变了她的行为，最后改变了她生活的某个部分。

图 4-8　模拟已经成功地帮助人们克服恐惧症，比如说对蜘蛛的恐惧

类似地，佐治亚理工学院、埃默里大学（Emory University）和圣地亚哥的加州职业心理学学院（California School of Professional Psychology）等机构的研究人员也使用了模拟技术来治疗那些害怕乘坐飞机的人。这款模拟器会让人们经历一系列与飞行相关的体验——简单的如乘坐飞机在机场跑道上滑行，有挑战性的如乘坐飞机在恶劣的气象条件下飞行。[①]芭芭拉·罗斯鲍姆（Barbara Rothbaum）和她的同事在 2002 年发表了一项研究，在接受了八次乘坐飞机旅行的虚拟现实模拟治疗后，90% 的被试在接下来的一年里报告说他们真的乘坐了飞机，而且并没有往常那么焦虑。这种方法的成功率与传统的（即不使用计算机的）暴露疗法的成功率相当。

这种说服性技术也可以用来克服其他恐惧症，比如说恐高症，或者公众演讲恐惧症。与传统形式的暴露疗法相比，虚拟现实有两个关键优势：

① 想要了解针对飞行恐惧症的虚拟现实治疗是如何从实验室研究向商业应用领域进军的，可以访问 www.virtuallybetter.com。

一是刺激（如蜘蛛、飞机等）在治疗师或患者的控制下进行；二是治疗可以在私密和方便的环境中进行，而不是在相对更难以满足的环境中（比如说一架飞机上）进行。

In My Steps：帮助医生建立对癌症患者的同理心

模拟环境的技术还可以帮助用户从另一个人的角度来看世界，从而增强用户的同理心。由此产生的态度改变会进而导致行为的改变。

In My Steps 就是这样一项说服性技术，这是美国骨科生物技术公司（Ortho Biotech）创建的一个虚拟现实系统，通过模拟癌症患者每天都要面对的挫折来增加医生对癌症患者的同理心。

该系统被安装在一辆货车上，在全美各地巡回旅行。它可以让医生在虚拟环境中度过 20 分钟（见图 4-9）。这种虚拟环境模拟的是因贫血产生的疲劳感——这些医生所治疗的某些癌症患者在接受化疗时，一天 24 小时都处于这样的感受当中。医生们戴着头套，用脚操作脚踏板，在模拟的病人居所环境中进行一些日常活动，比如做早餐和开门。无论医生操作脚踏

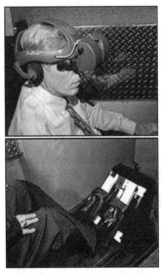

图 4-9 In My Steps 系统帮助医生培养对癌症患者的同理心

板的速度有多快，他们也只能以有限的速度移动。在模拟过程中，他们体验到了一些与化疗导致的生理限制有关的挫折。举例来说，如果他们不能及时开门，一辆运送他们所需药物的货车就会开走。

在帮助医生培养对病人的同理心方面，这种模拟的体验已经被证明是有效的，这反过来又会导致行为的改变：经历过模拟的医生中有大约60%的人报告说他们将改变治疗与癌症有关的疲劳的方式。

从说服的角度来看，大多数环境模拟要想获得成功，用户就必须把他们在虚拟世界中学到的东西应用到现实生活当中。否则，模拟只是一种令人惊叹的技术体验而无法成为改变态度或行为的手段。想要增加将虚拟行为转移到现实世界的可能性，其中的一种方法就是将虚拟组件整合到现实世界中。而这就是物体模拟的目的，也是我们下一节要讨论的话题。

物体模拟：在日常环境中提供体验

环境模拟创造了一个虚拟的世界，人们必须在精神上将自己"输送"到这个虚拟世界中。物体模拟则刚好相反：这一类产品会在现实世界中伴随在用户的身边。这种方法使用户能够更直接地体验到他们的日常生活将如何受到所模拟的物体的影响。

模拟物体的计算技术具有很强的说服力，因为它们已融入一个人的日常生活环境之中，它们不太依赖于想象力或所谓的"暂停怀疑"（suspension of disbelief）① 状态，而且它们阐明了某些态度或行为很有可能会产生什么样的影响。

---

① 暂停怀疑是英国浪漫主义诗人和文学评论家柯勒律治（Coleridge）最早提出的，是指在欣赏虚构的、有超现实元素的文学作品（如传奇或幻想故事）时，作者通过渲染人文情怀，以及铺陈文中场景与现实的相似度，以使读者自愿放弃对作品本身超现实部分的怀疑，从而在情感上融入其中，专注于享受该文学作品的一种心理状态。该概念后来进一步扩大到其他艺术表现形式当中，比如欣赏魔术表演，阅读推理小说、科幻小说或武侠小说，甚至是观看动作电影中的某些打斗特效场面，只要观众并不相信该艺术作品中的某些设定在现实世界中会真的发生，都需要暂时搁置理性的怀疑和批判才能进入欣赏和审美的状态。暂停怀疑也是有边界的，一般而言，作品本身的"超现实"部分必有清晰的设定，而且必须坚持这个设定以获得自身的合理性，也就是要"自圆其说"。——译者注

物体模拟中说服力的来源

- 能够融入人们日常生活的背景当中；
- 可以减少对想象力或暂停怀疑的依赖；
- 明确了某事某物对日常生活的影响。

如果设计师面对的是难以施加影响的用户群体，就应该考虑创建物体模拟，因为它们具有独特的说服能力。下面谈及的两个著名的物体模拟范例所针对的都是青少年群体：一个是关于怀孕的，另一个则是关于酒后驾驶的。

> **现实环境中的模拟原理**
>
> 某些便携式模拟技术的设计目的就是要在日常生活中使用，它们可以突出特定行为的影响，进而激励人们改变行为或态度。

宝贝请三思：一个婴儿模拟器

在以说服为目的的物体模拟中，最著名的也许就是宝贝请三思婴儿模拟器。它是一款高科技娃娃，看起来就像人类婴儿一样（见图4-10），许多学校都将其用在课程当中。这个装置看起来是如此逼真，以至于当我带

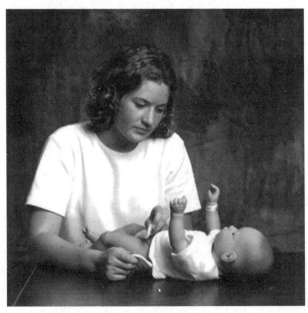

图4-10　宝贝请三思婴儿模拟器旨在说服青少年避免过早成为父母

着它去参加讲座和研讨会时，很多人一开始都以为我抱着的是一个真的婴儿。这款娃娃内置了一台简单的计算机。作为许多学校的家长教育项目中的一个组成部分，它帮助青少年了解到要抚养一个孩子需要付出多少关注，旨在说服青少年避免在当前这个年龄段就成为父母。

这个娃娃内置了一台计算机，可以随机发出哭声。为了让娃娃停止哭泣，看护者必须立即对娃娃给予关注。其方法是：将一把钥匙插入婴儿的背部，并将它固定在合适的位置，只有这样才能让娃娃停止哭泣。有时这个护理程序需要 2~3 分钟；有时哭泣会持续 15 分钟以上。如果钥匙没有插好或者没有保持在正确的位置，嵌入式计算机就会记录下这一疏忽，之后就会将此疏忽显示在锁在娃娃里面的一个小显示器上。在照顾这个婴儿模拟器整整一周或至少一个周六日后，学生们会把娃娃还给老师，老师就可以打开并查看娃娃里面的显示情况。

这个干预项目要求青少年无论去哪里都要带上婴儿模拟器——不管是去参加足球训练，参加派对，甚至是上床睡觉，皆需如此。当婴儿模拟器发出哭闹声，需要给予关注时，青少年看护者会亲身体验一名婴儿会对他的生活造成多么巨大的影响。

不像读书或听讲座，与婴儿模拟器打交道并不需要青少年发挥太多的想象力，或者在他们自己的生活中应用新的、前沿的知识。青少年们很快就会明白这一点。一夜的哭闹声打扰了他们，导致他们睡眼惺忪地回学校上课。他们也许会被迫放弃参加派对，因为他们知道随身携带的婴儿模拟器会哭闹，这也许会让他们在朋友面前感到难堪。在干预期（通常是几天）结束时，青少年无比渴望将婴儿模拟器交还给他们的老师，以恢复他们正常的、相对无忧无虑的生活。①

研究已经证实了婴儿模拟器在改变青少年性态度方面是有效的。在一

① 关于这款婴儿模拟器有一些经过同行评审的研究成果，你可以参考：Jennifer W. Out, Baby Think It Over: Using role-play to prevent teen pregnancy, *Adolescence,* 36(143): 571–582 (2001); William Strachan and Kevin M. Gorey, Infant simulator lifespace intervention: Pilot investigation of an adolescent pregnancy prevention program, *Child & Adolescent Social Work Journal,* 14(3): 171–180 (1997)。

项针对 150 名参加了宝贝请三思干预计划的青少年的研究中，95% 的被试在事后表示，他们觉得自己还没有做好养育孩子的准备。也许除了照顾一个真正的人类婴儿之外，再没有什么其他事物能对青少年就养育孩子的责任的看法产生同样的影响了。物体模拟可以成为非常有效的说服者。

醉酒驾驶模拟器

说服性物体模拟的另一个例子是"霓虹灯醉酒驾驶模拟器"（Neon Drunk Driving Simulator，见图 4–11），其目的是防止青少年酒后驾驶。戴

图 4–11　霓虹灯醉酒驾驶模拟器使人们体验到酒后驾车的危险

姆勒 - 克莱斯勒公司赞助了这款设计特别的道奇"霓虹灯"牌汽车,它模拟了在酒精影响下的驾驶感觉。由于安装了笔记本电脑和其他特殊设备,醉酒驾驶模拟器对驾驶员输入的驾驶指令会做出迟钝且不可预测的反应。这样的车很少,它们在美国各地巡回,并在经过的高中停驻一段时间,让青少年有机会体验酒精将会如何损害他们的安全驾驶能力。

典型的试驾是这样的:学生首先在正常条件下试驾——他们会绕着轨道行驶,做出转弯、避让障碍等操作。在第二圈,汽车会被切换到醉酒驾驶模式。随后,学生们仍要尝试像前一圈那样在轨道上行驶,但这一回转向和刹车都会做出无法预测的反应。驾驶者会立即感到自己对汽车失去了控制:他们可能会碰到橙色的圆锥形路障(代表儿童),或者无法像前一圈那样通过本来很容易就能通过的弯道。这样,清醒的学生就可以亲身体验酒后驾车的可能性后果。

一项针对 2000 多名参加了醉驾模拟项目的学生的研究得出的结论是,这项技术显著地影响了青少年对乘坐醉酒司机所驾驶汽车的态度。此外,学生们在这种经历后所讲述的故事——故事中谈到了他们感受到的那种真实的恐惧——显示出模拟汽车也是能够产生冲击力的。

以下引文来自我的一个学生的口述,描述了他在高中时使用醉酒驾驶模拟器的体验:

> 他们设计了这样一个程序,每个人都可以看到学生们开车,看着他们失败。我还记得当时我看着我的朋友们逐一上车尝试操控车辆,却都失败了。我当时一边看一边想,这看起来似乎并没有那么难,说不定我能成为唯一一个开车时不会撞到所有橙色圆锥形路障的孩子。结果我上了车,却以惨败收场。尽管我心里无比渴望成功,但我还是撞翻了大概一半的橙色圆锥形路障。我认为,其实有许多人在上车时都是跃跃欲试的,他们想要通过自己的努力去证明其他人都是错的。当他们失败的时候,他们才不得不停下来好好想一想。

正如上述例子所显示的那样，与本章讨论过的其他两种模拟相比，物体模拟的一个关键优势在于，这些设备是在现实生活的环境中使用的。用户没有必要去想象虚拟场景会如何影响他们的生活；他们可以通过物体模拟器来获得直接体验。在以下几种情况下，物体模拟器是说服性技术极为精彩的应用方式：（1）要宣传的是一些抽象概念，比如为人父母的养育责任；（2）要促进的目标行为非常关键，比如避免醉酒驾驶；（3）目标受众群体难以被说服，比如青少年。

正如本章所示，交互技术可以通过因果模拟、环境模拟和物体模拟等多种方式创造出体验，以改变人们的态度和行为。具体产品可以采取多种形式，如线上体验、独立的展示摊位、移动电话以及更多的其他方式等。尽管技术表现出来的形式多种多样，但关键原则却始终不变：对于说服而言，体验是至关重要的。

第5章

作为说服性社会角色的计算机

午夜过后不久，加利福尼亚州南部的一个小镇上有居民打电话报警，说听到附近一栋房子里有个男人在尖叫："我要杀了你！我要杀了你！"警察赶到现场，命令尖叫的男子走出房子。那个男人走了出来，穿着短裤和Polo衫。警察在房子里并没有发现受害者。那人其实只是一直在对着他的计算机大喊大叫而已！

还没有研究确切地表明计算产品是如何在人类身上引发社会反应的，但正如上述轶事所展现的那样，有时人们确实会像对待生命体那样对待计算机。对此最有可能成立的解释是，人们对特定类型的计算系统的社会反应是自动和自然而然的；人类天生就会对环境中的线索做出反应，尤其是对某些看似有生命的事物。在某种程度上，我们无法控制这些社会反应的发生。因为它是本能的，而不是理性的。当人们感知到某种社会存在时，他们就会自然地做出社会反应，比如说感到同情或愤怒，或遵循如次序这样的社会规则。理解计算产品所传递的社交暗示是很重要的，因为它们会触发人们的自动反应。

本章将探讨计算产品作为说服性社会角色发挥着什么作用，即功能三位一体的第三个支点（见图5–1）。作为社会角色时，计算产品说服人类用户的方式是提供各种各样的社交线索。

图 5-1　作为说服性社会角色的计算机

　　20 世纪 90 年代末兴起的《电子鸡》热潮，也许在历史上首次戏剧性
地展示了"与计算机直接互动"如何也可以成为一种社交体验。[1]人们与
这些虚拟宠物互动，就像它们有生命一样：与它们一起玩耍，给它们喂食，
为它们洗澡，在它们"死去"时为它们哀悼。在《电子鸡》热潮后，任天
堂公司紧接着又推出了口袋皮卡丘（Pocket Pikachu，见图 5-2）。这是一款
具有说服功能的电子宠物。和其他数码宠物一样，皮卡丘也需要照顾和喂
养，但有一点不同：该设备包含一个计步器，可以记录主人的动作。为了
让这个电子宠物茁壮成长，它的主人必须始终保持身体处于活动状态。主
人要做走路、跑步或跳跃等运动才能激活计步器。口袋皮卡丘是计算设备
扮演说服性社会角色的一个简单例子。

图 5-2　口袋皮卡丘是为了鼓励用户进行身体活动而设计的

[1] 在许多方面，《电子鸡》的成功对我们这些与斯坦福大学的克利夫和纳斯在一起工作的人很
　　有帮助。自 20 世纪 90 年代初以来，我们一直在研究人们对计算机的社会反应（见里夫斯
　　和纳斯于 1996 年的总结）。在《电子鸡》热潮兴起之前，许多人并不完全理解我们的研
　　究——或者他们不理解我们为什么要以这种方式研究计算机。然而，在电子宠物广为人知
　　之后，我们的研究对人们有了更多的意义：他们已经发现了人机关系如何也可以具有社会性。

|五种类型的社交线索|

人们对计算产品会做出社交反应这一事实对说服性技术有着重要的影响。它为计算机应用一系列被统称为社会影响的说服动力学打开了大门,这种所谓的"社会影响"来自社会情境。这些与说服有关的动力学包括规范影响(同辈压力)和社会比较(与邻居攀比),以及其他一些不太为人所熟悉的动力学,如群体极化(group polarization)和社会促进(social facilitation)等。[①]

当被视为社会角色时,计算产品可以利用这些社会影响的原理来激励和说服他人。我的研究(将在本章后面讨论)已证实,人们对计算机系统的反应就好像计算机也是社会实体,也适用激励和影响的原则一样。

如表 5–1 所示,我提出有五种主要的社交线索会让人们做出推断,将计算产品当作一种社会存在。这五种社交线索分别是:物理、心理、语言、社会动态(social dynamics)和社会角色。本章的其余部分将分别讨论这些类别的社交线索,并探讨它们对说服性技术的影响。

表 5–1　　　　　　　　　　社交线索的主要类型

线索类型	例子
物理	面部表情、眼神、身体姿态、动作
心理	偏好、幽默、个性、感受、同理心、"我很抱歉"的内疚感
语言	运用互动性的语言、口头语言、语言认可
社会动态	轮流排队、合作、肯定并赞美做得好的工作、回答提问、互惠行为
社会角色	医生、队友、对手、教师、宠物、向导

|通过肢体暗示说服|

计算技术传递社会存在感的一种方式是借助其本身的物理特征。值得一提的一个例子是在第 4 章中描述的宝贝请三思婴儿模拟器。这个婴儿模

---

① "群体极化"是指人们作为群体的一员,往往会拥有比自己单独一人时更极端的立场。"社会促进"是一种其他人在场会促进被观察对象唤醒的现象。这种效应有助于此人完成简单的任务,但会妨害其在困难任务上的表现。

拟器传达了一种现实的社会存在，以说服青少年避免在当前的年龄就成为父母。

另一个关于科技产品如何传达社会存在感的例子来自博彩领域，叫作"香蕉－拉玛"（Banana-Rama）老虎机。这台老虎机（见图5-3）的屏幕上有两个角色——卡通化的猩猩和猴子，它们扮演了关注和支持的观众角色（每次赢了他们都会欢呼），来说服用户继续玩下去。

正如宝贝请三思婴儿模拟器和香蕉－拉玛老虎机的例子所表明的那样，计算产品可以通过眼睛、嘴巴、动作和其他身体属性来传达物理类型的社交线索。这些线索可以创造出说服的机会。

图 5-3　香蕉－拉玛老虎机

注：老虎机的屏幕上有两个角色（猩猩和猴子），用来说服用户继续玩下去。

外表吸引力的影响

仅仅是具有某种物理特征，就已经足以让一种技术传达出社交存在感。但似乎有理由认为，一项更具吸引力的技术（无论是界面更具吸引力还是硬件更具吸引力）将比一项缺乏吸引力的技术更具说服力。

外表吸引力对社会影响力有显著影响。研究证实，人们很容易喜欢、相信和追随有魅力的人。在其他条件相同的情况下，有魅力的人会比没有魅力的人更具说服力。在销售、广告以及其他需要较多说服力的领域内工作的人都知道这一点，他们会尽其所能地让自己变得更有魅力，或者他们会雇用有吸引力的模特来做自己的代言人。

魅力的影响甚至在法庭上也有体现。模拟陪审团对待漂亮的被告比不漂亮的被告要更宽宏大量一些（除非漂亮与犯罪有关，比如说在诈骗案件中利用外表魅力实施诈骗）。

为什么吸引力在说服方面如此重要？对此心理学家们意见不一，但一种看似合理的解释是，吸引力会产生"光环效应"（halo effect）。如果一个人长得漂亮，人们往往会认为他还有其他令人钦佩的品质，比如聪明和诚实。

同样，外表好看的计算产品可能比外表不好看的产品更有说服力。如果界面、设备或屏幕角色具有吸引力（或者像香蕉－拉玛老虎机屏幕上的角色那样可爱），它便能够受益于光环效应；用户会更容易认为该产品是智能的、能干的、可靠的和可信的。

> **吸引力原理**
> 对目标用户具有视觉吸引力的计算技术也可能更有说服力。

人类在计算机领域中雄心勃勃的努力之一就是要创造出能够与人类实时互动的类人面孔，而吸引力问题在其中占据着尤为突出的位置。在过去的几十年里，研究人员已经取得了重要的进展，使这些面孔在技术上更强大，能表现出更好的面部表情、声音和嘴唇动作。然而，由于此项工作所涉及的编程方面的挑战，许多交互界面（见图5–4）并不是很吸引人。如果将交互式的面孔用于说服目的，如咨询、培训或广告，那么它们就必须在视觉上令人愉快。只有这样才能收到最大的效果。①

---

① 创造出这些交互式的面孔通常不是为了说服他人，至少在本书写作之时还不是。这一领域的研究人员通常专注于另一个重大的挑战——简而言之，就是要让这些面孔的外观和行动更为真实，同时着眼于开发出一种新的人机交互界面。在商业领域中，那些致力于研究互动的、能交谈的面孔的人正在对各种各样的应用程序进行测试，包括使用这些交互式的面孔来发布个性化的新闻，以及在线上提供自动化的客户支持服务。

波士顿大学商学院开展的两项研究表明了外表吸引力的威力。在 1996 年进行的第一次研究中，研究人员让被试玩一个两人版本的社交困境游戏，被试既可以选择与计算机屏幕上的角色开展合作，也可以选择为了一己之利而行动。

在这个游戏中，屏幕上的角色的形象看上去毫无吸引力，甚至令人毛骨悚然。最终，它获得的合作率只有 32%。

几年后，研究人员再次开展了这项研究。由于科技的发展，在第二次研究中，屏幕上的角色看起来不那么假了，而且我认为它们更有吸引力，也没有之前那么令人毛骨悚然了。这个改进过的角色获得的合作率达到了 92%。在这项研究中，92% 这个数据已经与游戏玩家在与真实人类互动时能够达成的合作率在统计学上没有显著差异了。研究人员得出结论：“仅计算机角色外观的改变就已经足以改变它所造成的社会影响。”

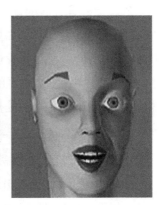

图 5-4　创造于 20 世纪 90 年代中后期的交互式面孔

注：这些交互式面孔表明研究人员在开发具有吸引力的、类似人类的交互式屏幕角色方面还有很长的路要走。

当然，人们对什么才算是有吸引力有着不同的看法。文化差异、世代差异和个体差异都会导致评价发生变化（然而，对吸引力的评判并不完全是主观的；吸引人的某些因素，比如对称性，其实是可以预测的）。

因为人们对何为有吸引力有着不同的看法，设计师在创造说服性技术产品时，就有必要了解他们的目标受众的审美。产品在视觉上对目标受众的吸引力越大，它就具有越强的说服力。设计师可能会翻阅目标受众所读的杂志，聆听他们所听的音乐，观察他们穿的衣服，了解他们喜欢的潮流文化，并寻找可能对这些受众具有吸引力的其他线索。有了这些信息，设计师就可以创造产品并对目标群体进行测试。

计算技术也可以在不使用现实角色形象的情况下传递出社会存在感。我们在斯坦福大学进行的实验室实验中证实了这一点。我们设计了一个简单的界面，该界面纯粹由对话框组成——没有屏幕上的角色形象，没有计算机所发出的声音，也没有使用人工智能。然而，被试对这些简单的计算机界面的反应和他们对人类的反应一样。被试还报告说，当他们受到计算机的表扬时，以及当他们对计算机的善意举动做出回应时，他们的自我感觉会变得更好。本章后面将对这些实验进行详细讨论。

| 利用心理暗示进行说服 |

来自计算产品的心理暗示可以让人们做出这个产品具有情感[①]、偏好、动机和个性——简而言之，计算机具有某种心理状态——的推断，而这种推断常常是下意识的。心理暗示可以很简单，比如一条传达同理心的文字信息（"我很抱歉，不过……"），或者屏幕上某个表现情感的图标，比如早期苹果公司的麦金托什（Macintosh）计算机上出现的笑脸。心理暗示也可以很复杂，比如那些传达个性的线索。只有在用户与技术互动一段时间后，这些复杂的线索所传达的个性才会变得明朗起来。例如，一台不断宕机崩溃的计算机可能会传达出一种不合作或报复心强的个性。

并不是只有那些对计算机陌生的新手才会推断出计算机具有这些心理状态。我对经验丰富的工程师所做的调查表明，即使是那些精通技术的人，他们对待计算产品的方式也好像这些产品有着自己的偏好和个性一样。[②]

---

① 在情感和计算机领域，麻省理工学院罗莎琳德·皮卡德（Rosalind Picard）博士领导的情感计算研究小组（affective computing research group）一直披荆斩棘，冲在前沿。想对这个小组的成果了解更多，请参考：http://affect.media.mit.edu/。
② 我关于工程师对计算机设备所做的社会反应的研究是 1995 年为惠普实验室完成的。

斯坦福相似性研究

在心理暗示领域，最有力的说服力原理之一是"相似性"。简单地说，相似性原理表明，在大多数情况下，那些被我们认为在个性、偏好或其他特征上与自己相似的人，比起那些与我们不相似的人来说，更容易激励和说服我们。即使是微不足道的相似之处——比如说是同乡或是同一支球队的拥趸——也能带来更多的好感和更强的说服力。[1]一般来说，相似性越大，被说服的可能性就越大。

20世纪90年代中期，我和同事在斯坦福大学进行了两项研究。研究表明，如果计算机和使用它的人之间存在相似性，就会对说服效果产生影响。两项研究中的一项考察了个性上的相似性，另一项则研究了群体归属关系中的相似性——具体地说就是是否属于同一个团队。这两项研究都是在受控的实验室环境下进行的。

针对个性的研究

在第一项研究中，我和我的同事调查了人们对具有"个性"的计算机的反应。所有的被试都要完成同样的任务，即从计算机那里得到信息和建议，以解决一道"沙漠求生难题"（Desert Survival Problem）。[2]这是一个假设的情景，情景设定是：你被告知所乘坐的飞机已紧急降落在美国西南部的沙漠中。你随身带着各种各样的物品，比如手电筒、一副太阳镜、一瓶水、一些盐片以及其他物品。你必须按照每一件物品对于在沙漠中维持生存的重要性来对它们进行排序。在我们的研究中，被试必须和计算机通力合作来解决这个问题。

作为研究的准备步骤之一，我们设计了两种"个性"类型的计算机：

---

[1] 研究说服的学者罗伯特·西奥迪尼写道："就像……这样的相似之处虽然看起来微不足道，但是它们似乎还是会起作用……相似之处即使很小，也能有效地导致人们对他人产生积极的反应。"具体请参见 Robert B. Cialdini, *Influence: Science & Practice* (Boston: Allyn and Bacon, 2000)，也可以参考 H. Tajfel, *Human Groups and Social Categories* (Cambridge: Cambridge University Press, 1981)。

[2] 对于每一项研究，我们所使用的沙漠求生难题都来自对下列参考资料的改编：J. C. Lafferty and P. M. Eady, *The Desert Survival Problem* (Plymouth, MI: Experimental Learning Methods, 1974)。

一种是支配型，另一种是顺从型。我们之所以关注支配性和顺从性，是因为心理学家已经将这两种相反的特质确定为人格的五个关键维度中的一个维度的对立的两端。

如何才能创造出一台支配型或顺从型的计算机呢？在我们的研究中，在创建支配型计算机的界面时首先是使用了厚重的、有决断效果的字体，而也许更为重要的是，我们给支配型计算机编好了程序，使得它们在交互过程中会先于人类被试采取行动，并对玩家下一步应该选择哪种物品做出自信的声明。最后，为了确保研究中的人类被试能够区分支配型计算机和顺从型计算机，我们在每条信息下面添加了一个"信心量表"的标识，以1到10显示计算机对其所提供的建议有多强的信心。支配型计算机通常会给出7、8和9的信心评分，而顺从型计算机给出的信心评分则较低。

举例来说，如果某个被试被随机分配与支配型计算机互动，当其与计算机一起完成沙漠求生难题时，会在显示屏上阅读到类似以下的内容：

> 在沙漠里，强烈的阳光很显然会在次日导致失明。太阳镜是非常重要的。

计算机的这一断言会用粗体显示在屏幕上，并显示很高的可信度。

相反，如果某个被试被分配与顺从型计算机互动，会读到类似以下内容：

> 在沙漠中，强烈的阳光似乎有可能会在次日导致失明。如果视力变得模糊，你不认为生存会变得更加困难吗？太阳镜有可能是重要的。

该声明使用了斜体字体，并且在信心指标上打分较低。为了进一步强化"顺从性"的概念，我们将计算机设置成会让用户在沙漠求生难题中首先采取行动。

这项研究的另一个准备步骤是寻找分属支配型和顺从型性格的人来参与。我们的做法是让潜在的被试填写性格评估问卷。根据完成的评估结果，我们选择了48名被试，他们分别处于这一连续轴的两个极端，即分别具有最强势和最顺从的人格。

我们通过让近 200 名学生参加性格测试，选出了这些被试。有一部分人是工程师，所有被试都有使用计算机的经验。在这项研究中，一半的被试属于支配型人格，另一半则是顺从型人格。

在进行这项研究时，我们将支配型和顺从型的人与支配型和顺从型的计算机进行了混合和匹配。在一半的实验中，被试使用的计算机与他们的个性类型相同。在另一半实验中，被试则是与一台与自己个性相反的计算机一起工作。

所有计算机提供的信息本质上是一样的，只不过计算机采用了不同的交互风格。这种风格差异通过对话框中的文本来表达：要么是支配型的计算机（"强烈的阳光很显然会导致失明"），要么是顺从型的计算机（"强烈的阳光似乎有可能会导致失明"）。

在实施实验并分析数据后，得出的结论如下：被试更喜欢与他们认为在个性风格上与自己相似的计算机共同工作。也就是说，支配型的人更喜欢支配型的计算机，顺从型的人更喜欢顺从型的计算机。

更具体地说，当用户与他们认为与其自身具有相似个性的计算机一起工作时，他们会认为该计算机能力更强，与之互动也更加满意，更能产生效益。在这项研究中，我们没有直接测量计算机的说服力，但我们的确测量了说服力的某些关键预测因素，比如说可爱度和可信度。

个性研究的要点

- 创造出具有支配型和顺从型"个性"的计算机；
- 选出那些处于"支配性－服从性"轴线上的两个极端的人参与实验；
- 将用户的个性与计算机的个性分别混合和匹配成实验组；
- 研究结果是：被试更喜欢那些个性与自己相同的计算机。

这项研究提供的证据表明，当计算机与其人类用户具有共同的个性特征时，计算机就可以更有效地激励和说服这些人——至少在支配性和服从性方面情况就是如此。对于采用说服性技术的设计师来说，这些研究结果表明，如果产品能够与目标用户的个性相符，或是能在其他方面与之相似，则产品可能会具有更强的说服力。

针对群体归属关系的研究

在进行个性研究的同时，我们也进行了另一项研究，以检验人与计算机之间其他类型的相似性会产生怎样的说服效应。在这项研究中，我们调查了群体归属关系中的相似性——更具体地说，是"归属于同一个群体或团队"会对说服性有何影响。这项研究包括56名被试，大部分是斯坦福大学的学生，还有少数被试来自硅谷社区。所有的被试都是有经验的计算机使用者。

在这项研究中，我们让被试解决与前一项研究中同样的沙漠求生难题。他们接到解决问题的任务时，要么是被分配了一台我们称之为"队友"的计算机，要么就是被分配了一台没有贴上任何标签的计算机。为了从视觉上给他们和计算机的关系做个提醒，我们要求每名被试在研究过程中都要佩戴一条彩色腕带。如果被试使用的计算机被标注为队友，那么被试就会佩戴蓝色腕带，这种颜色正好就是计算机显示器边框的颜色。其他的被试——也就是控制组——则会佩戴绿色腕带，与蓝色边框的计算机一起工作。对两组被试来说，与计算机的互动过程都是完全一样的：计算机会以同样的方式给出同样的信息。

群体归属关系研究的要点

- 被试被要求与计算机合作解决一个难题。他们要么被告知所分配的计算机是其"队友"，要么就使用一台没有贴任何标签的计算机。
- 对于所有被试而言，他们与计算机的互动过程都是完全相同的。唯一的区别就是被试是否相信计算机是他的队友。
- 将实验结果与其他被试的反应对比之后发现：那些与被贴上"队友"标签的计算机一起工作的人报告说，这台计算机与他们更为相似，更加聪明，而且计算机提供了更好的信息。此外，这些被试也更有可能选择计算机推荐的问题解决方案。

在完成研究后，我们检查了数据并发现了这些不同实验情景之间存在着显著差异。与其他被试相比，那些与被贴上"队友"标签的计算机一起工作的人报告说，这台计算机在处理任务的方式、提供的建议、互动的方式，以及对生存所需物品的重要程度排名等方面与自己都更为相似。更有趣的是，与标注为"队友"的计算机一起工作的被试认为这台计算机更聪明，提供了更好的信息。

此外，使用标注为"队友"的计算机完成任务的被试还报告说，计算机表现得更为友好，提供的信息质量更高。认为计算机与自己相似的人还进一步报告说，计算机在任务中表现得更好。

在研究中，我们还测量了人们的行为。我们发现，被标记为"队友"的计算机能够更有效地施加影响，促使人们选择计算机推荐的问题解决方案。换句话说，以"队友"身份出现的计算机在改变人们的行为方面更为有效。

总而言之，研究表明，共同归属于某个群体的感觉（在此研究的情景下，是属于同一个"团队"）会让人觉得计算机看起来更聪明、更可信、更讨人喜欢。而所有这些特点都与说服能力有关。

人与人之间的相似性体现在观点和态度、个人特征、生活方式、背景和成员关系等方方面面。说服性技术的设计者应该意识到这些相似性的表现形式，并努力将其构建到他们的产品中。

相似性原理

人们更容易被与自己在某些方面相似的计算产品所说服。

有一家叫连锁反应的公司在这方面就做得很好。这家企业"帮助学校、青年服务组织和企业改变社会行为，以提高它们的绩效"。该公司发行的"联系青年"光盘（Relate for Teens CD-ROM）利用了相似性原理，使该产品对其目标受众——问题青少年更有说服力。它传达相似性的方式包括所使用的语言、艺术风格（包括涂鸦和对深色调的运用）、音频（所有的说明都是以青少年的声音的方式给出的）、照片和视频剪辑（视频中的人物为其他类似的青少年）。哥伦比亚大学和纽约大学的研究人员已经证明，这种产品对青少年的行为产生了积极的影响，包括攻击性行为的显著减少，"亲社会"行为的增加，以及教育成果的改善。

就像这个例子和斯坦福大学的研究所表明的那样，设计师可以通过让他们的技术产品与目标受众相似来使产品更具说服力。用户对产品的认同感越高，他们就越有可能被说服，按照产品建议的方式改变他们的态度或行为。

伦理和现实考虑

以上两项研究表明，人们更容易接受来自与自己个性相似或有着类似归属关系的计算机的说服。除了相似性之外，当人们认为计算机具有心理状态时，还有一系列其他说服原理也会发挥作用。计算机可以通过传达表面上的情感（如快乐、愤怒或恐惧）来激励人类。[①]它们可以施加某种形式的社会压力。它们可以与人们谈判并达成协议。计算机还可以表现出支持或传达关怀。

将心理暗示设计到计算产品中可能会引发伦理和实际问题。一些研究人员认为，有意地对计算机进行设计使其投射心理暗示，这是不道德和无益的。[②]他们认为，心理暗示会误导用户，让他们误解机器的真实本质（它并没有真正与用户进行社交互动）。另一些研究者则认为，在设计计算产品时不考虑心理暗示的想法是错误的，因为用户总是会以这样或那样的方式推断出技术具有某种心理状态。[③]

虽然我确实认为设计师必须意识到在他们的产品中，设计心理暗示在

---

① 想大体了解计算机如何使用情感来激励和说服，请参考：R. Picard, *Affective Computing* (Cambridge, MA: MIT Press, 1997)。

② 有关把社会因素纳入计算机系统的可取性（即赞成和反对的理由），请参阅以下内容：B. Shneiderman, *Designing the User Interface: Strategies for Effective Human-Computer Interaction* (Reading, MA: Addison Wesley Longman, 1998); B. Shneiderman and P. Maes, Direct manipulations vs. interface agents, *Interactions,* 4(6): 42–61 (1997)。

③ 想了解更多把社会因素纳入计算机系统的可取性，请参阅以下内容：B. Reeves and C. Nass, *The Media Equation: How People Treat Computers, Television, and New Media Like Real People and Places* (New York: Cambridge University Press, 1996); B. Shneiderman and P. Maes, Direct manipulations vs. interface agents, *Interactions,* 4(6): 42–61 (1997)。

伦理道德上有何含义，但我实际支持的是另外一方的观点，即无论设计师是否有意这样做，用户总是会推断计算产品具有某种心理状态。正因如此，我认为设计师有必要在他们的产品中嵌入适当的心理暗示。我也相信，这件事可以用合乎道德的方式来达成。

关于示波器的研究

我之所以相信用户会对计算技术产生一种心理反应，部分源于我在20世纪90年代中期为一家公司做的研究。此处我会以"示波技术"来称呼这家公司，它的产品是示波器。当时那项研究的目的是确定使用这些示波器的工程师对它们有何感受。

我的发现让示波技术公司的管理层感到惊讶。示波器所输出的文本信息会以单独一行的方式出现在显示器底部，而用户则认为这些信息有些刺眼，甚至是不友好的，尤其是那些提示错误的信息。我后来发现，十多年前编写这些消息的工程师并没有考虑到这些消息会对示波器的用户产生什么影响；他们并不认为人们会通过阅读信息推断出这台测量设备具有某种"个性"。

他们错了。我的研究表明，与竞争对手的示波器相比，示波技术公司的示波器给用户留下的印象要差得多。其竞争对手正在赢得更大的市场份额，而为此蒙受损失的正是示波技术公司。虽然导致竞争对手成功的因素有许多，但两者之间一个明显的区别就是其示波器产品所投射出的个性：竞争对手的示波器上所出现的信息总是温暖的、有帮助的和友好的，但也不会谄媚用户或令人生厌。

更有说服力的是我实施的一项对照研究。为了测试简单地改变示波技术公司产品所提示的错误信息能够带来什么效果，我设计了一组新的信息——这组信息所刻画的是一位非常有帮助的高级工程师——将之融入示波技术公司的产品当中，并在一个受控的实验环境下测试用户对此的反应。

结果如何呢？几乎在每一项测试中，相比带有不友好信息的旧版本示波器，使用新版本示波器的人对该设备都给出了更高的评价。此外，用户报告称，新的示波器提供了更好、更为准确的信息，新的示波器更有见识。而实际上，这两个版本的示波器之间的唯一区别就是所提供的信息反映了不同的个性。这是示波技术公司首次解决了它所生产的设备的"个性"问题。

这个例子说明了心理暗示对计算产品的潜在影响。虽然这个例子是良性的，但更深层的问题在于，使用计算机技术来传达与人类相似的心理状态（尤其是将之作为一种说服人的手段）是一个有争议的领域，有待充分探索。（第9章将讨论这场争论中涉及的一些伦理问题。）

|通过语言施加影响|

计算产品也可以使用书面或口头语言（如"你收到邮件了！"）来传达社交存在和说服他人。对话框是语言的说服性用途的常见例子。无论是询问问题（"你是否想继续安装？"），还是在完成任务时表示祝贺（见图5-5），又或是提醒用户更新软件，对话框都会使人们做出推论，认为计算产品在某种程度上是有生命的。

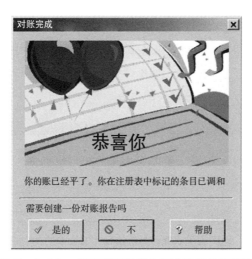

图5-5 Quicken 财务管理软件向用户发来的庆祝信息

亚马逊等电子商务网站广泛使用语言来传达社交存在，说服用户购买更多产品。亚马逊是这门艺术的大师。当我登录时，网站会通过称呼我的名字来表示欢迎，还会提供推荐，并根据我的喜好列出许多独立的商店。我点击的每一个网页都会称呼我的名字，并且给出更多的推荐。为了让我保持在线，会向我询问网站提供的推荐是否"精准"，如果我表示否定，网站就会要求我提供更多的信息。可以相当肯定地说，设计师的目标就是说服包括我在内的用户尽可能多地在线购物。

通过赞扬来说服

语言最有说服力的用法之一就是给予赞扬。对赞扬在各种情况下所起的效果的研究已经清楚地表明了赞扬产生的积极影响。我自己的实验室研究得出的结论是，无论真诚与否，赞扬都会影响人们的态度和行为。我在这一研究领域的目标是力图确定：来自计算机的赞扬是否会像来自人的赞扬一样产生积极的影响。简而言之，结果是肯定的。

我和我的同事们做了一项实验室实验，让那些在使用计算机方面有丰富经验的斯坦福大学学生和计算机一起玩一个名叫《二十个提问》（*20 Questions*）的游戏。当学生们玩这个游戏时，他们有可能会对计算机的数据库内容做出贡献。当他们真的做出贡献后，计算机就会以文本对话框的方式来赞扬他们（见图 5-6）。实验中，有一半的被试事先被告知：这种反馈是对他们贡献的真实评估（也就是说计算机给出的赞扬是"真诚"的）。另一半的被试则被告知，这些正面反馈与他们的实际贡献没有任何关联（即计算机给出的赞扬是"不真诚"的）。

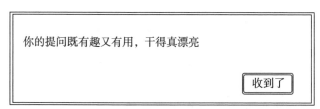

图 5-6　对话框是研究计算机的正反馈影响的一个关键因素

在实验过程中，每名被试都会收到总共 12 条来自计算机的信息。他们看到的短信类似下方的几例：

- 非常聪明的举动。你新添加的内容将以多种方式对这个游戏起到增强的作用。
- 你的提问既有趣又有用，干得真漂亮！
- 太棒了！你的建议既包含了通透的思考，又有创意的闪现。

这 12 条信息中有 10 条是纯粹的赞扬。其他两条就没那么乐观了——所有的被试在第四次发表言论之后都会收到如下的警告信息："小心！你的上一个提问可能会把游戏引向错误的方向。"而在他们第八次发表言论之后，玩家又会收到以下这样的负面信息："还好吧，但你的这条提问对整体搜索效率的贡献小到可以忽略不计。"之前的研究已经表明，将内容并非赞扬的消息加入这 10 条赞扬信息中，可以提高可信度。

在被试使用计算机完成这个《二十个提问》的游戏后，他们需要回答一份问卷，内容是关于他们刚刚的体验。调查问卷包含了几十个问题，涉及他们的感受、他们对计算机的看法、他们对彼此互动的看法，以及他们对计算机针对他们工作所做出的评价的看法。

在分析数据时，我们将两种赞扬的条件设定（分别是真诚的和不真诚的）以及第三种场景（即计算机不做任何评价，只显示"请开始下一轮"的文字提示）进行了比较。研究结果很清楚，问卷中除了两个聚焦于计算机的真诚性的问题外，被试对真正的赞扬和阿谀奉承做出了一样的反应，而且这些反应都是积极正面的。

从本质上说，在得到计算机的赞扬后——不管是真诚的还是不真诚的。人们的反应明显比那些没有得到赞扬的人更积极。具体来说，与一般的"没有评价"的情况相比，数据显示，在两种条件设定下得到赞扬的人都会有以下反应：

- 自我感觉更好；
- 心情更好；
- 感到自己更有能力；
- 感觉自己表现得很好；

> **赞扬原理**
> 计算技术可以通过文字、图像、符号或声音等方式给予用户赞扬，从而让用户更容易接受说服。

- 发现互动很吸引人；
- 更愿意再次使用这台计算机；
- 更喜欢这台计算机；
- 认为计算机的表现更佳。

虽然以上这些并非说服力的直接衡量标准，但这些积极的反应为影响力打开了大门。这些发现说明了语言运用的重要性。使用语言的方式应该为产生说服效果奠定基础，而不应该成为拦路虎。语言——即使是计算系统所使用的语言，从来都不是中立的，它可以促进或妨碍设计师达到其说服目标。

|社会动力学|

在大多数文化中，人们相互交流都有固定的模式，比如见面、轮流、排队等仪式，不一而足。我们称这些仪式为社会动力学或社会动态，是与他人交往的不成文规则。那些不遵守规则的人在社会交往中往往会付出代价；他们有可能会被其他人疏远。

计算技术可以应用社会动力学来传达社会存在和说服。微软公司的"活动伴侣"（Actimates）角色就是一个例子。这是 20 世纪 90 年代末微软公司推出的一系列互动玩具。微软公司的团队做了大量的研究，以求创造出可以模仿社交互动的玩具。设计这些玩具当然是为了让孩子们开心，但它们似乎还有另外一个设计目的，那就是要让玩具利用社会仪式来说服孩子们与这些角色互动。

让我们以一个名为 DW 的活动伴侣角色为例（见图 5-7）。这种交互式毛绒玩具会说"我好喜欢和你一起玩"和"靠近点，我想告诉你一个秘密"之类的话。这些信息暗示着常见的社会动力学和礼节仪式。

通过对社会动力学的暗示，DW 影响了孩子们的感受和行为。DW 对友谊的表达可能会导致孩子们对类似的表达或感觉做出反应。DW 邀请孩子来听她的秘密则建立了一种信任和支持的关系。

我好喜欢和你一起玩
靠近点，我想告诉你一个秘密
啊哦！对不起，请再说一遍
让我们来举办一场茶会吧

图 5-7　DW 交互式毛绒玩具运用了社会动力学

电子商务网站也利用了社会动力学来与用户互动以取得成功。它们会问候用户，引导人们找到他们可能喜欢的产品，确认用户的下单购物内容，就任何需要的信息提出问询，并向那些完成了购买的用户表示"感谢惠顾"。简而言之，它们应用了用户在实体店购物时可能遇到的相同的社交动力学。

电子邮件程序 Eudora 的用户也可以觉察出这个程序对社会动力学的应用。如果你使用该产品后没有立即注册，大概每过一周左右，该程序都会弹出一个对话框，邀请你注册。注册界面上有一些有趣的、非正式的文字："如果你注册了 Eudora，我们不会像现在这样经常唠叨你。我们还会在你所属公司的总部前方的草坪上竖立一座以你的形象为主题的巨型雕像。"下方还附有另一条说明："巨型雕像这项优惠在地球上不适用。"这个例子我们在引言部分已经介绍过，当时是说明计算机可以多么地执着。

以上所有这些文字都是为了说服你从对话框中的两个按钮中选择它们想要的那一个（见图 5-8），即：

带我到注册页面吧

而另一个按钮则是：

以后再说吧

Eudora 并没有给用户提供"否"的选项，尽管你可以通过关闭对话框来避免对上述两个选项做出选择。为了让对话框消失，从而继续忙手头上的任务，人们最可能点击的是"以后再说吧"这个按钮。通过点击这个按钮，用户已经做出了一个含蓄的承诺，即他以后可能会注册。这就增加了用户在某个时刻感到自己必须注册的可能性。

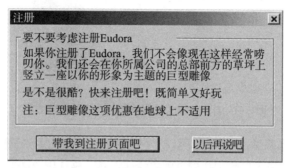

图 5-8　电子邮件程序 Eudora 用来说服用户注册的对话框

Eudora 的这个对话框似乎头脑简单，甚至有些愚蠢，但它实际上相当聪明。这些愚蠢的内容和语言有几个目的：它提升了用户的情绪，让请求看起来有趣而简单，让请求者看起来友善、脾气好。也许这种表面愚蠢的对话框的主要目的就是分散人们的注意力，就像人们在谈判中可以有效地利用分散注意力的手段一样。

事实上，Eudora 所提出的是一个非常严肃的要求。让人们最终同意这个要求，对于该产品的未来至关重要。而这个对话框所表现出来的社会动力学与严肃的人际交流中（比如要求加薪）所表现出来的社会动力学并没有太大的不同。如果你能让老板对你的加薪要求只是推辞"以后再说吧"，而不是断然回答"不"，那么当你以后再提这个问题时，你就处于一个更有利的位置。因为老板已经做出了一个微妙的承诺，答应会考虑这个问题。

当人们与计算产品交互时，其他的社会动力学也有可能发挥作用。用户可能会屈服于来自计算机的"同伴压力"。或者，当信息来自多个计算来源时，他们可能会认为信息更准确。这些社会动力学以及许多其他的社会动力学的效果还有待验证，但基于亚马逊、Eudora 和其他公司的早期努力，运用技术来撬动社会动态的前景应该是一片光明的。

针对互惠性的研究

互惠原则就是一种有潜力用在说服性技术中的社会动力学。这条不成文的社会规则是，在你接受恩惠后，你必须以某种方式做出回报。人类学家报告说，互惠原则在每个人类社会中都得到了遵守。

在我的实验室研究中，我和我的同事着手研究互惠原则是否可以应用于人与计算机之间的交互。具体地说，我们做了一个实验，看人们是否会对为他们提供帮助的计算机做出回报。

我招募了斯坦福大学的学生和住在硅谷地区的人来参与这项研究。总共有 76 人成为这项互惠研究的被试。

每名被试都会进入一个房间，其中有两台完全相同的计算机。我和我的研究助手们会给每名被试分配一项任务，任务要求他们使用计算机来查找特定类型的信息。在这项研究中，我们再次使用了沙漠求生难题作为背景。给予被试的挑战版本经过了某种改良——他们现在需要根据七种物品对于生存的价值来对它们进行排名。这七种物品分别是压缩包、化妆镜、手电筒、一瓶盐片、该区域的空中地图、轻便大衣和伏特加酒。为了完成任务，他们可以使用计算机来查找每件物品的信息。

有一半的被试使用的计算机非常有用。因为我们事先给这些计算机编好了程序，让它提供我们知道能够派上用场的信息——在这项研究开始的几个月前，我们就已在初步研究中测试过了大量有关这些物品的信息，并选择了其中被人们认为最为有用的那些信息，再把这些信息输入计算机程序之中。

结果，当这些被试针对任何一种求生物品执行搜索指令时，他们收到的都是那些我们已经确认过将有助于他们对物品进行排名的信息（例如"在晴朗的夜晚，一个普通的手电筒射出的光束最远能从大约 15 英里①之外被人看见"）。此外，计算机也会表示它正在竭力搜索许多数据库，来为被试获取最好的信息（这个实验恰好发生在网络流行之前，尽管我们设计的搜索功能很像当下的谷歌）。

---

① 1 英里≈1.61 千米。——译者注

在七件需要排名的物品中，允许被试搜索其中五件的信息。被试必须为每次搜索分别提出要求。这一切设置背后的想法是希望建立起这样的一种场景，使得被试在这种情况下会觉得计算机帮了他们一个忙：它代表被试搜索了许多数据库，并得出了有用的信息。

只有一半的被试使用的计算机提供了如此高品质的帮助和信息。另一半的被试也单独进入实验室，完成了同样的任务，但他们使用的计算机只能提供低品质的帮助。他们所使用的计算机与之前一组被试所使用的看起来一模一样，界面也完全相同。但是，当这些被试要求计算机查找有关这些物品的信息时，得到的信息并不是很有帮助。

再一次，我们通过先前的测试知道了信息搜索通常会产生何种貌似合理的结果，但正是因为我们做过初步测试，所以我们才知道这些信息其实对被试是没有多少用处的（例如"小型手电筒：当你需要时容易找到的黄色外壳手电筒，Lumilite 品牌，连同电池一起售卖"）。

通过这样设置实验，我们的目标是获得两组被试。其中一组会觉得计算机帮了他们一个忙；而另一组则会觉得计算机没有帮助。

在随后的一个看似不相关的任务中（其实它是相关的，但我们向被试隐瞒了这一事实），每名被试都要帮助计算机创建一个与人类感知相匹配的调色板。计算机每次都会显示三种颜色，被试将对这些颜色按照从亮到暗的顺序进行排序。像这样的比较任务会不断出现，被试想要帮助计算机进行多少轮的比较都可以，完全随自己的心意来定。

因为这是一个对照研究，所以有一半的被试使用同一台计算机来完成第二项任务，即颜色感知任务（这种条件设定被称为互惠条件），而另一半的被试则使用另一台计算机（这被称为控制条件）。

在第二项任务中使用相同计算机的被试现在有了机会，可以回报计算机先前提供的帮助（在实验过程中，我们从未向被试提及任何关于互惠的事情）。作为对比，在第二项任务中使用不同计算机的人是对照组。

在完成研究后，我们分析了数据，发现人们确实会对帮助过他们的计算机给予回报。在第二项任务中，使用最初那台有用的计算机的被试为它完成了更多的工作。具体来说，比起那些在第二项任务中使用了表面上是另一台但其实是完全相同的计算机的被试来说，互惠条件下的被试完成了更多的颜色感知任务——次数几乎是后者的两倍。总之，研究表明，人们遵守着一种普遍的社会动力学，即互惠原则；他们报答了计算机施与他们的恩惠。

互惠性研究的要点

- 被试进入一个摆放着两台计算机的房间，并被分配到第一项任务，即要在其中一台计算机的帮助下寻找信息。
- 一半的被试使用的是对于查找信息任务能够帮得上忙的计算机；另一半的被试使用的则是对任务没有多少帮助的计算机。
- 在随后的第二项任务中，被试被要求帮助其中一台计算机创建调色板。这一次，又有一半的被试使用的是他们在最初任务中使用的计算机，而另一半的被试则使用了另一台计算机。
- 研究结果：那些在第一项任务中使用了有帮助的计算机，且在第二项任务中仍然使用同一台计算机的被试，在第二项任务中所完成的工作数量几乎达到了其他被试的两倍。

这项互惠性研究所包含的控制条件设定，可以排除对结果做出其他解释的可能性。在这些其他可能的解释中，有一种是在第一项任务中获得有用的信息让被试感到快乐，所以他们在第二项任务中做了更多的工作。这种解释被排除了，因为那些在第一项任务中从计算机处获得有用信息的被试，有一半的被试在第二项任务中使用了外观相同的另一台计算机，但只有那些在两个任务中使用了同一台计算机的被试才显示出了互惠效应。

> **互惠性原理**
> 当计算技术对人们施与恩惠时，人们会认为有必要做出回报。

另一种可能的解释是，进行第二项任务时，留在同一工作站上的人对椅子或设置更熟悉，导致他们在第二项任务中完成的工作量增加了。这种解释可以被排除，因为在第一项任务中从计算机那里得到劣质信息的被试，如果在第二项任务中仍然使用同一台计算机的话，他们做的工作会变得更少，而不是更多，这表明人们可能会对未能在前一个任务中提供帮助的计算机进行报复（报复效应可能比互惠效应更能够激励人们采取行动，尽管它在设计说服性计算产品时用处不大）。排除了其他解释后，证据表明，互惠原则是一种如此强大的社会动力学，以至于人们在与机器共事时都会遵循它的指引。

对于说服性技术的设计者来说，这意味着可以用互惠原则——一种重要的社会动力学——来影响用户。利用互惠原则的一个简单例子是一个共享软件程序。在多次使用之后，这款软件可能会向用户发出这样的信息："你玩这款游戏已经累计有 10 次了，为什么不注册成为用户，将这个人情还上呢？"

|通过扮演社会角色来说服他人|

在 20 世纪 60 年代中期，麻省理工学院的约瑟夫·魏岑鲍姆（Joseph Weizenbaum）开发了一个扮演心理治疗师角色的电脑程序 ELIZA。它是一个相对简单的程序，只有不到 300 行代码。它的设计是为了再现治疗师与患者的初次面谈。人们可以输入"我有个问题"，然后 ELIZA 会回复："你能详细说一下吗？"双方的交流还会继续下去，ELIZA 会继续扮演治疗师的角色。

当计算机扮演这种人类角色的时候，它带来的影响让很多人感到惊讶，其中也包括魏岑鲍姆本人。尽管人们知道 ELIZA 只是一个软件，但人们有时候会把这个程序当作一个可以真正为他们提供帮助的人类治疗师来对待。人们的反应是如此强烈，以至于魏岑鲍姆为这个问题的伦理影响感到苦恼，并就此写了一本书。计算机化心理治疗领域的有关争论至今仍在持续，而计算机仍然扮演着治疗师的角色。

扮演权威角色的计算机

　　像教师、裁判、法官、顾问、专家这些人类所扮演的权威角色，计算机也可以扮演。当它们这样做时，它们就会获得由这种权威地位自动带来的影响力，就像 ELIZA 的例子所表明的那样。一般来说，人们希望权威可以领导他们，提出建议，并提供有用的信息。他们也假定权威是聪明和强大的。通过扮演权威角色，计算产品变得更有影响力了。

　　这就是赛门铁克（Symantec）公司旗下畅销的诺顿应用程序包中会包括"诺顿磁盘医生"程序和"诺顿系统医生"程序的缘故。医生的比喻意味着聪明、有权威和值得信赖，比如说，它比起"磁盘帮助者"或"磁盘助手"这样的说法就会显得更有说服力一些。

　　这也是为什么布罗德邦德（Broderbund）软件公司在开发其流行的软件程序 Mavis Beacon Teaches Typing 时使用了教师的形象（见图 5–9）。这其中的角色 Mavis Beacon 只是市场营销的产物，不是真实存在的人物。但她的外表——包括那整洁的发型以及她的名字，让人觉得她是一位和蔼能干的教高中打字课的老师。通过塑造教师的形象，布罗德邦德可能希望它的软件能够获得与这个角色相关的影响力。

> **权威原理**
> 　充当权威角色的计算技术将具有更强的说服力。

图 5–9　布罗德邦德软件公司虚构的教师形象

注：该形象用来说服用户购买并使用它们开发的打字教学软件。

虽然权威的力量在针对说服的正式研究中受到了最多的关注，但权威角色并不是唯一能够影响人的社会角色。有时，不利用权力或地位的影响策略也可能会收到效果。想想"朋友""艺人"和"对手"等角色，这些角色中的任何一个都能改变人们的态度或行为。

Ask Jeeves[①]就是一个扮演管家或仆人角色的搜索引擎（见图 5–10），以将其产品与竞争对手的搜索引擎区分开来。当你访问它的主页 ask.com 时，你随便问一个简单的问题，管家 Jeeves 都将为你热诚服务，孜孜不倦地搜索它自己的数据库以及那些最常见的网络搜索引擎。

图 5–10　Ask Jeeves 网络搜索引擎扮演了管家或仆人的社会角色

让搜索引擎扮演管家的角色很可能是一种有意的施加影响的尝试。在态度方面，开发者团队很可能想要让人们觉得此网站容易使用，所提供的服务很有帮助，而且网站会把他们视为特殊和重要的人物来对待——而以上所有这些属性都与管家或仆人的角色有关联。

在行为方面，开发者团队可能希望一个以管家角色为基础的网站能够影响用户返回并经常使用该网站，与该角色发展出一种持续的社会关系，

---

① Jeeves 是英国 20 世纪著名幽默小说作家 P. G. 伍德豪斯（P. G. Wodehouse）笔下最著名的系列小说"万能管家吉夫斯"中的主要人物，现在常被用来指代理想的男仆。——译者注

而这是其他搜索引擎无法提供的。如果从网站的流行程度来看，Ask Jeeves 的这种策略是有效的。根据有关统计，以独立访问者人数来计算，这个网站一直排在前 20 位。

另一个例子是个人健美操教练"帕特"（personal aerobics trainer, PAT），它将说服力的概念又向前推进了一步。帕特是一个虚拟的交互式健身教练，由麻省理工学院的詹姆斯·戴维斯（James Davis）创造。该系统允许用户选择他们认为最能激发他们的教练类型（其中包括图 5–11 所示的虚拟的陆军训练中士）。虚拟教练会使用计算机视觉技术来观察用户的表现，并给出正面反馈（如"干得好！"或"就保持现在这个状态！"）或者是负面反馈（如"赶紧动起来！"）。

图 5–11　个人交互式健美操教练帕特

对于扮演社会角色的计算机来说，要想有效地激励或说服他人，仔细选择角色榜样是很重要的，否则就会适得其反。成年权威人物可能很适合传统的商务人士类型，但青少年对此可能就不会感兴趣。某个用户可能喜欢"陆军训练中士"，而另一个用户可能会觉得它让人士气低迷。想要将社交角色扮演融入说服性技术中，这件事对设计师的启示是：你必须了解你的目标受众。正如帕特系统所提示的那样，目标受众可能包括多类用户群体。设计师应该提供方法，让不同的用户群体都能选择各自偏好的社会角色。

|谨慎处理社交线索|

虽然人们会对传达社交线索的计算产品做出社交反应，但为了有效地说服他人，设计师必须了解如何恰当地使用这些线索。在我看来，在说服性技术产品的"社交"元素上加大投入其实就是在增加赌注：你要么赢得更多，要么输得更多，结果往往取决于用户。如果成功了，你就能产生更强大的积极影响；如果失败了，你会让用户很恼火。

考虑到这一点，什么时候才应该让产品的社交特性更加明确呢？总的来说，我认为在休闲、娱乐和教育产品（如智能玩具、电子游戏、儿童学习应用程序）中加强社交线索是合适的。这类应用程序的用户更有可能接纳并满足于——甚至是热情地拥抱——一个明确的、网络上的社会角色，无论这个角色是否具体体现了出来。之前所说的活动伴侣玩具就是一个很好的例子。在那个例子中，设计玩具的目的之一是向孩子们传授社会动力学的道理，所以设计师可以正当地专注于对社交线索的最大化利用。

那什么时候加强社交线索是不合适的呢？当技术产品的唯一目的是提高效率时，这样做就是不合适的。

当我为我的车加燃料时，我选择了一个可以直接在加油加气设备上刷信用卡的加油站。我不想和收银员打交道，我不是来寻求社交体验的。我相信这个类比也适用于交互技术，比如说文字处理程序或电子表格，人们使用这些技术是为了可以更高效地完成任务。对于这类任务，最好是尽量减少对社交存在的暗示，因为社交互动会降低办事效率。这可能就是为什么亚马逊和其他电子商务网站会使用社会动力学，但不会派遣一个有具体化身的代理角色来与用户聊天。就像在实体店一样，当人们买东西的时候，他们通常是在完成工作——这只是工作，不是社交活动。为这类应用程序增加社交线索可能会分散用户的注意力、惹人厌烦。

社交线索的质量和重复程度也是设计者应该关注的问题。例如，为了激发玩家的积极性而设计的对话框需要谨慎制作，以避免出现令人厌烦的重复。当我做实验研究对话框中的赞扬信息时,我收集了几十种赞扬用户的方式。通过用户测试和其他方法逐步筛选,到最后筛出 10 条在任务过程中会出现的赞扬信息。用户不会得到两次同样的赞扬;尽管他们得到了很多次赞扬,但每次赞扬所表达的信息各不相同,所以不会让人觉得重复。

第 6 章

计算机可信吗

"计算机可信吗？"这是我在斯坦福大学讲课时喜欢问学生的一个问题。它总会引发一场激烈的辩论。

要得出结论并不容易，但这个问题很重要。当涉及是否要相信信息来源（也包括计算机）时，可信度就是至关重要的因素。可靠的信息源有能力改变观点、态度和行为，有能力激励和说服别人。相反，当可信度较低时，其潜在影响力也会变低。

在计算技术发展的大部分时间里，人们一直高度重视计算机，这一观点也反映在流行文化中。在过去的几十年里，计算机经常被描绘成绝不会犯错的、为人类服务的助手，从 1956 年的经典电影《禁忌星球》（*Forbidden Planet*）中的机器人罗比（Robby），到 20 世纪 60 年代的电视节目《迷失太空》（*Lost in Space*）中的机器人 B-9，再到《星球大战》（*Star Wars*）中的机器人 R2-D2。[①]

在消费领域，以计算机为基础的信息和服务在市场营销中被视为比人类更好、更可靠、更有信誉的来源。营销人员向消费者保证，如果这是由一台计算机给出的说法，或者某事物是由计算机产生的，那么它就是可信的。

---

① 欲就这一主题了解更多，请参考 J. J. Djikstra, W. B. G. Liebrand, and E. Timminga, Persuasiveness of expert systems, *Behaviour and Information Technology,* 17(3): 155–163 (1998)。毫无疑问，计算机也曾被描述成邪恶的，最有名的例子也许是电影《2001 太空漫游》（*2001: A Space Odyssey*）中的计算机哈尔（HAL）。但即使存在这些对于计算机的负面描述，人们仍然认为计算机是有可信度的。

由于互联网的出现和不太可信的网站的数目激增，认为计算机是高度可信来源的文化观点受到了严重的挑战（网络的可信度值得予以特别关注，所以我将它作为第 7 章的主题）。当消费者的疑心越来越重时，对于说服性技术的设计师而言，理解可信度的组成部分、可信度在什么背景下是重要的以及可信度的形式和动态变化，就变得非常重要了。这也是本章的重点。

|何为可信度|

场景 1：一个穿西服套装的男人敲你的房门。他看上去很面熟，他说："你中了我们的彩票！"然后递给你一张大大的支票，接着电视摄像机就开始拍摄了。在你

> 可信度是一种可感知的品质，它有两个维度：诚信和专长。

的房子外面，还有三名记者争抢着，想让你回答他们的提问。

场景 2：你的邮箱收到了一封信，信上面的邮票是发送批量邮件所使用的。信中写道："你中了我们的彩票！"这封信还把你的名字拼错了，你还注意到信件底部的签名不是原始签名。

尽管以上两种场景中的公开信息完全相同（即"你中了我们的彩票！"），但场景 1 的元素——个人接触、名人面孔、媒体关注，甚至早已成为套路的超大尺寸的支票——都使得该信息变得可信；相反，在场景 2 中，你可能会毫不犹豫地把信扔掉——因为它并不可信。

一个简单的定义

简单地说，可信度可以定义为"能够相信"（believability）。事实上，有些语种用同一个词来表示这两个英语词汇。[1]可信的（credible）这个词

---

[1] 举例来说，在西班牙语中，"creíble"这个词就同时意味着能相信（believable）和有信誉（credible）。

来自拉丁语 "credere"，意为 "相信"。在我的研究中，我发现，在几乎所有情况下，"能够相信" 都是 "有可信度 / 有信誉" 的同义词。

关于可信度的学术文献可以追溯到 50 年前，主要起源于心理学和传播学领域。这些领域的研究结果表明，学者们一致认为可信度是一种通过感知而获得的品质，即它并不存在于某个物体、某个人或某条信息当中。

在某些方面，可信度就像美一样存在于旁观者的解读中。可信度是你摸不着、看不到和听不见的；只有当你对某个人、某个物体或某条信息做出评价时，可信度才会存在。但可信度并不是毫无根据的，就像在评价美时人们常能达成一致那样，人们在评价某个信息来源的可信度时通常也很容易达成一致。

一些研究表明，可能有十几个或更多的因素对可信度的评估有影响。然而，大多数研究人员和心理学家确信，可信度只包含两个关键维度：诚信和专长（见图 6-1）。人们会对这两个因素进行评估，然后将它们结合起来，形成一个对可信度的整体评估。

图 6-1　可信度的两个关键维度

诚信

诚信或 "值得信赖"（trustworthiness）是可信度公式中的一个关键因素。可信度的诚信维度体现了信息源的善良或道义。古希腊的修辞学家用 "ethos" 这个词来描述这个概念。在计算机的语境中，值得信赖的计算机是指被人们认为真实、公平和无偏见的计算机。

> **诚信原理**
> 如果人们认为计算技术是值得信赖的（真实、公平、不带偏见），那它的说服力就会增强。

某些职业的人，如法官、医生、牧师和裁判员，通常被认为是值得信赖的。这些人因为职业的原因，有做到诚实、公正和无偏见的义务。如果他们被认为不可信任，他们就会失去信誉。关于 2002 年冬奥会双人花样滑冰裁判的争议就是一个很好的例子。安然（Enron）公司因会计造假而倒闭也是如此，它让会计师的信誉受到质疑。

是什么带来了那种"值得信赖"的感觉？研究尚未能提供具体的参考，但有几个要点似乎已经很清楚了。

首先，最明显的是，如果人们认为信息来源是公平和无偏见的，这样的看法将有助于提高他们对信息来源诚信度的认知。[1]这就是我们进行独立审计、求助于受尊重的第三方的意见、进行双盲研究的原因之一。

其次，对自身不利的信息来源被认为是可信的。如果一名联合包裹公司（UPS）的代表告诉你联邦快递（FedEx）更快——或者相反——你很可能会认为这个观点是可信的，因为从表面上看，代表通过告诉你他的某个竞争对手更有效率不会使自身受益，反而会使自己蒙受损失。一般来说，信息来源表面上的诚实坦白会使它们的可信度非常高，因此也就更有影响力。

最后，感知到的相似性也会导致感知到的诚信度提高。[2]当他人在背景、用语、观点或其他方面与自己相似时，人们倾向于认为这样的人更值得信任。计算机同样如此，正如我们在斯坦福相似性研究中所发现的那样。之前在第 5 章中已经提到过，这些相似点的意义不需要很重大就足以产生效果。

专长

可信度的第二个维度是专长或专业知识（expertise），即人们对信息来源所具有的知识、技能和经验的认知。许多线索都会导致对专业知

> **专长原理**
>
> 如果人们认为计算技术将知识、经验和能力整合成了专长，那它的说服力就会增强。

> 最可信的信息来源是那些被认为诚信度和专业度都很高的信息来源。

---

[1] 欲就"公平和无偏见如何提升对诚信的认知"了解更多，请参考：C. S. Self, Credibility, in M. Salwen and D. Stacks (eds.), *An Integrated Approach to Communication Theory and Research* (Mahway, NJ: Lawrence Erlbaum, 1996)。

[2] 在后附的著作中有关于相似性如何影响人们对诚信度的认知，并进一步影响到可信度的讨论：J. B. Stiff, *Persuasive Communication* (New York: Guilford Press, 1994)。

识的认知。在这些线索中，有表明一个人是专家的标签（比如教授或医生的头衔），还有外表提示（如在实验室内穿着白大褂），以及表明成就的文档（如一份表彰卓越绩效的奖状）。一般来说，在某一特定话题上的专家的信息来源会比非专家的信息来源更为可信。

诚信和专长的组合

诚信度和专业度不一定是相伴相随的。一个汽车修理工可能拥有专业知识，所以能够确切地知道你的车到底出了什么问题，但是如果此人素来就有收取不必要的修理费用的名声，那么他就不是一个值得信赖的人，因此也就不被人们认为是可信的。

与之类似，也存在有诚信度而无专业度的情况。尽管你的朋友可能只是在书上读到过针灸这种治疗方法，但她还是会建议你尝试针灸，以治疗你的背部疼痛。你朋友的这份善意很可能并不足以说服你去尝试这种古老的传统医疗方法，因为她缺乏专家的可信度。

考虑到诚信度和专业度都会带来信任感，最可信的来源就成了那些在可信度和专业度两方面都达到了较高水平的人，比如说，那位汽车修理工同时也是你的亲兄弟，或者你的那位密友花了多年时间按照东方医学来行医。

计算产品也是如此。最可信的计算产品是那些被认为具有高诚信度和高专业度的产品。

如果计算产品在可信度维度上得分很高，而在另一个维度上情况不明，它仍然有可能被认为是可信的，这得益于第 5 章中说过的光环效应（如果某个优点很明显，人们可能会假定其还有另外的优点——无论这种想法到头来是对是错）。然而，如果已知其中一个维度得分很低，那么无论另一个维度情况如何，其可信度都会受到伤害。如果某个计算机化的酒店订房系统所包含的信息比世界上的任何其他系统都要多，那你就有了充分的理由认为该系统是"专家"。然而，如果你知道这个系统是由某家连锁酒店控制的（这是此系统可能存在偏见的迹象），对此系统所提供的任何酒店订房建议，你可能都会质疑该建议究竟是否诚信。

区分 "信誉" 和 "信任"

在学术和专业文献中，著述者有时候会不准确地使用 "信誉/可信度" 和 "信任"（trust）这两个术语，甚至将其交叉换用。虽然这两个术语有关联，但它们并不是同义词。信任指的是一种积极的信念，所指向的是对某人、某物或某过程的信心（confidence），以及所感知到的此人、此物或此过程所具有的可靠性（reliability）和可依赖性（dependability）。[①] 如果你打算玩蹦极，你需要对你所用的蹦极绳索心怀信任。信誉或可信度在这种情况下并不适用。

尽管其本意是 "可信度"，但是人们经常在某些短语中使用 "信任" 这个词来指代（如 "信任某条信息" 和 "信任某个建议"[②]）。当你发现 "信任" 和 "计算机" 这两个词同时出现时，请记住，作者指的既有可能是计算机是否具备坚固耐用的可依赖性，也有可能是计算机所给出的信息是否可以信赖的可信度。

避免混淆的一种方法是：当你看到人们将 "信任" 这个词应用到 "技术" 上的时候，先把它替换成 "可依赖性"，然后再把它替换成 "可信度"，看看哪个意思说得通。在我的实验室里，我们有一个更好的解决方案：我们从不使用 "信任" 这个词。我们已经确定了一些对我们有更精确含义的词汇，例如可托付的、可依赖的、可信的。

[①] 欲就如何定义 "信任" 了解更多，请参考：J. K. Rempel, J. G. Holmes, and M. P. Zanna, Trust in close relationships, *Journal of Personality and Social Psychology,* 49 (1): 95–112 (1985); J. B. Rotter, Interpersonal trust, trustworthiness, and gullibility, *American Psychologist,* 35 (1): 1–7 (1980)。

[②] 想看看有哪些例子用了其他语句表达，但其本意是 "可信度" 的，下面仅举两例：B. H. Kantowitz, R. J. Hanowski, and S. C. Kantowitz, Driver acceptance of unreliable traffic information in familiar and unfamiliar settings, *Human Factors,* 39 (2): 164–176 (1997); B. M. Muir and N. Moray, Trust in automation: Part II, Experimental studies of trust and human intervention in a process control simulation, *Ergonomics,* 39(3): 429–460 (1996)。

| 诚信何时在人机交互中起重要作用 |

在某些情况下，计算设备是否被认为是可信的并不重要。[①] 然而，在很多情况下，可信度很重要；它有助于确定这项技术是否具有说服的潜在可能性。我认为，在以下七种情况下，可信度在人机交互中是至关重要的：

- 计算机向用户提供指导或建议；
- 计算机报告测量的结果；
- 计算机提供信息与分析；
- 计算机报告所完成的工作；
- 计算机报告自己的状态；
- 计算机运行模拟；
- 计算机呈现虚拟环境。

如果在上述这七种环境中运行的计算技术被人们认为不可信，那它很可能不具有说服力。假设计算机系统是在报告测量结果，例如在"乘坐公交车"倡议中报告空气质量，或在体重控制系统中报告体脂率。如果测量结果是可信的，系统将更有可能影响用户。如果测量结果不可信，那它就不太可能说服人们去乘坐公共汽车或激励人们努力减肥。

这七种情况彼此之间并不排斥。一个复杂的计算产品（如一个航空导航系统），可能包含来自不同类别的元素——呈现关于天气条件的信息，测量气流速度，渲染视觉模拟，并报告机载计算机系统的状态，等等。

提供指导或建议

当计算机向用户提供建议或指导时，可信度很重要。如果指导或建议的质量低劣或含有偏见，计算机将失去信誉。例如，一些搜索引擎因为其分类系统而受到批评，因为这些分类系统是由其能够带来多少广告收

---

① 这些例外情况包括：用户压根就不知道计算机的存在（如汽车燃油喷射系统）；用户没有意识到可能存在的计算机偏见或能力不足（如使用袖珍计算器）；用户在人机互动上没有多少投入和利害关系（如上网打发时间）；计算机仅仅作为一个传输设备而存在（如视频会议）。

入决定的，而不是由信息相关度驱动的。这些搜索引擎的可信度受到了质疑。

在某些情况下，可以很明显地看出计算机是在给出指导或建议，比如车内导航系统给出了该走哪条路线的建议。如果方向错误，系统将失去可信度。[1]

但是，实际上是计算产品在给出指导或建议这一点，并不总是显而易见的。想想对话框上的默认按钮。之所以把某个选项自动设为默认选项，暗示着某些路径更有可能性或更有利可图。这是一种微妙的建议形式。如果对默认选项设定不当，计算机程序可能会失去可信度，因为对话框本质上提供了糟糕的建议。

在某些情况下，可信度的丧失会威胁到产品的销路。昌西·威尔逊（Chauncey Wilson）是我的同行，他在美国马萨诸塞州沃尔瑟姆（Waltham）市的本特利大学（Bentley University）的设计与可用性测试中心（Design and Usability Testing Center）担任主管一职。他讲述了他参加团队，以开发某个新的软件产品的故事。该产品早期的 alpha 版本有一个对话框，询问用户是否想要从某个关键数据库中删除表格。项目团队不断接到一些早期版本使用者的电话，他们报告说计算机中的表格正在神秘地消失。研究小组追踪了这个问题，发现它始于一个设置不当的默认选项。当询问用户是否想要删除某个表格时，系统将"是"设置成了默认选项。而用户基于以往使用其他软件的经验，习惯于一直选择默认选项，并视之为安全的选择。修复这个缺陷只需要花上几分钟的时间，但是这个小小的编程错误已经降低了产品在早期使用者心目中的可信度，导致他们不太愿意继续使用下一个版本，即 beta 版本。

报告测量的结果

想象一下用户对以下情况会做何反应：

---

[1] 关于一项用户对给出了错误指示的导航系统有何反应的研究，参见：R. J. Hanowski, S. C. Kantowitz, and B. H. Kantowitz, Driver acceptance of unreliable route guidance information, *Proceedings of the Human Factors Society 38th Annual Meeting* (1994), pp. 1062–1066。

- 某个安装了全球定位系统的设备报告用户当前正处于美国亚利桑那州的某个地方，但此人明显是在俄勒冈州；
- 某个心率监测仪显示用户的心脏每分钟仅跳动10次；
- 根据某个紫外线监测器的报告，某人暴露在阳光下的时间"很短"，即使此人能感觉到并发现自己已经被严重晒伤；
- 一个基于网络的打字教学系统报告打字员刚才的打字速度超过了每分钟500字。

正如这些例子所表明的，当计算产品汇报测量结果时，可信度会成为关键。如果报告的测量结果会引发质疑或明显不准确，产品将失去可信度。如果设计这款产品的目的是影响或激励，那么它很可能会因为报告了不准确的测量结果而遭遇失败。

提供信息与分析

我的一个朋友是狂热的高尔夫球手。如果她计划在周一下午打一场高尔夫球，而周一早上的天气看起来有问题，她就会查询她存在浏览器书签页上的一款在线天气预报服务，以获得按小时更新的当地天气状况。但随着时间的推移，她对这个系统渐渐失去了信心，因为它经常在天空乌云密布时却显示太阳图标，或在阳光已经穿透云层时显示正在下雨的图标。她喜欢这种每小时的更新，但她不再认为它们完全可信。

当计算机向用户提供数据或信息时，可信度很重要。无论一个技术产品是要提供投资信息，还是报告当地的天气情况，又或是进行比较，以便为你的下一次商务旅行寻找最低的机票报价，如果信息不准确，该产品将是不可信的。

如果某个计算产品提供动态信息，并实时为用户提供定制信息，那么不仅信息的可信度要接受检验和挑战，就连定制信息的方式也会被质疑。亚马逊和许多成功的电子商务网站都会分析用户的购买历史，并根据这些分析向用户提出他们可能想要购买的其他产品。这种系统的可信度取决于如何分析信息以决定推荐项目。这样的系统目前远不完美［亚马逊最近推荐我的一位朋友买一本轻便的园艺书，因为她之前买了《植物的欲望》[①]（*The Botany of Desire*），但她买的其实是一本关于植物如何看待人类的哲思性专著]。

另一个例子是 MyGoals.com 网站。该网站旨在帮助用户设定和实现他们的目标——从重新装饰他们的家到找一份新工作。该系统辅导用户制订具体的目标和里程碑，并借鉴了来自相关领域的专家的知识。这些专业知识是可以随时获取的，具体根据需求而定。网站能否成功取决于用户是否相信其所提供的信息是可信的。虽然该系统使用了自动提醒以及其他一些互动功能，但与可信度有关的其实是存储在该网站系统中的专家知识。

报告所完成的工作

我有一个同事使用了某款流行的杀毒软件。他非常用心，每个月都会下载两次更新的病毒数据库。在下载更新时，系统会询问他想更新哪些文件，可选项包括杀毒程序本身以及病毒库。他会只勾选病毒库，然后点击，开始下载和更新。

当系统完成了更新和病毒库安装后，会给他发送如下消息："在可用的更新中，你选择了不安装其中的某一个。"这条消息显然指的是其他可用的更新文件，而不是病毒库文件。但它总是让我的同事担心：是不是出了什么岔子导致病毒库没有下载完成？为了让自己安心，他会去检查所安装的病毒定义列表的日期。检查结果似乎总是没问题，显示出他已经下载并安装了最新的更新。但那条令人困惑的消息导致我的同事开始质疑该程序的可信度。

正如这则轶事所说明的，如果对于所执行工作的报告与实际结果不符，产品的可信度可能会受到质疑。在某些情况下，产品的生存可能会受到威胁，如下面的例子所示。

[①] 此书是当年西方的一本畅销书，还有根据此书改编的同名纪录片。此书讲述了几种人们在日常生活中常见的植物——马铃薯、苹果以及郁金香。通过对它们的自然历史的探究，以及铺陈这些植物如何让人类喜欢上它们的故事，对人与植物的关系进行了深度的重新思考，提出了"谁驯化了谁"的问题，认为是人类对这些植物的渴望使它们的命运最终经历长时间的发展变化，直到今天达到与我们息息相关的状态。——译者注

20世纪90年代末，一家现已倒闭的公司在为旨在改善视力的眼科手术制造激光器方面处于领先地位。该公司精密、昂贵的激光手术机之所以会失去信誉，是因为它有时会打印出有关它刚刚完成的手术的错误报告（这种错误其实仅限于某种特定的情况，即如果患者正在进行双眼视力矫正，该设备会将为第一只眼睛所做的手术说成是两只眼睛都做了这样的手术，而不是分别为每只眼睛提供真实的报告）。尽管这台机器事实上还是会按照外科医生的指示来进行手术操作（感谢老天），但它给出的描述它刚刚完成的手术的报告是不正确的。①

虽然在报告上犯下的这一错误并没有影响患者的临床治疗结果，但可以理解的是，眼科医生不想再使用一款有明确缺陷的产品，以免他们自己的声誉或他们患者的视力蒙受风险。最终，制造商只好将该产品下架。显然，当计算机要报告所完成的工作时，可信度是很重要的。

报告自己的状态

同样地，当计算机报告它们自己的状态时，可信度也是要考虑的。这样的自我状态报告的例子包括：它们还剩下多少可用的磁盘空间、它们的电池还能维持多久、某个步骤需要多长时间，等等。你可能会认为一台计算机应该能够准确地报告自身状况，但正如许多沮丧的个人计算机用户所证明的那样，情况并非总是如此。如果一台计算机明明连上了打印机，它却说自己没有，或者明明只有一个程序在运行，计算机却宣称它必须要关闭某个程序以节省空间，你会忍不住想问：这台计算机对它自己知道多少——或者再进一步，它对其他东西究竟又能知道多少？从此以后，任何来自该计算机的报告都将变得不太可信了。

例如，图6–2显示了用户在尝试编辑微软公司的笔记本计算机中的一个大容量文件时收到的消息。在该案例中，用户能够打开文件，但在尝试编辑文件时却收到了错误提示，而这条消息本身就是错误的。问题不在于计算机内存的大小——即使你关闭了所有其他的应用程序，你还是会收到

---

① 我从我做眼科医生的兄弟那里了解到这台机器的问题，并通过与收购该制造商的那家公司的某位专家交谈，从而确认了这个问题的存在（谈话发生时该产品已经退出市场）。

同样的提示——而在于该公司的笔记本计算机当时尚不能处理超过 32 000 字节的文件。[1]

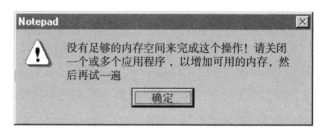

图6-2　这条提示本身就错误地报告了计算机的内存占用状态

运行模拟

当计算机运行模拟时（这是第 4 章讨论过的话题），可信度也很重要。计算机可以模拟一切，从化学反应过程及疾病在人群中的传播，到飞机导航、核灾难和全球变暖的影响。为了使模拟具有说服力，它们必须是可信的。

计算机模拟是为了传达现实世界体验而设计的。如果用户认为其与现实无法紧密匹配，那么该应用程序就没有了可信度。假设硅基模拟与真实的血肉并不匹配，使用计算机模拟来传授手术程序的外科专家是会注意到的。如果技术与实际体验偏离太远，计算产品在外科医生心目中就会失去信誉。

呈现虚拟环境

虚拟环境如果要发挥说服作用，也必须是可信的。某个虚拟环境之所以可信，是因为它符合用户的期望或经验。这通常意味着要让虚拟环境尽可能地接近真实世界——至少在重要的环节上要做到这样。但在某些情况下，虚拟环境并不需要与现实世界相匹配，只需匹配它们宣称要模仿的事物即可。就像优秀的小说或艺术作品那样，如果世界内部存在一致性，某

---

[1] 引自 ISYS 公司设立的"信息架构师"（Information Architects）网站，上面有一个栏目叫作"界面耻辱柱"（interface hall of shame），里面记载了这件事。

款幻想街机游戏的虚拟世界也可以是高度可信的。它可能与现实世界中的任何东西都无法匹配，但如果虚拟世界貌似遵循着一套始终一致的规则，那么，这样的数字现实对用户来说也可能是可信的。若不一致，它就不可信。

| 四种类型的可信度 |

在以上列举的七种可信度考察背景中，都是不同类型的可信度在发挥作用。虽然心理学家已经概述了影响可信度的主要因素，即对诚信和专长的感知，但还没有研究能够确定可信度的各种类型。考虑到可信度在日常生活中和计算产品中扮演着如此重要的角色，这种状况是令人惊讶的。对于其他常见的动态关系，比如说友谊，早已有了各种各样的区分：最好的朋友、老朋友、熟人等。

我将尝试通过提出某种可信度分类方法来填补这一研究空白。我认为有四种类型的可信度——假定的、表面的、名声的，以及挣得的——与计算产品相关。对计算机可信度的全面评估结果可能会取决于某个单一类型，但评估时可以同时考虑所有四类要素（见表6-1）。

表 6-1　　　　　　　　　　　　　　　计算产品的可信度

可信度类型	可信度的基础
假定可信度	感知者自身头脑中的一般假设
表面可信度	简单检查或者是初始的直接体验
名声可信度	第三方的背书、报告或推荐
挣得可信度	持续的直接体验

假定可信度

假定可信度（presumed credibility）可以定义为：某人因为自己头脑中的一般假设而在多大程度上相信某人或某事。人们通常认为他们的朋友说的是真话，所以他们认为他们的朋友是可信的。人们通常认为医生是医疗信息的优良来源，所以他们是可信的；相反，许多人假定汽车销售员可能并不总是说真话，所以他们就缺乏可信度。当然了，对汽车销售员的负面看法是一种刻板印象，但这就是假定可信度的本质。假设和刻板印象对于可信度认知的确是有影响的。

说到计算技术，至少直到最近，人们都倾向于认为计算机是可信的。在学术文献中，计算机被描述为：

> **假定可信度原理**
>
> 当人们使用计算技术时，会基于他们对何为可信、何为不可信的一般假设，对可信度有一个先入为主的概念。

- 神奇；
- 身披客观性的光环；
- 有着科学的神秘感；
- 拥有超凡的智慧；
- 完美无瑕，不会出错。

简而言之，研究人员提出，人们通常对计算机怀有敬畏之情，人们认为计算机的可信度高于人类的可信度。这为说服性技术的设计者提供了一种优势，因为人们可能预先就已经倾向于相信这些产品是可信的。

正如前面提到的，随着互联网的出现和网站可信度变得天差地别，这种对于计算机的传统看法也可能正在改变。在未来，说服性技术的设计者可能必须更加努力地说服用户他们的产品是可信的。

表面可信度

表面可信度（surface credibility）来源于简单的检查。人们几乎每天都会做出这一类可信度判断——从一个人的外表到他的衣着，根据对表面特征的第一印象形成对可信度的初步判断。对于计算产品也是如此。一个桌面软件应用程序可能会因为它的视觉设计而显得可信。手持设备的坚实手感可能会让人们认为它是可信的。表明自己今天才更新过内容的网站会比去年最后一次更新内容的网站更有可信度。用户会通过对这些表面特征的快速检查来评估计算产品的可信度。

在某些情况下，计算产品的表面可信度是至关重要的，因为这可能是赢得用户的唯一机会。想想人们是如何上网冲浪的。因为有这么多的网站可供选择，而且可能没有明确的指南来说明哪些网站是最好的，所以寻求信息的网站浏览者很可能会非常快速地离开那些缺乏表面可信度的网站。他们甚至可能没有意识到是什么导致了他们对网站表面可信度产生了负面看法。是因为视觉设计吗？是因为文章的语气吗？还是域名看上去不靠谱？许多因素都可以影响到这些即时的可信度评估。

我在斯坦福大学研究实验室所进行的一项研究表明，表面可信度可以发挥关键作用。作为实验室在 2002 年关于网络可信度研究的一部分（这个话题在第 7 章中会详细探讨），我们让 112 名被试对 10 个与健康有关的网站的可信度进行了评估。我们的研究主要是寻求人们认为这些健康网站之所以可信或不可信的定性评估因素。

在我们为这项研究选择的网站中，被试将美国国立卫生研究院（NIH）的网站 NIH.gov 评为最可信的网站，而一个名为 Thrive Online 的网站则是最不可信的（见图 6-3）。他们对网站的一些评论反映了表面可信度是如何运作的。

在浏览 Thrive Online 网站后，被试通常会有负面评论，其中一些与表面可信度有关：

- "其外观和感觉很俗，就像西夫韦（Safeway）超市的杂志陈列架上的那些封面一样"；
- "太卡通化了"；
- "顶部有广告，让我觉得它对主题不够专注"；
- "似乎有点浮夸"；
- "广告太多了"；
- "其在线的欢迎卡片似乎不太以健康为导向"；
- "轻浮的、无实质性内容的健康网站"。

与 Thrive Online 网站相比，美国国立卫生研究院的网站 NIH.gov 收到了与表面可信度有关的正面评论，包括"看上去非常专业"。以下是部分评论：

- "页面布局是一种非常实事求是的方式";
- "它看起来是为医生和研究人员准备的";
- "处理的都是重要问题";
- "网页上没有营销文案,这使它更为可信";
- "从属于政府的关系使得它可信";
- "网站所有者提供信息时不会别有用心"。

> **表面可信度原理**
> 人们会通过对页面布局、广告密度等表面特征的第一手考察,对计算技术的可信度进行初步评估。

图 6-3　Thrive Online 网站和 NIH.gov 网站

注:被试认为 thriveonline.com 的表面可信度在 10 个健康网站中最低,而 NIH.gov 的表面可信度最高。

塑造人们对表面可信度感知的线索是因人而异的。它们会随着用户、文化、场景或目标用途的变化而变化。

在美国加利福尼亚州圣地亚哥市租了一辆车后，我走到了提供计算机导航的自助服务终端前。在我看来，这个自助服务终端似乎过时了，缺少最新的界面元素和最新的硬件。我在使用它之前犹豫了一下；差点就选择了另一个信息源，即汽车租赁公司的员工。对其他顾客来说，这个售货亭可能看上去是新的，因此更为可信（请注意假定可信度是如何同时发挥作用的。我的假设是：旧的计算产品不如新产品可信。在另一种情况下——比如说，在某个发展中国家，我可能会把这个自助服务终端看作当前可得的最好技术，因此认为它非常可信）。幸运的是，我在圣地亚哥使用的自助服务终端最终给了我正确的信息，让我顺利抵达了目的地。但我承认，我当时确实有点怀疑。

我在斯坦福大学的研究表明，当计算产品能在美观上取悦用户，能符合他们的正面期望，或者能显示出其具有强大功能的迹象时，人们很可能会认为它们是可信的。但是，暂时还没有关于表面可信度的一套综合的公式。①

名声可信度

名声可信度（reputed credibility）可以定义为某人因为第三方（包括他人、媒体或机构）的说法而在多大程度上相信某人或某事。这些第三方说法的形式可能是背书、报告、奖励或推荐。名声在人际交往中扮演着重要角色。由第三方授予的著名奖项、背书或官方头衔会让人们看起来更可信。

> **名声可信度原理**
> 第三方的背书——尤其是如果它们来自受人敬重的来源——能够提高人们对计算技术可信度的看法。

---

① 我认为目前最接近于表面可信度的公式的成果来自我在斯坦福实验室的研究。可以参考：B. J. Fogg and H. Tseng, The elements of computer credibility, *Proceedings of ACM CHI 99 Conference on Human Factors in Computing Systems* (New York: ACM Press, 1999), vol. 1, pp. 80–87。

名声可信度效应也适用于计算产品。如果一个客观的第三方对某一产品发表了积极的报告，该产品就获得了可信度。

在网络上，名声可信度是很常见的。从一个网站到另一个网站的链接可能被认为是一种认可，这可以增加对可信度的认知。此外，如果网站获得了奖项，尤其是像威比奖（Webby Awards）这样的公认奖项，它的可信度也会得到加强。[①]

在未来，我们很可能会看到计算机代理[②]相互背书。例如，计算机代理在根据我的兴趣和预算在网上搜索旅游特价商品时，可能会把我推荐给另一家代理，这家代理可以为我计划要去的地方提供用餐建议。在这种情况下，餐厅代理商受益于上一家计算机代理的背书而增强了可信度。代理的背书可能成为名声可信度中的一种重要的和有影响力的形式，特别是在做出推荐的代理拥有良好的历史记录的情况下。

挣得可信度

如果你的税务会计师多年来已经证明了自己的能力和公正，她在你心目中将会拥有很高的可信度。在可信度的各种形式中，这种挣得可信度可能是最强大的。它来源于人们在较长一段时间内与他人的互动。

> **挣得可信度原理**
> 随着时间的推移，如果计算技术能够按照用户的期望始终如一地表现，其可信度就会得到加强。

挣得可信度也适用于与计算产品的交互。如果自动提款机报告某人银行账户的余额比他自己认为的要少，此人可能会改变他的周末度假计划以节省开支，而不是质疑机器的可信性，特别是如果他长期以来一直都能从机器上获得准确的信息。如果一名跑步者已经使用了两年的心率监测器，而且其测量结果总是与她自己手工计算的心率相符，那么该监测器在她心目中就会有很高的

---

① 威比奖每年由国际数字艺术与科学学院颁发，以表彰在质量和数量上都表现最佳的网络。

② 库兹韦尔（Kurzweil）将"代理"（agent）这个术语定义为"智能代理（或简称代理）是一套程序，它定期独立地收集信息或执行一些其他服务"。来源请见：KurzweilAI.net。我也是在同样的意义上使用这个术语的。

可信度。她会相信它提供的任何合理的检测结果。

挣得可信度会随着时间的推移而增强。但有时也可能会出现相反的结果，即长期的直接体验反而可能导致可信度下降。使用信息服务亭的旅行者可能最终会发现，它只提供了那些支付了推广费用的餐馆的信息。随着时间的推移，这种付费以求被显示的安排可能会变得越来越明显，因为人们会越来越熟悉这项服务。在这种情况下，随着使用次数的增加，该服务的可信度可能会反而下降，而不是提高。

无论是人与人之间的互动，还是人机互动，挣得可信度才是黄金标准。它是最可靠的可信度形式，一旦形成就难以改变（尽管在某些情况下，一个失误就足以立即摧毁可信度，例如前面介绍的激光手术机的例子）。创造出一种随着时间的推移能够获得可信度而不是失去可信度的产品，应该成为说服性技术设计师的首要目标。

这四种计算机可信度相互之间并不排斥，它们代表了对计算机可信度组成元素的不同考察角度，是可以相互重叠的。举例来说，基于假设的假定可信度在表面可信度中也会起作用，因为表面可信度是部分基于快速判断而形成的，而这些快速判断反过来又可能是建立在关于可信度的潜在假设之上的。

| 计算机可信度的动态变化 |

对可信度的认知并不是一成不变的，它会随着时间的推移或增强或减弱。随着时间的推移，可信度是如何获得的？如何丧失的？又要怎样才能恢复呢？为数不多的研究调查了这些问题，并提供了一些有限的答案。具体地说，研究证实了一个似乎原本就已显而易见的事实：当计算机提供用户认为正确的信息时，它的可信度就会提升；当它提供用户认为不正确的信息时，它就会丧失可信度。

> 随着时间的推移，对可信度的认知会增强或减弱，但一旦失去，就有可能会很难恢复。

如果你在健身房中的跑步机上已经气喘吁吁地跑了 2 英里，但是跑步机却报告说你的心率仍然只有每分钟 60 次，你就更不会相信机器提供的其他信息了——你会怀疑自己也许并没有跑够 2 英里，也许跑步的速度还不到每小时 8 英里，等等。如果你认为其中某条信息是错误的，你就不太可能再去相信机器提供的其他信息。

另一个影响可信度认知的因素是错误的大小，这取决于使用的背景。计算机用户对计算机的态度在某些情况下较为宽容，在另外一些情况下则较为严苛。

在一项对汽车导航系统的研究中，高达 30% 的错误率并没有导致用户放弃车载导航系

> **（近乎）完美原理**
> 如果在用户看来，计算技术从不（或很少）犯错误，那么它将更有说服力。

统。换句话说，即使系统在 30% 的情况下给出了错误的方向，人们仍会向系统寻求帮助以求抵达目的地，这可能是因为他们没有更好的选择。在 70% 的情况下能得到正确的信息总比没有任何信息要好。

在其他情况下，计算产品的一个小错误可能就足以使人们对其可信度的认知产生毁灭性的影响。我前面讲的关于激光手术机提供错误报告的例子就说明了这一点。

正如这些例子所表明的，对可信度影响最大的不是误差本身的大小，而是误差影响的大小。大多数研究表明，来自计算机本身的微小但影响巨大的错误会对其可信度产生不成比例的巨大影响。即使是简单的、看似无关紧要的错误，例如对话框或网页中的排版错误，也会损害可信度。

一旦一个计算产品失去了可信度，它可以通过以下两种方式之一来重新获得一定的可信度。一个方式是，通过在一段时间内提供准确的信息，产品可以重新赢得可信度。如果一个血压监测仪在某一点上给出的读数不准确，而在接下来的 20 个读数看起来是准确的，它就可能重新获得可信度。

另一个重获可信度的方式反而是反复犯同样的错误——但是这个错误不能是严重错误。在这种情况下，用户可以预期到这个错误的存在并主动

调整以抵消该错误的影响，而计算机仅仅因为保持了前后一致就赢得了可信度。每次输入"蹦极"这个词，我的拼写检查器都会说字典里没有这个词。但现在我已经知道这一点了，拼写检查器不再会因提示我错误拼写这个词而进一步失去可信度。此外，我还可以将正确的拼写添加到程序的"自定义字典"中，这将进一步弥补拼写检查器的错误。

尽管有两种方式可以重获可信度，但在许多情况下，这两种方式都是没有意义的。一旦人们发现某个计算产品缺乏可信度，他们可能就会不再使用它，也就没有机会让产品通过任何一种方式来重新获得可信度了。如果激光手术系统出了差错，眼科医生是否还会给它第二次机会呢？这很难说。

|可信度评估中的错误|

如果世界是完美的，那么人们永远不会在可信度评估上犯错，但事实上人们确实会犯错。这些错误分为两类：轻信的错误和多疑的错误（见表6-2）。

表 6-2　可信度评估中的错误

	用户认为产品是可信的	用户认为产品不可信
产品是可信的	适当地接收	**多疑的错误**
产品并不可信	**轻信的错误**	适当地拒绝

如果一个体脂测量设备显示你的体脂率为 4%，这可能是不准确的，除非你是一个把大部分时间都花在训练上的世界级运动员。如果你认为 4%的数字是真实的，那你可能就犯了轻信的错误。当人们认为一个计算产品可信，但其实它并不可信时，他们就会犯这种错误。

另一个极端是多疑的错误。这种错误指的是人们——通常是有经验的计算机用户——拒绝计算机输出的信息，即使这种输出是准确的。有时，当我在网上寻找最便宜的机票时，我不会相信我在第一个旅游网站上找到的信息，我会去另一个旅游网站再次查看。我往往会发现两者就我的出行日期所报出的票价是相同的，几乎无一例外。出于某种原因，我并不完全相信第一个网站，尽管后来我发现它的确给我提供了最优的信息。

轻信的错误已经得到了广泛的关注。那些从事教育工作的人——尤其是图书馆员，已经开始教导信息搜寻者在搜索在线信息时要使用有关可信度的提示线索，比如说内容创作者的权威性和网站更新的频率等。[1]

不过，多疑的错误并没有得到同等的重视。人们很少提倡减少对计算机技术的怀疑。因此，提高计算产品的可信度的重担似乎就落在了这些产品的创造者身上。

为了减少多疑的错误，在用户先入为主的观念之外，设计师应该努力不给用户留下任何把柄，从而使用户无法拒绝设计师的产品所提供的信息。他们可以通过几种方式来做到这一点，包括突出产品中与诚信度和专业度相关的方面（可信度的关键组成部分），并关注他们可以影响的可信度认知元素。举例来说，虽然设计师无法控制假定可信度，但他们可以影响表面可信度和挣得可信度。

|合适的可信度观念|

因此，对于计算产品开发人员来说，一个关键的挑战是在不增加轻信的错误的情况下减少多疑的错误。我们的目标是创造能够传达适当的可信度水平的计算产品，也就是能够明确其性能水平的产品。这可能是一个过高的目标，因为制造计算产品的公司不太可能贬抑它们推向市场的产品。对自己的产品造成伤害不符合商道。

果真是这样的吗？

在某些情况下，一个暴露了自身缺点的计算产品从长远来看反而可能会成为赢家。你可能已经在某些场合见过一些人做出类似的举动，比

---

[1] 图书馆员在帮助人们判断线上信息的可信度方面发挥了积极作用。

如出租车司机说他不太清楚怎么去你要去的目的地；销售代表承认如果她今天能和你达成交易，那么她会获得更高的佣金；或者某个教授说他对答案不确定。在这三种情况下，在你的评估中，这个人的整体可信度可能会上升。荒谬的是，当某人承认自己的小缺点时反而会给他带来更高的可信度。①

目前还没有研究可以证明同样的情况是否适用于计算机，但我猜测是这样的（只要这个"缺点"不是软件的根本性缺陷）。以一个健身设备为例，这个设备可以计算出人们每次锻炼时消耗的卡路里。目前，这些设备都会给出一个确切的数字，比如说 149 卡路里。稍微懂些生理学的人都知道这么精确的数字肯定是不正确的。如果该设备给出的是一个合理的卡路里消耗值的范围，比如说"140~160 卡路里"，又会产生什么效果呢？这将表明产品的设计是为了尽可能准确地报告信息。因此，它可能看起来比一台报告精确数字但数字本身可能有误的机器更可信。

| 计算机可信度的前景 |

计算产品的可信度应该成为设计者重点关注的问题。在一定程度上，由于网络上出现了一些错误信息的著名案例，比如一名 20 岁的黑客篡改了雅虎新闻报道中的引述，人们似乎不太愿意相信来自计算产品的信息。计算机正在失去它们的光环、神秘感和假定可信度。但这也有可能是件好事。

① 有一项经典的心理学研究，研究的是当人们透露对自身不利的信息时（比如透露一个弱点或偏见），其可信度如何会反而提高，请参见：E. Walster, E. Aronson, and D. Abrahams, On increasing the persuasiveness of a low prestige communicator, *Journal of Experimental Social Psychology*, 2: 325–342 (1996)。最近的一部著作解释了这种可信度提升的动力学是如何运作的：当消息传递之前就已形成的预期落空时（正如某个人或者某款软件产品承认自己有偏见或缺点），消息的接收方（在这种情况下是用户）会感知发送方（在这种情况下是软件）是公正而无偏见的，而这正是可信度的一个关键因素。欲就关于这个概念的探讨了解更多，请参考：J. B. Stiff, *Persuasive Communication* (New York: Guilford, 1994)。与技术以及可信度更密切相关的一项关于网站散布仇恨言论的研究显示，那些公开了自己偏见的网站会显得更加理性，即使它们的观点本身很极端。请参考：M. McDonald, Cyberhate: Extending persuasive techniques of low credibility sources to the World Wide Web, in D. Schumann and E. Thorson (eds.), *Advertising and the World Wide Web* (Mahwah, NJ: Lawrence Earlbaum, 1999), pp. 149–157.

在理想的情况下，未来的计算产品将被认为具有适当的可信度，并最终将具有适当的说服力。

随着计算机变得无处不在，"计算机可信吗"这个提问将变得更加难以回答。计算技术将日益多样化，以至无法套用单一的答案。随着我们评估可信度的能力逐渐提高，我们将根据特定的功能和环境来检查计算机的可信度。

一个合理的方法是在本章所概述的七种背景下设计和评估计算机的可信度——提供指导或建议，报告测量结果，等等。区分可信度的四种类型——假定可信度、表面可信度、名声可信度和挣得可信度——也会很有用。如果设计师能够理解并分清这些背景和类型，在设计可信的计算产品的道路上，他们就能向前迈进一大步。

第 7 章
可信度与万维网

如果你看一下那些人们最常访问的网站，你会发现很多网站都试图用某种方式来说服用户。微软网络服务（MSN）和其他一些领先的门户网站——如美国在线和雅虎，都试图说服用户在其网站或其附属网站上进行网络搜索、购物以及与朋友聊天。它们还希望用户在它们那里注册——创建一个个性化的主页，如"我的 MSN""我的 AOL"或"我的 Yahoo"，以求用户将个人信息提供给网站运营者，从而使得网站运营者拥有未来可以直接与用户联系的方式。只有在上述这样的说服努力获得成功时，这些门户网站才有可能获得商业上的成功。

> 可信度是影响网站说服能力的关键因素。

即使是那些以提供信息和内容为主的网站，如 about.com 或 cnet.com，也在试图说服别人。这些网站的建立者的目标是说服用户认为访问他们的网站是获得用户所需内容的最佳方式，无论这些内容是新闻、MP3 音频文件还是最新的游戏。技术支持网站试图说服用户在线解决问题，而不是打电话给公司。甚至个人网站也把说服用户作为其目标的一部分。人们希望那些访问他们网站的人认为他们的网站是最好的，把他们看作有能力的专业人士或有趣的人。在我看来，如果一个人不想以某种方式影响别人，他就不会花时间或精力去建立一个网站。

| 网络可信度的重要性 |

虽然许多因素都有助于提升网站的影响力，但其中一个关键因素是可信度。没有可信度，网站就不可能说服用户改变他们的态度或行为——比如接受网站的目标、登记个人信息、进行购买、点击广告、完成调查，或者将网站添加到浏览器的标签页以方便以后回访。出于这个原因，理解网络可信度并为此展开设计是很重要的。

是什么使一个网站可信呢？有哪些因素促使人们相信他们在网站上发现的东西？网络可信度是什么，如何赢得它，以及如何更好地理解它？以上这些议题是本章的重点。

| 网络可信度的可变性 |

网络有可能是一个高度可信的信息来源，具体取决于个人或特定网站背后的组织（网站的"运营者"）。网络也可能是最不可信的信息来源之一。网络上的许多页面反映了运营者的能力不足，有些则纯粹是骗局。你可能访问过一些网站，这些网站不仅缺乏专业知识，而且似乎是专门设计来欺骗用户的。因为很少有障碍阻止人们在网上发布信息，你会发现对当前事件的欺骗性报道，有关卫生健康的事实上不正确的信息，以及无法兑现承诺的广告等。

有一个著名的网上虚假信息的例子，它旨在教导投资者防备网上欺诈，并说服人们对网上发布的信息持高度怀疑的态度。这个网站即 mcwhortle.com，其网站浏览者们会读到这样的声明："McWhortle 公司是一家知名的生物防御机制制造商"。当上网冲浪者浏览这个网站时，他们会看到一个"关于我们"的介绍页面，以及一张伪造的位于华盛顿特区的公司总部照片、联系信息和一堆证明文件。该网站声称：公司拥有生产便携式生物危害警报探测器的技术，并正在寻求外部资金支持。当网民进行更多调查，并点击一条"若你已经准备好投资，请点击这里"的链接时，真相就曝光了：你会被该链接引导至一个新的网页，其标题是"请当心！如果你对这样的投资想法做出回应……你会上当受骗的"。这个新的网页下方有一条信息，表明该网站是由多个政府机构联合创建的，包括美国证券交易委员会（Securities and Exchange Commission，SEC）以及美国联邦贸易委员会（Federal Trade Commission，FTC）等。美国证券交易委员会表示，它将创建数百个这类骗局网站，以提高投资者的防范意识。

有些欺诈网站就是恶意创建的，例如欺诈网站 paypai.com，其创建目的是冒充贝宝（PayPal）网站来欺骗用户。这样的例子还有 wwwbankofamerica.com，它伪装成那家庞大的美国银行（Bank of America）。这两个网站都试图引诱访问者提供个人信息，以达到欺诈目的。

其他一些欺骗性网站的设置则仅仅是为了娱乐那些碰巧访问的浏览者，如俄克拉荷马州葡萄酒生产者协会的网站、基督教妇女摔跤联盟的网站和互联网尽头网站（该网站宣称"感谢你访问互联网的尽头。再没有更多的链接了。你现在必须关掉计算机去做一些真正有用的事情"）。

特别是对那些网络新人而言，他们在被欺骗几次或发现事实错误后，对这种媒体的信任度就会直线下降。[1]如果你花合理的时间在网上冲浪，你会对网络的可信度有一个广泛的认识。随着时间的推移和经验的积累，大多数用户都学会了如何区分好的和坏的、可信的和不可信的。

|网络可信度的两个方面|

网络可信度有两个方面：一是主要与网络冲浪者有关；二是与网站设计者有关（见图7–1）。一方面，可信度对使用网络的人来说很重要。人们需要评估网络资源是否可信。图书馆员和教师已经开始直面"信息质量"这一问题了。为了更好地评估某个在线资源的可信性，图书馆员和其他人主张网络冲浪者应该检查在线资源的作者是谁，内容的时效性如何，并将其内容与可信来源（如该领域的专家）的类似内容进行比较。幸运的

---

[1] 最早指出万维网正在经历可信度危机的评述文章（其中）之一可见：R.Kilgore, Publishers must set rules to preserve credibility, *Advertising Age*, 69 (48): 31 (1998)。

是，已经有许多好的指南可以帮助学生和研究人员评估他们在网上找到的信息。

网络可信度的另一个方面主要与网站设计者有关。对于设计者来说，他们的主要问题是如何创建网站来传达适当的[①]可信性水平，这在第 6 章已经讨论过了。

图 7-1　从两个方面看网络可信度

虽然网站可信度的设计对于设计者来说是一个重要的问题，但在 1998 年，几乎没有关于这个主题的信息或研究。为了填补这一空白，我和我的同事开始进行项目研究，以更好地了解影响网络可信度的因素。希望本章所述的我们的这项研究能为对网络可信度问题感兴趣的人提供关键资源。本章通过提供思考网络可信度的方法，分享定量研究的结果，并提供可信度设计的一般原则，为更深层次的理解奠定基础。

| 斯坦福网络可信度研究 |

在过去的四年里，我的斯坦福说服性技术实验室开展了大量关于网络可信度的研究，涉及 6000 多名被试。在做了一些小的实验和调查之后，1999 年秋，我和我的 10 名研究生发起了一项大规模的研究项目，调查网络可信度。

---

① 虽然大多数网站设计师都在试图设计出可信度最高的网站，但更可取的做法是设计出能传达适当可信度的网站——能准确地传达出网站的表现水平、内容质量等的网站。

我们对 1999 年的研究结果很感兴趣，决定在 2002 年再进行一次研究，以了解人们的看法在这几年里发生了怎样的变化。我们计划每两到三年就重复一次这项研究，这样不仅能让我们对单个时间点的网络可信度状况留下一张"快照"，而且能更好地理解网络以及用户对网络可信度的看法是如何随着时间的推移而变化的。

2002 年的研究在内容和方法上几乎与 1999 年的研究完全相同。然而，因为万维网是一个动态的媒介，某些改变对于新的研究而言是必要的。我们在尽量减少前后差异的同时，舍弃了一些看起来已经过时的问题，对几个问题的措辞进行了修改，并添加了一些问题，以探索在网络使用和技术这片热土上存在的一些新问题。1999 年，我们使用了 51 个条目来询问人们对可信度的看法；到了 2002 年，询问条目变成了 55 个。

为每次调查设计问题是一个相当耗时和周密的过程。1999 年，我和我的研究生在回顾了关于网络可信度的少数现有文献，浏览了许多网站并做了笔记以后，确定了 300 多个可能影响用户对某个特定网站的可信度的感知方式的因素。因为这个集合包含了太多的因素，无法在单个研究中进行管理，所以我们通过一个涉及大量讨论的迭代过程，从中选出了一个子集，里面包括了那些我们认为最重要或最有趣的条目。[①]

我们进行了三项试点研究来完善我们的研究方法和调查问题。直到完善了问题和方法之后，我们才在 1999 年发起了第一次大规模的在线调查[②]。

---

① 这个过程是基于我们这个网络可信度研究团队的意见。我们逐个检查了这些因素，并确定所收集的有关该项目的数据是否足够重要或足够有趣。例如，在我们看来，网络广告的影响似乎是一个重要的领域，需要调查和记录。相比之下，gif 格式的动画只是赏心悦目而已，似乎不值得我们花费时间和精力。某些因素之所以被我们排除，是因为调查作为一种研究方法并不是很有助于揭示这些因素。例如，人们对黑色背景的网站有何看法，就是一个因此而被排除的条目。

② 包括调查在内的每种研究方法都有其自身的弱点。调查并不总是能捕捉到人们的真实感受或行为。然而，我们还是选择了调查法，因为它是最有效的收集大量数据的手段，可以通过它来为未来的研究——包括受控的实验室研究，以及带有行为测量的情境性实地研究，奠定基础。

我们设法确保前后两项研究的参与体验是相似的。在读完一篇介绍性的文章后，被试要阅读大约 50 个随机排列的条目，它们描述的是一个网站的组成元素。被试被要求在 –3 到 +3 的范围内为每个元素打分，以显示该元素将如何影响他们对网站信息可信度的感知。我们要求被试利用他们在网络上积累的经验来做出评价。图 7–2 列举了两次研究中均被使用过的一些调查问题。

1999 年，有超过 1400 人参与了这项调查；2002 年的人数也差不多[①]。我们两次都使用了相似的招募方法，而结果对我们来说也挺幸运的：正如表 7–1 所示，两项研究在人口统计数据上是相似的。

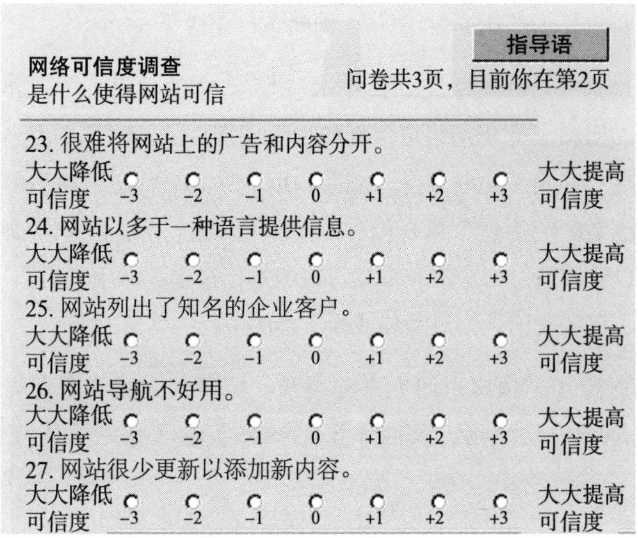
指导语

网络可信度调查
是什么使得网站可信

问卷共3页，目前你在第2页

23. 很难将网站上的广告和内容分开。
大大降低可信度 −3 −2 −1 0 +1 +2 +3 大大提高可信度

24. 网站以多于一种语言提供信息。
大大降低可信度 −3 −2 −1 0 +1 +2 +3 大大提高可信度

25. 网站列出了知名的企业客户。
大大降低可信度 −3 −2 −1 0 +1 +2 +3 大大提高可信度

26. 网站导航不好用。
大大降低可信度 −3 −2 −1 0 +1 +2 +3 大大提高可信度

27. 网站很少更新以添加新内容。
大大降低可信度 −3 −2 −1 0 +1 +2 +3 大大提高可信度

图 7–2　节选自网络可信度在线调查问卷

① 虽然我们的样本很大，但我们不能说这个样本代表了 1999 年时或 2002 年时的所有网民。我们没有找到可靠的方法来获得一个真正随机的网络用户样本。然而，我们在试点研究中发现了相似的结果，而且来自美国和芬兰的被试的调查结果也是类似的，这让我们对我们的结果更有信心。与任何研究一样，读者必须谨慎地解读研究结果，以确定研究结果在多大程度上能够适用于自身的情况。

表 7-1　　　　　　　　　　被试的人口统计数据

	1999 年的研究 (1409 名被试)	2002 年的研究 (1649 名被试)
年龄（平均数）	32.6 岁	35.5 岁
性别分布	44% 为女性，56% 为男性	45% 为女性，55% 为男性
国籍	美国占 41%，芬兰占 55%， 其余合占 4%	美国占 33%，芬兰占 57%， 其余合占 10%
教育水平（中位数）	大学毕业	大学毕业
年收入（中位数）	4 万 ~5 万美元	4 万 ~5 万美元
网龄（中位数）	4~5 年	多于 5 年
每周上网时长（平均数）	每周 13.5 小时	每周 14.4 小时
在线购物平均次数 （中位数）	1~5 次	多于 5 次

简单介绍一下我们的发现

图 7-3 概括了我们两次大型研究的总体结果。这幅图展示了超过 3000 人对 50 多个条目的回应结果。当你审视这幅图时，你将看到每个条目在 1999 年的研究中的总体得分（黑色小方格中的分数）。可能的得分范围为 +3 到 –3，这是由我们在研究中使用的 7 级回应量表所决定的；换句话说，如果在 1999 年对某个条目的平均回应得分是 +1.5，那么图 7-3 就会将该条目标示在一个（由 –3 到 +3 的）连续轴上的 +1.5 的位置。

图 7-3 还显示了在 2002 年的研究中这些数据的变化情况。对于在两次研究中措辞相同的每一个条目，你都能看到一个附有数值的小箭头，箭头旁边的数值表明此条目的平均得分在 2002 年的研究中增加或减少了多少（如图 7-3 底部所示，在 2002 年做了轻微改动或删除的条目分别用"*"或"NA"表示）。如图 7-3 所示，各条目所得平均分中得分最高的是 +2.2，最低的是 –2.1。研究中所有其他可信度条目的得分都落在这两点之间，并沿着连续轴从高到低排列。

在审视这个连续轴的过程中，一个有趣的现象就是：哪些条目排在最前面（即对可信度有最强的提升作用）；哪些条目排在最后面（即对可信度有最强的消减作用）；哪些条目又排在中间（即对可信度没有多少影响）。

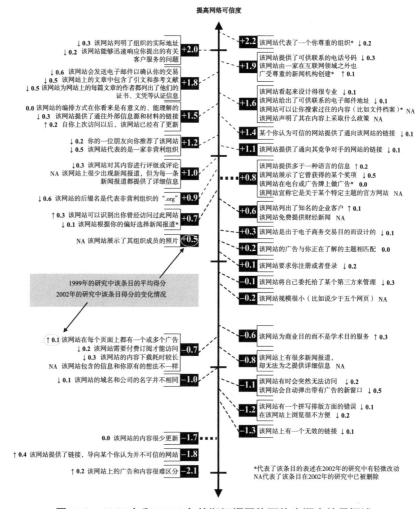

图7-3　1999年和2002年的斯坦福网络可信度调查结果概述

　　值得注意的是，连续轴上的条目得分间隔必须大于等于0.3，才可以认为它们会产生实际意义上的差异（与统计上的意义相比）。以1999年的数据为例，"该网站列明了组织的实际地址"（+2.0）和"该网站提供了可供联系的电话号码"（+1.9）并没有实际意义上的区别。然而，一个明确列出实际地址的网站和一个仅仅只是能够"识别出你曾经访问过此站点"的网站之间，其可信度就存在着实际意义上的差异（+0.7）。[1]

接下来需要注意的是，图 7–3 中的条目使用的是我们在调查中使用的确切措辞。可以肯定的是，人们对每个条目的解读都会有所不同；这是任何调查都不可避免的弱点。这也是我们在 1999 年开始研究之前进行试点测试的原因之一——为了减少歧义，需要剔除不好的问题，并改进其他问题的语句表述（我们在很大程度上取得了成功，这体现在美国受访者和芬兰受访者在每一个条目上的平均得分都非常接近，尽管他们的母语有所不同。如果问题模棱两可，你就会期待看到更多证据以解释差异的存在）。

我和我的研究团队相信这些研究的结果是稳健可靠的，因为试点研究的结果[2]和我们两次大规模研究的结果很相似。尽管它们在方法、样本和

---

[1] 因为我们有如此多的被试，即使是很小的平均值差异（如 1.1 与 1.0）也具有统计学意义。然而，正如我在文中所指出的，统计意义是一回事，而现实意义则是另一回事。在分析数据的实际意义时，我和我的研究团队在统计学和理性思考的指导下，决定将 0.3 作为门槛值。这意味着，在一项给定的研究中，将全年的全部数据集包括在内后，如果任意两个平均值之间的差距超过 0.3 分，那么，这两个条目对感知到的可信度的影响力就确实会有实际差异。在比较 1999 年的研究和 2002 年的研究的条目时，我们选择了更为保守的方法，因为样本虽然接近，但并不完全相同。此外，由于调查发生在不同的历史时期，可能还会有其他因素——比方说关于美国联合慈善总会（United Way）腐败的新闻报道——既会暂时影响人们对慈善团体的看法，也会影响人们对这些团体在网络上的存在的看法。最后，我们选择了更保守的数字 0.4（当使用整个数据集时），以此作为平均值之间想要产生有实际意义的差异所必须具备的最小差值。因此，在本章对数据的讨论中，对于存在于数据集之间的差异，我只是指出了那些差异值达到了 0.4 或以上的情形，并提出了发生这种变化的原因。当然，没有办法证明我的解释是准确的，但我认为你会发现我的评论听上去是合理的。有几个条目我无法解释它们之间的区别。我们已经从各个角度审查了这些条目，但仍然摸不着头脑。但这就是研究通常的进行方式：问题只是尚未得到解答而已——其中的某一些问题可能会在未来的研究中得到解答。

[2] 在试点研究中，我们使用了更多的条目，有时会多达 90 个。此外，我们还招募了不同的样本：在一次试点研究中，样本是人机互动领域的专家；在另一次试点研究中，我们说服了自己的朋友和家人来测试这份调查问卷。试点研究的目的是精炼条目（即找到那些令人困惑的条目，使它们的表述更清晰，将条目总数缩小到一个更容易管理的数字——后来我们决定这个数字大约是 50），并确保网站的后台能够正确地捕获数据。尽管试点研究的设计目的并不是要提供那些我们将要发表的数据，但我们还是对数据做了统计分析，从而看看我们会有什么样的发现。能够强烈影响可信度的那些条目在所有研究中都是大致相同的，尽管样本构成和调查的规模各有不同。

时间上存在差异，但我们看到的是研究结果的趋同，这让我们对我们的发现有了信心。

尽管我们在自己所实施的各种研究中也曾看到过类似的发现，但迄今为止，我们的工作仍然代表了早期对网络可信度要素进行调查的成果。

这并非最终结论。我们的目的是涵盖大量的领域，并在此推广过程中找出新的议题和条目，以便在未来的可信性研究中进行探索。换句话说，图 7–3 和本章其余部分所介绍的结果，只是为讨论、猜测、确认和评论工作提供了一个起点而已。

如果这些研究能够实现以下任何一项结果，我们就认为它们已经取得了成功：

- 反驳了你关于网络可信度的某种先入为主的观念；
- 促使人们就网络可信度展开讨论或争辩；
- 引导你对网络可信度形成新的假设；
- 激励你去调查网络可信度；
- 改变你对网络的看法；
- 改变你设计网站的方式。

本章的其余部分将描述这两次网络可信度研究的结果，并将其与第 6 章中概述的可信度框架相结合。在列出结果之后，我将描述一个新的网络可信度框架，这个框架将网络可信度的影响要素分为三类：网站操作者、内容和设计。

通过使用调查研究的方法，我们对人们在 1999 年时和 2002 年时对于网络可信度的认知有了了解，希望以此评估人们在那些时期对网络可信度有何感受，或许也有助于确定有哪些趋势正在形成。坦白地说，要断定有哪些趋势还为时过早。但是，随着你审视数据并将之与自己的经验相结合，你可以开始形成自己的假设——是什么让网络可信？随着网络以及使用它的人的发展变化，这些可信度要素又会有什么变化？

解读数据

在这一章中，我介绍了 1999 年和 2002 年网络可信度调查结果中得分较高的那一部分。当一项研究中存在着大量的回答时（就像这些调查一样），即使是很小的平均值差异最终也可能具有统计学意义。但这些微小的差异可能还不够大，没有多大的实际意义。因此，我们在解读数据时面临的挑战之一就是，要确定哪些数据既具有统计学意义，也具有实际意义。而这些也就是我将在本章中加以强调的条目。

|网络的诚信度和专业度|

网络可信度，就像第 6 章中概述的可信度的一般概念那样，由两个维度组成：诚信度和专业度（见图 7-4）。当一个网站同时传达出这两种品质时，人们就会觉得它可信。当它缺乏这两种品质的其中之一时，其可信度就会受损。从本质上说，当人们认为一个网站是公正的（或其偏见符合用户的世界观）以及知识丰富的——这是诚信度和专业度背后的因素——他们也会认为它是可信的。这和第 6 章所介绍的通用准则是一样的。

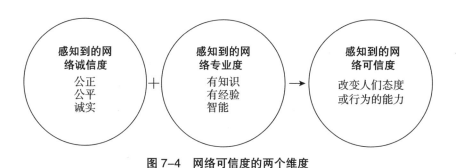

图 7-4　网络可信度的两个维度

诚信度和网络可信度

人们在评估网络的可信度时，会依赖于他们对该网站诚信度的感知。表 7-2 显示了斯坦福研究报告中与诚信度有关的、据报告对于提高可信度最有帮助的那些因素。如表 7-2 所示，允许人们联系网站源头的那些因素会增强人们对网站可信度的感知。联系的方式越直接，效果就越好。把一个组织的实际地址列出来能极大地提高其可信度。列出电话号码也有很大的助益。这两个元素的排名明显高于列出电子邮件地址。[①] 这是为什么呢？研究数据并没有为此提供一个确切的答案，但似乎实际地址和电话号码这些因素可以更清楚地表明网站背后是真实的人——可以联系他们，向他们提出问题，进行评论或投诉。一个开放自己、允许网络用户直接与其联系的网站，展示了它对自身所提供的信息和服务的公平、公正和诚实性具有信心。

> **真实世界感原理**
>
> 网站如果能突出它所提供的内容和服务背后的人或组织，那么它的可信度就会更高。

表 7-2 还说明了，如果网站允许人们验证其所提供的信息，该网站的可信度就会提高。验证方法包括文章附有的引文和参考文献，以及指向外部信息来源的链接。提供一种可以从外部核实的方法也展示了网站所有者对网站的信心，因为人们可以通过检查参考资料或点击查看其他来源的说法等方式，轻易地确定该网站的信息是否含有偏见。

> **易验证性原理**
>
> 网站如果让用户很容易就能检查外部信息源，以验证网站内容的准确性，那么它的可信度就会提高。

表 7-2　　　　　有助于提高网络可信度的诚信度元素

	1999 年	2002 年
该网站列明了组织的实际地址	+2.0	+1.7
该网站提供了可供联系的电话号码	+1.9	+1.6
该网站上的文章中包含了引文和参考文献	+1.8	+1.3
该网站给出了可供联系的电子邮件地址	+1.6	+1.5
该网站提供了通往外部信息源和材料的链接	+1.5	+1.2

---

① 正如在前面的脚注中提到的那样，我们之前已经确定下来，任意两个平均值其间隔至少必须达到 0.3，只有这样才能认为这两者对于人们针对网络可信度的看法所产生的影响有显著差异（实际上的差异，而不仅仅是统计学意义上的差异）。

从 1999 年到 2002 年，提高可信度的要素有显著变化

当我们对比 1999 年和 2002 年的研究结果时，就会发现表 7–2 中有三个条目，如果综合起来看的话，可能会具有实际意义。这些条目（加粗字体部分）都与联系方式有关，分别是实际地址、电子邮件地址和电话号码。与 2002 年相比，这些条目在 1999 年对可信度的影响更大。也许在 2002 年的研究中，人们开始认为这些与联络接触有关的元素是理所当然应该有的，所以即使某个网站发布了这些信息，人们也不会像 1999 年那样印象深刻。

表 7–2 中有一个条目的得分在 1999 年到 2002 年间有显著下降，那就是"文章中包含了引文和参考文献"。差异如此巨大的部分原因可能是被试所在的国家不同。1999 年到 2002 年间，芬兰被试在这个项目上的平均得分明显比美国被试下降得多得多（这些细节没有在表格中显示）。需要注意的是，在两项研究中，"文章中包含了引文和参考文献"对于可信度的评估都产生了显著的积极影响。目前还不清楚的是，与美国被试相比，为什么芬兰被试在 1999 年到 2002 年间对引文和参考文献的印象变得不再那么深刻，未来的研究（或者对文化差异的更深层次的探索，这里所说的文化也包括网络文化）可能会提供一个更清晰的答案。

表 7–2 显示了与诚信度相关的元素，这些元素都有助于提高网络的可信度。我们的研究还发现了一些与诚信度相关的因素，它们会反过来降低人们对网络可信度的看法。这些元素都列在表 7–3 中。

表 7–3 降低网络可信度的诚信度元素

	1999 年	2002 年
该网站上的广告和内容很难区分	–2.1	–1.9
该网站提供了链接，导向某个你认为并不可信的网站	–1.8	–1.4
该网站会自动弹出带有广告的新窗口	–1.1	–1.6
该网站的域名和公司的名字并不相同	–1.0	–1.1

如表 7–3 所示，当网站上的广告和内容难以区分时，可信度受到的影响最大。这一点给人们对此网站的诚信度的感知带来了负面影响，可能是

因为人们觉得这个网站的设计就是为了骗他们去点击广告，或者至少让他们将广告视作网站所提供的部分信息。人们都知道广告是容易产生偏见的。当广告和内容两者之间没有明显的区别时，人们可能会认为整个网站都充斥着偏见。

表7–3也说明了人们会根据网站上有哪些公司而对这些网站做出判断。当一个网站链接到另一个被认为缺乏可信度的网站时，它自身的可信度就会受到影响，因为这个链接可能意味着某种认可和背书。

下一个影响可信度的因素与广告有关。我们的研究发现，在新的浏览器窗口中弹出的广告会损害该网站的可信度。这是有道理的，因为人们通常是怀着某种目的来访问网站的，他们自然希望网站能帮助他们实现这些目的。弹出式广告会分散用户的注意力，这也清楚地表明了网站的设计目的并非要尽可能地帮助用户。弹出式广告会让人们产生自己被利用了的感觉，甚至可能有被背叛的感觉（这并不是说所有的广告都会损害网站的可信度。在某些情况下，它们反而会提高可信度。前提是广告与网站的内容相匹配，并且来源可靠，那么此时广告就能反过来提高可信度[①]）。

最后一个影响可信度的因素是使用与公司名称不匹配的域名。去年，我在网上预定了圣克鲁斯（Santa Cruz）附近的日落州立海滩（Sunset State Beach）露营地。这是一个我以前很喜欢的公园——由纳税人的钱支持，由营地管理员经营。当我发现处理州立海滩预订的网站叫ReserveAmerica.com[②]，而不是公园本身的网站或政府机构网站（后缀名".gov"）时，我有些困惑。这让我怀疑我是否真的在和合适的对象打交道，也让我担心我得到的关于哪些营地是空闲可用的以及其报价的信息是否准确。

[①] 1999年，我指导的一篇斯坦福大学的荣誉毕业论文表明，与我们的预期相反，网站上的广告提高了网站的可信度。我们事前并没料想到这样的结果。但是在重新检查数据和网站之后，我们意识到：那些来自有信誉的公司的横幅广告——在这篇论文中，所谓"有信誉的公司"包括雅虎和维萨（Visa）信用卡国际组织——可以赋予网站可信度，给用户留下这样的印象：如果Visa对这个网站如此在意，以至于要在它这里做广告，那么这家网站想必是可信的。这篇论文的信息如下：N. Kim, *World Wide Web Credibility: What Effect Do Advertisements and Typos Have on the Perceived Credibility of Web Page Information?* Senior honors thesis, Stanford University (1999).

[②] 一家企业，其网站名字可译为"美国订票网"。——译者注

对于公司来说，同样的概念也适用。如果你想从一家名为"冲浪骑士国际"（Wave Rider International）的公司寻找关于海洋皮划艇的信息，你可能会奇怪，为什么它没有一个与公司名称类似的网址——其网站域名竟然是 PaddleAwayNow.com[①]。你不禁会感到疑虑：这家公司是被收购了吗？还是说它要倒闭了？

在我们的研究中，被试很可能从一家没有以自己名字为域名的公司那里嗅到一些可疑之处。对此也许还有其他的解释。但有一件事似乎很清楚：为了保持可信度，公司应该使用与其公司名称尽可能匹配的域名。当人们能够识别网站运营商是哪些人，他们有着什么样的价值观和动机时，网站的可信度就会提高。[②]隐藏身份或动机会让人心生警惕。

从 1999 年到 2002 年，降低可信度的要素发生了显著变化

在表 7–3 所列的条目中，有一些在 1999 年与 2002 年前后两次的研究中表现出了显著的差异（加粗字体部分）。最显著的变化是，弹出式广告在人们对网站的可信度感知上造成的损害越来越大。情况很可能是，随着这类广告越来越普遍，人们对它们也越来越反感，因为他们目睹了网站运营商允许这些弹出式广告出现在网站上，而对最初是什么原因吸引了人们访问网站漠不关心。弹出式广告是一种干扰，数据表明，它们在 2002 年对可信度造成的损害比 1999 年要大得多。

这几年内另一个得分有了显著区别的条目是"该网站提供了链接，导向某个你认为并不可信的网站"。有一些前后调查结果的变化我们还没有找到令人满意的解释，这一项也是其中之一。我猜也许是因为人们开始更多地根据某个特定网站有什么优点来判断该网站的可信度，而不是这个网站上面列出了哪些公司。尽管前后两次研究的得分有所变化，但这个条目总体上给设计师的信息是一致的：创建一个高度可信的网站，不要链接到不可信的网站。

---

① 此域名意为"现在就划桨出海"。——译者注
② 让网站的动机和政策透明化是消费者联盟（Consumers Union）开展的消费者网络观察项目（consumer webwatch project）的主要关注点，我是该项目的顾问。

专业度和网络可信度

诚信度只是网络可信度公式中的一部分。在斯坦福网络可信度研究中，在最有助于提升网络可信度的因素中，约有一半是与专业度有关的，其中也包括了高效可靠地运行一个网站所需的专业知识，如表 7–4 所示。

表 7–4　　　　　　　有助于提高网络可信度的专业度元素

	1999 年	2002 年
该网站能够迅速响应你提出的有关客户服务的问题	+2.2	+1.8
该网站会发送电子邮件以确认你的交易	+1.8	+1.2
该网站为网站上每篇文章的作者都列出了他们的证书、文凭等认证信息	+1.8	+1.3
该网站可以让你搜索过往的内容（比如文件档案）	+1.6	已被删除
该网站看起来设计得很专业	+1.6	+1.5
自你上次访问以后，该网站已经有了更新	+1.5	+1.7

专业度中最重要的两个要素是回应客户服务方面的问题和通过电子邮件确认交易，它们意味着网站的技术功能能够正常运转；或许更重要的是，它们意味着网站运营者在响应客户方面是专家。列出每一篇文章的作者的证书、文凭等认证信息，则是专业度体现在知识上的另一种方式。虽然网站并不总是这样做，但是"列出凭证信息"的这一个简单行为就可以大大提高可信度。[1]

技术和设计方面的专业知识也能成为提高网站可信度的重要因素。网站拥有搜索功能，这表明网站运营者熟练掌握了网页设计的技术元素。这种对于技术专长的展示有可能会产生光环效应，使整个网站看起来都变得更为可信。

> **期望实现原理**
> 当网站满足用户的正面期望时，它的可信度就会提高。

网站的视觉设计同样重要，如专业的外观设计可以提高对于网站可信度的感知。最后，网站的内容得到了更新，这表明网站运营者有能力做

---

[1] 几乎所有评估网络信息可信度的指导方针都主张检查作者的资质。然而，除了我所主持的实验室研究之外，我找不到其他任何定量证据表明列出证书可以提高可信度。也许其他研究人员已经认为这个问题太过显而易见，不值得对此再进行对照研究。

好许多为网站内容更新而必须做到的事情——这会是其专家身份的另一个标志。

截至 2002 年，增加可信度的要素并没有发生显著变化

表 7–4 显示，1999 年到 2002 年间有三个条目（以加粗字体显示）其平均得分出现了显著的、有实际意义的差异。[①] 前两个条目——快速响应客户服务和发送电子邮件确认交易——似乎是密切相关的。尽管这些特质在 2002 年仍能显著提高人们对可信度的看法，但它们的影响已经不如 1999 年时那么大。似乎有理由推测，到 2002 年时，已经有多得多的网站经营者知道应该如何运行一个高效的、能够及时响应用户的网站。用户在网上购买产品和服务时，收到确认邮件变成了一件很常见的甚至是理所当然的事情。此外，到了 2002 年，人们对那些迅速回答用户问题的公司留下的印象可能已经不那么深刻了，因为这也已成为一种标准期望。另外，虽然这几年间其对可信度的影响权重有了轻微下降，但还是必须强调，提供响应性服务是提高网站可信度的最佳途径之一。

在表 7–4 中，最后一项在这几年内出现了显著差异的条目与人们如何看待那些列出作者认证信息的网站有关。与之前的情况相同，1999 年到 2002 年间，芬兰被试的得分下降幅度也比美国被试的得分下降幅度要大得多（这些发现细节没有在表格中显示）。美国和芬兰在这两个条目上的得分的重大差异表明，有机会时应该进一步研究两国之间的文化差异。

网站也有可能会因为显得缺乏专业度，进而导致人们怀疑网站的可信度。表 7–5 列出了斯坦福可信度研究中的四个条目，这些条目与专业度缺失导致可信度下降有关。根据我们的研究，人们认为内容过时的网站缺乏可信度。确保一个网站有最新的信息需要运营者尽心尽力，也要求他们具备专业技能。那些不对网站内容进行更新的信息源很有可能会被认为对网站的运营不认真或者是疏忽大意，而这两种情况都会损害人们对专家身份的认知。

[①] 在 2002 年的研究中，我们舍弃了关于搜索文件档案的条目，因为这个功能在网络上似乎不再重要。取而代之的是"该网站可以让你搜索过往的内容"（2002 年时这一条目的平均得分是 +1.6）。

表 7–5   降低网络可信度的专业度元素

	1999 年	2002 年
该网站的内容很少更新	–1.7	–1.7
该网站上有一个无效的链接	–1.3	–1.4
该网站有一个拼写排版方面的错误	–1.2	–1.3
该网站有时会突然无法访问	–1.1	–1.3

有些形式的网站内容比起其他形式来说，对时效性更为敏感。在我的实验室目前正进行的一个在线实验中，我们正在调查不同类型的网络内容对于时效的敏感性。在计划去菲律宾度假时（我们研究中所设定的任务），我们假设：如果一个网站的旅游建议是 1997 年发布的，而不是五天前发布的，那么这个网站就会失去可信度。与之形成对比的是，我们猜测：来自 1997 年的关于菲律宾美食的信息对网站可信度只有较小的影响。

即使只是网站上的小问题也会对用户关于网站专业度的看法产生重大影响，从而影响网站的可信度。我们研究的被试报告说，当链接无效或网站有拼写或排版错误时，网站的可信度就会下降很多。[1]

技术上的困难也会影响网站的可信度。人们希望网络是全天候可用的，但也可以接受某些例外情况，比如有计划的且提前宣布的维护时段。当一个网站宕机时（就像过去几年中一些著名的网站发生过的那样），人们就会认为这是一个有关可信度的问题，即使这可能与网站运营者本身并无关系。[2]

---

[1] 1999 年，我指导了一篇研究网络可信度的斯坦福大学荣誉毕业论文。这项受控的实验室研究结果同样表明，简单的拼写或排版错误对网络可信度有明显的负面影响。出错的信息越重要（如生命攸关的信息），其负面影响就越强。这篇论文的信息如下：N. Kim, *World Wide Web Credibility: What Effect Do Advertisements and Typos Have on the Perceived Credibility of Web Page Information?* Senior honors thesis, Stanford University (1999)。

[2] 近年来，黑客已经摧毁了如雅虎、《纽约时报》和 eBay 等巨头的网站。就损失的美元和损失的可信度而言，其代价有可能极为高昂。例如，1999 年 eBay 宕机 22 小时，不仅让公司以给予用户授信的方式损失了 390 万美元，其股价也应声下跌了 9%。媒体报道还称，宕机事件也让 eBay 在用户中的信誉受损。

截至 2002 年，降低可信度的要素并没有发生显著变化

从 1999 年到 2002 年，表 7–5 中没有哪个条目发生了具有实际意义的显著差异。原因是什么呢？也许是因为自 1999 年以来，这些条目一直都是人们对于网站的底线期望，而截至 2002 年，这些底线期望并没有改变。当网站没有更新，或某个链接不起作用等情况发生时，人们仍然认为该网站的可信度较低。

总之，这些研究结果表明，当涉及网络可信度时，专业知识是很重要的。展示专业知识可以在可信度上赢得分数，而缺乏专业知识则会产生相反的效果。

|网络可信度的四种类型|

第 6 章描述的四种计算机可信度——假定的、名声的、表面的和挣得的——也适用于用户在网络上的体验。表 7–6 审视了每种类型的可信度，并为每种类型列出了一个与网络相关的例子。

表 7–6　　　　　　　　　四种类型的网络可信度

	假定可信度	名声可信度	表面可信度	挣得可信度
可信度类型	基于用户头脑中通常的假设	基于第三方的背书、报道或推荐	基于简单的检查和第一印象	基于长时间的亲身体验
网络方面的例子	一个以 ".org" 为后缀名的域名[①]	一个被《个人电脑杂志》（*PC Magazine*）授予了奖项的网站	一个看起来设计得很专业的网站	一个在过去多年中持续提供准确信息的网站

网络的假定可信度

假定可信度是指一个人基于一般性的假设而相信某件事的程度。这些假设可以帮助人们评估网络的可信度，而这样的评估可能有对有错。[①]

---

① 表示此网站属于非营利组织。——译者注

斯坦福网络可信度研究中的许多元素都与假定可信度有关。提高假定可信度的四个关键因素见表7-7（在我们的研究中，还没有任何条目可以把假定可信度拉低到具有实际意义的显著程度）。首先，研究结果表明，如果网站"代表一个非营利组织"，或者拥有一个以".org"为后缀名的网址——很多人都把这样的后缀名和非营利组织联系在一起——人们就会认为该网站具有更高的可信度。[①]

表 7-7　　　　　　　　提升网络上的假定可信度的关键因素

	1999 年	2002 年
该网站代表的是一家非营利组织	+1.2	+0.7
该网站的后缀名是代表非营利组织的".org"	+0.9	+0.3
该网站提供了通向其竞争对手的网站的链接	+1.1	+1.0
该网站宣称它是关于某个特定主题的官方网站	+0.8	已删除

许多人认为，因为非营利组织不寻求商业利益，它们更有可能是值得信赖的。这个假设并非总是基于事实，但当涉及对网络可信度的认知时，它确实会产生一定的影响。

为什么1999年和2002年这两个要素的得分有显著差异？显然，2002年，非营利组织在网络上已经失去了一些光环。原因可能是人们已经意识到大多数人都可以建立一个看上去是非营利组织的网站。随着人们对网络的使用经验的增加，他们也产生了一种健康的怀疑态度——明白了事情并不总是表面上看起来的那样，即使是非营利组织也是如此（尽管得分有所下降，但值得注意的是，非营利组织网站和以".org"为后缀名的网站在可信度评价方面仍然能带来正面的影响）。

另一个关键发现是：如果一个网站提供了能链接到其竞争对手网站的链接，那么这个网站就更为可信。这一发现背后的可能假设是，那些向用户提供所有事实（其中也包括那些不受它们控制的事实）的公司，是高度诚实的。通过帮助人们获取信息——即使是那些可能不符合信息源自身最大利益的信息——信息源就会被认为是非常值得信任的。

---

① 并非一定是非营利组织才能注册以".org"为后缀名的域名。其实任何人都可以购买这些域名，但许多人并不知道这一点。

最后一个有助于假定可信度的关键因素是网站"宣称它自己是关于某个特定主题的官方网站"。[①] 这里的假设是：在某一特定主题上，官方网站比非官方网站有更多的专业知识。官方网站也可能被认为是更值得信赖的，因为如果它们不公平或不诚实，它们将失去自身的官方地位（当然，网络用户仍然需要确定那些宣称自己是"官方"网站的网站说的是否就是真话）。

网络的名声可信度

人们对网络可信度的感知通常集中在名声可信度上。可信度的这种形式乃是基于第三方的背书或推荐。在网络上，名声可信度可以表现为奖项、资质认证、链接、朋友的背书等多种形式。表 7–8 列出了影响名声可信度的关键因素（类似于假定可信度那样，我们的研究中没有任何一个条目能够将名声可信度的分值拉低到具有显著的实际意义的程度）。

表 7–8　　　　　　　提升网络的名声可信度的关键因素

	1999 年	2002 年
该网站展示了它曾获得的某个奖项	+0.8	+0.3
某个你认为可信的网站提供了通向该网站的链接	+1.4	+1.3
你的一位朋友向你推荐了该网站	+1.2	+1.0

奖项

网络以颁发奖项的形式催生了许多背书（见图 7–5）。有些网站在显著的位置列出了它们所获得的各种奖项，比如说"当日最优网站""顶级站点""教师认可"等。展示奖项是提高名声可信度的好策略。我们的研究结果表明，它们是增强人们对网络可信度认知的一项关键因素，但效果可能没有我们原来预期的那么显著。这可能是因为在我们的样本中，人们已经具备了足够的经验，知道网上的某些奖项是没有意义的。当你细看从 1999 年到 2002 年的变化时，这种解释似乎尤为正确。2002 年，被试报告说，获得奖项对网站可信度的提升作用即使还有，也微乎其微。未来的一些研究将进一步证明这种下降是一种短暂的结果，还是一种更持久的趋势。

[①] 在 2002 年的调查中，我们删掉了这一条目，因为我们觉得它只适用于数目较少的网站。

图7-5　网络颁发的一些奖项

注：即使有些人认为网络奖项可能"毫无意义"，但在网站上展示所获奖项仍然可以提高其可信度。

资质认证

资质认证（见图7-6）与奖项类似。少数几家公司已经致力于想要驯服目前缺乏法度的万维网，或者至少为用户提供某种程度的安全感。网络监管的缺失为第三方的背书创造了市场。类似于美国保险商实验所①（UL Lab）认证或好家政②（Good House-keeping）的资质认可，与网络相关的认可同样也是可以传达可信度的。

图7-6　多家组织利用了用户在网络上寻求第三方背书这一商机

以 TRUSTe 为例，这是一个非营利性的消费者权益保护组织。TRUSTe 的注册商标直指可信度的核心——构建一个你可以信任的网络。VeriSign 公司宣称自己是"网络的信任标志"，它们也致力于给那些进行线上交易的人提供一种安全感。在健康领域，网上健康基金会（Health on the Net Foundation）为健康网站创建了一套指导方针。那些展示"鸿码"（HON，即"health on net"的首字母缩写）标志的网站应遵循该基金会的政策。

---

① UL Lab 是美国最有权威的、也是世界上从事安全试验和鉴定的较大的民间机构。——译者注
② 好家政是美国一家对家政服务企业和人员进行资格认证的、比较权威的民间机构。——译者注

像 TRUSTe、VeriSign 和网上健康基金会这样的组织已经发现了它们可以填补的一块空白地带。《消费者报告》（*Consumer Reports*）目前正通过其旗下的消费者网络观察项目（Consumer Webwatch Project）进军这一领域，我本人在这个项目中担任顾问。网站运营者寻求这些第三方的背书，而网站用户则依赖这些第三方认可来确定网站的可信度。

来源可靠的链接

从其他网站到某个给定网站的链接也可以传达可信度。我们的研究结果证实了这些链接的影响。研究表明，如果"某个你认为可信的网站提供了通向该网站的链接"，那这个被链接的网站在可信度上会得到很大的提升。这种效果是直观的：如果你正在运营一家关于健康信息的网站，只需一条来自著名网站如梅奥诊所（Mayo Clinic）的链接，就可以极大地提高你网站的可信度。通过它们网站上的链接，你得到了一个著名组织默认的支持和认可。

口碑推荐

最后，我们的研究数据显示，经典的口碑推荐策略也能提高人们对网络可信度的认知。一位朋友推荐给你的网站会被认为更可信。这一点也不奇怪。因为通常来说，你会认为你的朋友是值得信赖的，会为你的最大利益着想。

口碑推荐并非新鲜事物，但它可以在网上以新的形式出现。有些网站可以让你轻松地向朋友发送一篇文章。其他网站，如社区网站 Yahoo Groups，要求你在邀请朋友加入你的虚拟群组时为他编写个人信息。这些都是推荐，可以提高网站的可信度。

网络还提供了其他类型的名声可信度，比如，某专家为某个网站背书，某杂志对某个网站的功能或内容进行了正面评价，还有搜索引擎将该网站放在搜索匹配结果列表的靠前位置。虽然这些并非我们研究中所涉及的条目，但这些都有可能对网站的可信度认知产生影响。

网络的表面可信度

假定可信度和名声可信度都可以在人们没有亲身体验网站的情况下存在；然而，其他类型的可信度——表面可信度和挣得可信度——则需要直接的经验。在这两者中，表面可信度最为常见，而挣得可信度则最为可靠。

通常，人们使用网络的方式并没有给挣得可信度留下成长的空间。人们四处浏览，从一个页面跳到另一个页面，从一个网站跳到另一个网站，通过浏览网站来快速评估网站的可信度。对于偶尔上网冲浪的人来说，表面可信度最重要，而挣得可信度则无关紧要，因为人们不会深入地处理信息，也不会长时间与网站互动。

设计很重要

有哪些元素传达出了一个网站的表面体验，这又会如何影响到对可信性的感知？表 7-9 和表 7-10 显示了这些关键元素。

表 7-9　　　　　提升网络的表面可信度的关键因素

	1999 年	2002 年
该网站看起来设计得很专业	+1.6	+1.5
自你上次访问以后，该网站已经有了更新	+1.5	+1.7

表 7-10　　　　　降低网络的表面可信度的关键因素

	1999 年	2002 年
该网站上的广告和内容很难区分	-2.1	-1.9
该网站会自动弹出带有广告的新窗口	-1.1	-1.6
该网站的内容下载耗时较长	-0.7	-1.0
该网站需要付费订阅才能访问	-0.7	-0.9
该网站在每个页面上都有一个或多个广告	-0.7	-0.6

表面可信度的一个关键因素是视觉设计。人们可以快速感受到站点的设计——颜色、布局、图像和其他设计元素。斯坦福网络可信度研究表明，网站设计对网站表面可信度的评估非常重要。看起来"设计专业"的网站

可以大大提高可信度。显然，人们会利用这些有限的印象来初步评估一个网站的可信度。

在评估可信度时，网上冲浪者还会考虑一个网站是否容易访问。那些"内容下载耗时较长"的网站的可信度会蒙受损失。此外，根据我们研究的数据，那些"需要付费订阅才能访问"的网站也会失去一些可信度。[①]

广告是另一个影响表面可信度感知的因素。上网冲浪的人可能不会详细阅读网站的内容，但他们可能会对网站上的广告有所了解。正如前面提到的那样，一个网站会因为"难以将广告与内容区分开来"或"自动弹出带有广告的新窗口"而在可信度上受到重创。我们之前已经说过，弹出式广告到了 2002 年时更为常见，因此也更令人讨厌。只需要快速浏览一眼，就能对某个页面上的广告密度有所感知，因此这就成了一个影响表面可信度的问题。我们研究中的被试报告说，"每个页面上都有一个或多个广告"的网站会失去可信度。

提高表面可信度

因为人们不能在短时间内吸收网站的所有元素，所以网页设计师必须强调那些最能提升表面可信度的元素。具体要强调哪些元素取决于网站的目的。举例来说，如果某个网站是报道新闻的，那么重要的就是要迅速向用户显示出该网站上的信息是最新的。我们的研究表明，当网站"自你上次访问以后已经有了更新"时，网站的可信度就会提高。为了提高表面可信度，一家新闻网站可以公布其新闻的更新频率。

再举一个例子：如果某个网站与健康有关，那么说出信息源就很重要。在最近一项要求人们比较健康网站可信度的试点研究中，我主持的斯坦福实验室内的研究人员发现，被试对 InteliHealth.com 的反应相当积极（见图 7–7）。在阅读他们的评论时，我们发现有一个因素使该网站看起来非常可信——它使用了哈佛医学院的名字。InteliHealth.com 的每一个网页的左上角都有一个醒目的蓝色椭圆形标志，其中写着"主要来自哈佛医学院的消

---

① 1999 年，这一发现让我们大吃一惊。我们原以为人们对付费网站会有更高的评价。也有可能被试只是对所有需要他们掏腰包的想法反应消极而已。

费者健康信息"，还附有一个哈佛医学院徽章的图像。这是一个很好的例子，网站设计者将可以提高可信度的元素呈现到了网站的显著位置。该网站的设计者没有选择将其与哈佛医学院的附属关系放在脚注中，或者放在"关于我们"的页面中；而是将其大张旗鼓地张贴在每个页面上。虽然这条信息占用了宝贵的屏幕空间，却成就了一件对于健康网站来说很重要的事情，那就是明确地树立起自身的可信度。

图 7-7　通过突出哈佛医学院的名字，InteliHealth.com 赢得了表面可信度

为表面可信度进行设计，是一个需要把握好平衡的行为。一方面，网站必须快速满足用户对信息或服务的需求——或者至少要快速地承诺自己将会满足这些需求。网站主页的一部分必须致力于此。另一方面，网站又必须使用其主页传达自身的表面可信度，比如展示组织总部大楼的照片，列出与网站相关的客户、合作伙伴或专家，或者包括其他可以立即传达出专业度或诚信度的内容。这两个要求都必须在一个浏览器窗口的有限空间内得到满足。

网络的挣得可信度

最后一种网络可信度代表了金牌标准，那就是挣得可信度。在网络上尤其如此，因为人们通常会从一个网站快速转到另一个网站，所以挣得可信度就成了最难获得的一种可信度类型，但它也是最有可能导致态度和行为改变的类型。这表明其他三种类型的网络可信度之所以有用，主要是为了让网站最终能获取挣得可信度。当挣得可信度高时，人们可能会在该网站上花费更多的时间，更频繁地访问它，重复购买（如果这是一个电子商务网站的话），向他人推荐，并对网站使用的说服技巧持开放态度。挣得可信度其实就是要在

> 挣得可信度是最难以获得的，但也是最容易改变态度或行为的。

网络用户和网站或其运营者之间建立一种持续的关系。根据我们的研究，稳固的、持续的网络关系建立在网站的三个关键属性之上，分别是：交互要简单容易、网站信息要个性化、服务响应性要好（见表 7-11 和表 7-12）。

表 7-11　　　　　提升网络的挣得可信度的关键因素

	1999 年	2002 年
该网站能够迅速响应你提出的有关客户服务的问题	+2.0	+1.8
该网站会发送电子邮件以确认你的交易	+1.8	+1.8
该网站的编排方式在你看来是有意义、能理解的	+1.5	+1.5
该网站可以识别出你曾经访问过此网站	+0.7	+0.4
该网站根据你的偏好选择新闻报道	+0.7	+0.6
该网站的广告与你正在了解的主题相匹配	+0.2	+0.2

表 7-12　　　　　降低网络的挣得可信度的关键因素

	1999 年	2002 年
在该网站上浏览很不方便	-1.2	-1.4

交互要简单

挣得可信度来自简单容易的网络交互。我们的调查结果表明，当"网站的编排方式在你看来是有意义、能理解的"时，该网站的可信度就会提高。另一个极端是，当在一个网站上浏览很不方便时，它就失去了可信度。

> **易用性原理**
> 网站会因容易使用而赢得可信度。

讨人喜欢是获得可信度的基石。一个人如果喜欢某个人，也会倾向于认为这个人是可信的。[①]同样的道理也适用于人机关系。[②]如果一个人发现某个网站使用起来简单轻松，那此人可能会认为这个网站也是可信的。

信息要定制

在研究中，我们发现：网站如果能够提供个性化的信息，就会被认为是更可信的。具体而言，这种个性化主要体现为网站能够"识别出你曾经访问过此网站"，并"根据你的偏好选择新闻报道"。即使是网络上的广告，只要它们能够针对个人的情况，也能成为小小的加分项；研究数据表明，当"广告与你正在了解的主题相匹配"时，网站的可信度就会提高。

> **个性化原理**
> 提供个性化内容和服务的网站的可信度会提升。

个性化似乎可以通过两种方式提高可信度。首先，当一个网站有能力定制内容时，人们会认为这个网站更聪明，从而提高对该网站专业度的认知。其次，定制化的体验可以让人们认为网站了解他们的偏好，且正在努力帮助他们实现目标。除非信息剪裁做得很差（比如，网站想显示出对你的了解程度，结果反而激发了你对个人隐私泄露的担忧），否则用户很可能会认为这个网站以及网站背后的人是值得信赖的。举例来说，使用 my.yahoo.com 或 myschwab.com 等网站的人可能会将这些网站的个性化版本视作更值得信赖的对象。[③]

问题要响应

最后，当人们发现网站能够及时响应他们时，网站也可以获得可信度。

[①] 欲就喜欢和可信度之间的关联了解更多，请参考：Charles Self, Credibility, in M. Salwen and D. Stacks (eds.), *An Integrated Approach to Communication Theory and Research* (Mahway, NJ: Erlbaum, 1996)。

[②] 我在我的博士毕业论文中探讨了招人喜欢的特性和说服之间的关系，请参考：*Charismatic Computers: Creating More Likable and Persuasive Interactive Technologies by Leveraging Principles from Social Psychology*, Stanford University (1997)。

[③] 雅虎（Yahoo）在本书写作时是美国首选的门户网站之一，而嘉信理财或称施瓦布证券（Schwab）是美国知名的金融机构，且以个人资产管理和财富管理业务著称。my.yahoo.com 和 myschwab.com 分别是这两家公司通过自己的网站提供给其个人用户的个人主页服务。——译者注

我们的研究表明，"能够迅速响应你提出的有关客户服务的问题"的网站，其可信度将会显著提高。如果网站能够"发送电子邮件以确认你的交易"，被试也会认为它更可信。这可能是因为两次研究期间（也就是 1999 年到 2002 年），人们更能接受在线交易，而变得不再那么需要电子邮件的确认——或者换个说法，人们更多地将电子邮件确认看成理所当然的事情。

> **响应性原理**
> 对用户的响应越快，人们就会认为网站的可信度越高。

对于那些力图创建有说服力的网站的人来说，挣得可信度应该成为他们的一个关键目标。要想实现这一目标，研究数据强调了在设计网站时需要考虑的一些具体事项：使网站易于使用、个性化和快速响应。这三个因素可能比任何其他因素都更能提高人们对可信度的认知。

|网络可信度框架|

网络到底是什么？它是一个信息系统吗？一个社区聚会的地方？一个获取和使用软件应用程序的空间？一个巨大的购物中心？还是一个新一代的广播媒体？答案似乎会随着时间的推移而改变。这种动态性使得对网络进行严格的研究变得非常困难，因为今天存在的东西到明天可能就不存在了——或者可能就不相关了。当你规划、执行和记录一项周密的研究时，网络这片游戏场可能会发生变化，使你的研究成为历史遗迹，而不是推动进步的有用探索。

为了促进研究和对网络可信度的深入理解，我创建了一个框架，概述了网站变量的类别。这个"网络可信度框架"（如表 7–13 所示）用三种类别的变量来描述一个网站，分别是网站的运营者、网站的内容和网站的设计。这样的类别有助于将许多与网络可信度有关的问题分门别类。例如，如果你是一名设计师，你会发现只有某些问题在你的控制之下，而其他一些问题（如内容），可能就不在你的控制之下了。

该框架的主要目的是提供一种有序的方式来思考网站的许多元素，这反过来又提供了一种系统的方式，供我们思考如何研究或如何设计网络可信度。当我的斯坦福团队开始研究网络可信度时，我们使用了这个框架来确保我们涵盖了各种各样的元素，因为我们的目标是为研究和设计工作打下基础。

表 7-13　　　　　　　　　　网络可信度框架

类别	子类别	提高可信度的元素（例子）
运营者 提供网站的 组织或个人	组织或个人	• 运营者是一个受人尊敬的组织 • 运营者是一个非营利组织 • 网站展示了该组织成员的照片 • 网站公开宣示了有关内容贡献或其他与网站使用有关的问题的适当规则
内容 网站为用户 提供的信息 和功能	信息 对用户有意义的文字、图像和声音（例如产品评论、期刊文章、天气预报图表等） 功能 网站可以为用户做的事情（例如，旅行预订、将文件从英语翻译为西班牙语、计算抵押贷款等）	• 内容定期更新 • 以一种以上的语言提供信息 • 网站为每一篇文章的作者都列出了其证书、文凭等认证信息 • 用户可以搜索过去的内容（比如文件档案） • 页面是为个人用户量身定制的 • 该网站可以链接到外部材料和来源
设计 网站是如何 组合在一起 的——具体 来说，是四 个关键设计 元素的整合： 信息、技术、 审美和交互	信息设计 每个页面的以及贯穿整个网站的信息结构 技术设计 从技术角度来看，网站是如何运作的 审美设计 品味问题：所见、所闻、所感	• 网站是以一种对用户有意义、可理解的方式安排的 • 广告与内容有着明显的区别 • 搜索功能是由谷歌或其他受人尊敬的搜索引擎提供的 • 网站很少宕机 • 所有页面上的各种链接都能正常发挥作用 • 网站看起来设计得很专业 • 人们的照片（内容贡献者或员工的）是高质量的

续前表

类别	子类别	提高可信度的元素（例子）
	交互设计 用户为完成目标而经历各个步骤时，其整体的、每时每刻的体验	• 关于用户应该在每个步骤做什么才能实现他们访问此网站的目标，网站所提供的能够符合用户的期望

网络可信度网格

当网络可信度框架与第 6 章描述的四种可信度（假定可信度、名声可信度、表面可信度和挣得可信度）相结合时，它可以被扩展到另一个层次。我们将这两个角度整合起来并创建了一个网格（如表 7-14 所示），从而捕获到构成网上体验的诸多元素。

网络可信度网格说明了关于网络可信度的研究有很多方面，从公司的品牌感知到网站的技术细节。某些有助于提升网站可信度的因素是由网站设计者直接控制的；其他的一些则不然。因此，要想提高公司网站的可信度，就需要该组织中的许多部门通力合作。

表 7-14　　　　网络可信度网格

	假定可信度	名声可信度	表面可信度	挣得可信度
	基于用户头脑中的一般假设	基于第三方的背书、报道或推荐	基于简单的检查和第一印象	基于长时间的亲身体验
例子				
网站运营者 组织或个人	网站由一家非营利组织运营	在此网站上发表文章的人是公认的专家	用户在网络空间之外对该网站运营者的品牌也非常熟悉	对于网站用户的提问，运营者总是能快速给出解答
网站内容 ● 信息 ● 功能	网站上面有声誉卓著的公司投放的广告	内容得到了一家受人敬重的外部机构（例如网上健康基金会）的背书	网站看上去有大量的相关信息	网站的内容一直以来都是准确和公正的

续前表

	例子			
网站设计 ● 信息 ● 技术 ● 审美 ● 交互	网站在首页就提供了搜索功能	网站因其技术成就而获得了奖项	网站拥有令人赏心悦目的视觉设计	在网站上浏览非常方便

　　设计师可以使用这个网格来识别出他们能够控制的单元，然后专注于通过设计来提高这些区域的可信度，例如使网站易于浏览。市场营销和法务部门可以利用该网格来确保内容的可信度。公关人员可能会专注于提高对公司整体品牌的认知。执行或客户服务人员可以集中精力通过提供快速响应来提升挣得可信度。这个网格为整个组织提供了一种方法，便于组织更好地理解其各部分必须如何协同工作，以创建和维护可信的网络站点。

|网络可信度研究与设计的前景|

　　由于学术界和业界对网络可信度缺乏深刻的认识，在研究和设计方面还有许多探索工作有待开展，许多观点、洞察有待涌现。就像对说服性技术的研究那样，对网络可信度的研究大多仍属于未知领域。这给那些有兴趣创造新知识的人提供了机会。

　　网络可信度很难研究，这不仅是因为一个网站有很多方面，还因为网络外部的许多因素。其中一个外部因素是用户——他们如何处理信息，他们如何评价可信度的各个组成部分，他们在使用网络时的不同目标，以及他们使用网络时所处的具体环境。以上这些因素在不同个体之间可能有着很大的差异，并且都会影响对可信度的感知。

　　网络可信度研究同时还面临着"移动标靶"问题[①]。对于网络可信度研究人员而言，有三个重要的移动目标：网络用户群、用户的体验水平，以

---

① 这个比喻的意思大致如下：即使你原来已经瞄准了标靶的中心，你还是会失误，因为没有人能够完全预测到标靶的移动方式。

及网络技术本身。随着这些变量的变化和发展，过去所做的研究可能不再适用或不再有用。

除了个体差异带来的挑战之外，研究人员必须意识到，单个用户在使用网络时，在不同的时间可能有着不同的目标，而这些目标会影响对可信度的感知。有些时候，用户可能是在网上寻找特定的信息，例如共同基金的业绩数据。有些时候，他们可能会使用网络来获取新闻。在这两种情况下，网站的可信度都很重要。而在其他时候，用户可能只是为了打发时间而上网，在这种情况下，可信度可能就不那么重要了。

所有这些因素都使得研究工作变得复杂。然而，在评估可信度时，用户会关注相同的基本因素——诚信度和专业度。此外，可信度的不同分类——假定的、名声的、表面的和挣得的——也很可能是保持不变的。对于研究人员来说，这些常数将有助于指导未来的研究工作。对于设计师来说，"创造出可信的计算产品"这个需求不会改变；事实上，随着人们成为更有经验的网络用户，这一需求很可能还会增长。

人们会在他们认为可信的网站上花更多的时间：他们会订阅它的服务，购买它的产品，使用它的聊天室，向他们的朋友推荐该网站。当一个网站在设计时能时刻考虑可信度时，它就能获得有利的地位，可以改变用户的态度或行为。可信度使说服成为可能。

第 8 章
通过移动性和连通性提高说服力

|在正确的时间和地点进行干预|

正如在第 3 章关于建议技术的讨论中所指出的，当需要对态度和行为施加影响时，时机和背景是至关重要的。新的计算能力提供了在最佳时间和地点说服人们的全新可能性，而这些新的计算能力中最为显著的就是网络和移动技术。例如，网络化的、移动的技术可以做到在人们有需求且可以根据报价采取行动的时候才提供商业报价，或者这样的技术作为车内系统的一部分，可以在驾驶员上路行驶的时候推广安全驾驶。

网络化的、移动的技术在正确的时间和地点进行干预，增加了获得成果的机会。当你阅读下面的"学习伙伴"和"水合科技"的虚构案例时，不妨想一想连通性和移动性是如何增强产品的激励和说服能力的。

学习伙伴

在未来的某一天，一位名叫帕梅拉的大学一年级学生坐在学校图书馆里，从她的钱包里拿出一个电子设备。它比一副扑克牌还小，携带方便，同时充当了帕梅拉的手机、信息门户、娱乐平台和个人记事本。她无论去哪里几乎都带着这个设备，没有了它就会感觉有点失落。因为帕梅拉对学习很认真，所以她在她的设备上安装运行了一个叫学习伙伴的应用程序。

这个应用程序的功能如下：当帕梅拉开始她的晚间学习时，她启动了学习伙伴系统并查看显示。学习伙伴祝贺她在那天里第三次学习，达到了她在学期开始时设定的目标。这个应用程序建议帕梅拉先用五分钟复习一下她的生物学词汇，然后阅读布置给明天社会学课的两章内容。

当帕梅拉回顾生物学时，学习伙伴界面显示了一组形状，这些形状代表她正在学习的同学。这激发了她继续学习的动力。

那天晚上，当帕梅拉结束了一天的工作后，她对她的学习辅导员珍很好奇，于是她转向学习伙伴寻求信息。珍也是学习伙伴系统的用户，并邀请了帕梅拉加入她的"关注小组"。帕梅拉在显示屏上看到一个符号，表明珍目前在学校的某个图书馆。珍是个好榜样，她是最近被一所顶尖研究生院录取的大四学生。作为一名学习辅导员，珍已经同意让帕梅拉远程观察她的学习习惯。借助学习伙伴，珍可以向帕梅拉发送简单的声音和振动等触觉信号，鼓励她学习。

水合科技

在 2010 年的后八个月里，菲尔一直在为纽约的马拉松赛训练。在他的教练迈克尔的指导下，他取得了很大的进步。距离开赛还有六周时间，为了准备，菲尔已经把他的训练量提高到了每周 50 英里。他已经走上了正轨。然而，迈克尔怀疑菲尔没有喝足够的水来使得他的训练效果最大化，特别是对于菲尔将在接下来的四周内进行的两次 20 英里跑。

根据迈克尔的建议，菲尔在前臂皮下植入了一个微型装置。该设备会测量菲尔体内的水合作用水平，并将数据传输到菲尔的跑步手表上，该手表包含一个嵌入式传感器和跟踪软件。因为手表知道菲尔的锻炼计划，它也可以提示他每天喝适量的水和运动饮料，特别是在每次长距离跑步训练的前一天。

菲尔知道他的补水数据会通过"水合科技"（HydroTech）系统实时传输到他教练的手机上，无论是平日里还是锻炼期间。这促使菲尔更重视保持自己的饮水量。他不想让他的教练失望。

| 说服性技术的新兴前沿 |

虽然前面的例子可能永远不会成为实际的产品，但通过这些场景，我们看到了技术的这些移动性和连通性如何大大提高了说服人的可能性。示例中描述的具有说服力的产品如果设计为只能在台式机上运行，那么它们的效果就会差得多。

计算产品相互连接的这一事实也为说服创造了新的途径。具体采用什么技术来搭建网络并不重要；它可以是互联网，也可以是移动电话网络或其他网络。重要的是，设备可以与其他人员和设备远程交换数据。

移动性和网络化代表了说服性技术的一个新兴前沿。本章将探讨移动化的、相互连通的设备如何以及为什么能如此有效地说服人们改变他们的态度和行为。

虽然移动性和连通性能够很好地结合在一起，但它们并不总是相伴而行。为了使我对每个特性的观点更清楚，我将分别讨论这两个领域。首先，我将讨论可移动的说服性技术产品；然后，我将描述相互连通的或者可以说是形成网络的计算产品如何以及为什么能够增加说服的可能性。

| 通过移动技术说服 |

在过去几年里，移动商务的理念一直是科技公司、营销机构和新闻媒体的宠儿。一些形式的移动商务正在亚洲和欧洲形成，而美国却落后了。移动商务的一个愿景是为人们提供机会，从而使人们在有需要的时候方便地购买东西（举例来说，如果突然开始下雨，你的移动设备可以告诉你离你最近的雨伞能在哪里获取）。我对移动技术用于说服的看法不仅仅是因为移动设备能用来推广产品和服务。我相信移动技术能够并且将会用于促进健康、安全、社区参与、个人改进等领域。

当你随身携带一项可移动的说服性技术时，相当于携带了一个影响力来源。在任何时候（理想情况下会是在适当的时机），设备可以提供建议、鼓励和奖励；它可以跟踪你的表现，或者引导你按部就班地完成一个过程；或者它也可以提供令人信服的事实证据或令人印象深刻的仿真模拟。

在我写这一章的时候，我主持的斯坦福实验室正在一项基金的资助下研究移动性说服产品的潜力。我们的目标是深入了解移动设备——特别是移动电话、掌上电脑（或称个人数字助理），还有计步器等专门设备——如何在激励和影响人们方面发挥作用。作为研究的一部分，我们正在进行实验，构思新的移动性说服产品，并分析现有的产品。仍然有广阔的未知领域等待着我们去发现，但是我们可以就目前已经了解到的内容在此进行分享。①

检查移动医疗应用程序

2001 年秋，我在斯坦福大学实验室的两名研究人员凯西·苏霍（Cathy Soohoo）和凯瑟琳·吴（Katherine Woo）调查了移动医疗应用程序的现状，尤其是那些为掌上电脑、移动电话或寻呼机开发的应用程序。他们总共确定了 72 个不同的移动医疗应用程序，几乎都是针对掌上电脑的。当他们检查这些应用程序时，他们惊讶地发现，虽然大多数产品的设计目的是激励人们改变他们的健康行为，但这些产品未能有效地融入影响策略（我们在 2002 年底再次进行了这项研究，得到了基本相同的结果）。三种相当普通的策略被广泛使用，在 72 个应用程序中几乎没有找到一星半点的创造性。研究人员发现，72 个应用程序中有 46 个使用了某种形式的跟踪：该程序帮助人们记录健康行为，如他们吃了什么或锻炼了多少。在 72 个应用程序中，有 33 个提供了某种形式的分析，比如计算血液中的酒精含量或锻炼过程中燃烧的卡路里。此外，在 72 个应用程序中，有 26 个提供了一些参考材料，如健康信息、概念定义、图表和其他此类项目。

这项研究得出的一个结论是，移动医疗应用程序所使用的方法高度趋同，无非就是提供跟踪、分析和参考资料。我们的实验室小组由此推论：

---

① 在许多实验室研究尚在进行的时候，要撰写关于移动性说服的这一章是令人沮丧的。我曾经考虑过针对我们会在这些研究中发现哪些成果做出假设，但最后还是决定等待研究结果，而不是妄自推测。

在移动医疗应用程序领域存在着一个重要的商机，即使其更具激励和说服能力。

美国在无线领域的发展落后了

虽然为独立的移动产品［如运行 Palm 操作系统的掌上电脑和微软的口袋电脑及个人电脑（Pocket PC、PPC）设备］开发应用程序是相对容易的，但在美国，开发在移动电话上运行的应用程序却颇具挑战性。亚洲和欧洲国家通过确定相对一致的无线标准和网络运营商，正在稳步向前推进，而美国的移动电话市场却是一片混乱。我们有多种手机标准（CDMA、TDMA、GSM、iDEN），不同的手机平台（Symbian、微软的 PPC 移动版、Palm OS、J2ME 等），还有太多的手机具有不同的屏幕尺寸和输入功能。想要开发能跨越所有这些变量而运转的单一应用程序，实在是困难重重。

鉴于美国面临的这些挑战，亚洲和欧洲很可能会先于美国和世界其他地方推出针对手机的创新应用（举例而言，如今在日本，人们可以用手机从自动售货机购买商品）。然而，由于移动应用程序的市场很大，可以有把握地说，这些短期问题将会得到解决，这使得开发一个可以在全球范围内使用的移动性说服类别的应用程序变得更加容易。

正如本书一直强调的那样，影响和激励人们的方法有很多。为了帮助人们实现他们的目标，移动医疗应用程序还可以利用更广泛的影响策略，从通过仿真模拟来提供洞察，到建立一个数字奖励系统来激励用户，不一而足。

移动设备提供了独特的说服机会。其中最明显、最吸引人的是，这些设备可以整天与用户在一起。作为身边的常伴，这些设备占据了一种独特的说服地位。这种持续的存在创造了两个有助于产生说服机会的因素。我分别称之为"关键时刻因素"和"便利因素"。

关键时刻因素

正如在第 3 章中提到的，关键时刻指的是在适当的时机展示信息的原理。移动设备在说服方面的最大优势就是能够利用关键时刻原理。移动技术使得它很容易在合适的时机进行干预，因为该技术可以随用户前往任何地方（见图 8-1）。

未来的移动系统将能够更有效地识别出施加影响的时机。通过了解用户的目标、日常活动、当前位置和当前任务，这些移动系统将能够确定用户何时最愿意接受以提醒、建议或模拟体验等形式出现的劝说（理想情况下，系统也会考虑社交环境，只有当这种干预不会打扰到用户身边的人时才会实施）。当用户有需求时，它就有可能会意识到并介入，提供解决方案。

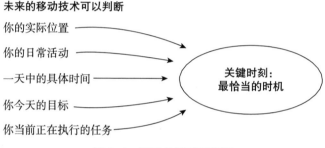

未来的移动技术可以判断

你的实际位置

你的日常活动

一天中的具体时间

你今天的目标

你当前正在执行的任务

关键时刻：
最恰当的时机

图 8-1 利用关键时刻原理

请你试着将这样的远景设想（优雅的交互、主动积极的干预）与当今的桌面计算机系统的工作方式进行对比，就可以看到两者的差距有多大（至少我自己的计算机似乎总是会中断重要的工作来运行一个备份，或者让我再次通过身份验证来登录）。

举一个极端的例子，想象一下电子商务网站 eBay.com 将其推荐引擎开发到了这样的一个

> **关键时刻原理**
> 移动设备非常适合利用关键时刻原理——在适当的时候提供建议——来增加说服的可能。

程度——当你徘徊在博物馆中，欣赏奥古斯特·罗丹的雕塑作品时，这个网站可以确定你对这个艺术家感兴趣，从而向你发送一个特别的优惠报价，供你购买罗丹作品的复制品——前提是你选择了愿意接收这一类信息。

便利因素

通过应用关键时刻原理，移动设备主动地介入用户的世界，在一个适当的时刻发起交互，增强说服的潜力。移动技术也让用户更容易发起互动，进一步提高了说服的可能。移动设备的这种"总是可用"（它就在用户身边）和"及时响应"（它可以立即激活，启动或加载几乎不费时）的特性，我称之为"便利因素"。

> **便利性原理**
> 易于获取——理想情况下，只需在移动设备上点击一次——的交互体验会更有说服力。

即使是最忙碌的人也有休息的时候，比如坐火车、排队、候诊等。如果一个人不愿意冥想或只是享受精神上的无所事事，他可以利用移动技术来填补这种空白。对我认识的一些人来说，这就是他们到哪里都带着移动设备的一个原因。在那些他们必须等待他人，否则就无法把事情做好的情况下，这给了他们一种仍能掌控局面的感觉。这些日程表上的空白时间是人们可能愿意打开自己，接受那些可能会影响他们的互动体验的时候。当你处于一种我称之为"困于沉默"（trapped in silence）的状态（如在机场候机或下班坐公交车回家）时，即使是最简单的活动也会显得有趣。

关于这点有一个很好的例子：我的一个学生团队针对这些空闲时间开发了一款名为《垃圾分类》（*Tetrash*）的带有说服性质的游戏，目前还只是处在概念设计阶段（见图8–2）。在这款游戏中，当垃圾（如虚拟的瓶子、罐子和报纸）在手机屏幕上自上而下降落时，用户要将垃圾分类到不同的回收箱中。难点在于如何正确地对这些垃圾进行分类。在比赛期间，不时会有一辆垃圾车从屏幕上驶过，车上面写着祝贺玩家成就的信息或关于回收利用的有趣事实。

从说服的角度来看，《垃圾分类》帮助人们演练了垃圾分类回收的行为，使他们在现实世界中更有可能想到这样做——理想情况下，也更有可能真的去这样做。游戏中的正面强化和提供的关于回收的事实也为这一有说服力的体验做出了贡献。

图 8-2 《垃圾分类》游戏

注：它给玩家的挑战任务与垃圾分类回收有关。

如果《垃圾分类》是一款面向游戏机或个人计算机平台的游戏，人们可能不会去玩它，因为还有更好的选择。但作为一款移动设备上的游戏，《垃圾分类》的吸引力足以占据你排队或乘坐出租车时的无聊时间。人们可能会因此选择学习和实践垃圾分类回收利用的行为，这就是依靠了便利因素的力量。

另一个利用便利因素的例子是 Astraware 公司开发的《宝石迷阵》（*Bejeweled*）游戏。一些掌上电脑预装了《宝石迷阵》的试用版，这款游戏改编自热门游戏《钻石矿》（*Diamond Mine*）。游戏本身与说服无关。但开发商将这款游戏做得足够吸引人（而且它是那么的方便，就在用户的掌上电脑中），以至于大量用户愿意花 14.95 美元注册这款游戏。这种利用便利性开路、然后穿插说服力的策略似乎很有效。根据 Handango.com（该网站是手持设备软件的主要下载源）的数据，《宝石迷阵》是 2002 年 Palm 操作系统平台上所有类别中销量第二的软件（仅次于 Vindigo）。[①]

---

① 这个排名来自 handango.com，时间是 2002 年 6 月。除了因畅销而获得商业上的成功以外，《宝石迷阵》还赢得了资讯网站 Cnet.com 的评论者的欢心；2002 年 6 月，他们称这款游戏"非常受欢迎"，并将其在 Cnet.com 的栏目"十大必备的 Palm 掌上电脑游戏"中列为榜首。

简化移动设备以增强说服力

如上所述，虽然移动设备有一些明显的优势，它们也有一些缺点。使用移动设备的缺点主要在于输入和输出能力有限。在使用这些产品时，你会遇到一些被称为"娃娃脸"[①]的挑战，指的是显示屏幕很小。此外还有"娃娃手"，指的是键盘按键很小，很难在设备上输入信息。这些都是真正的限制条件，但这并不能排除使用这些设备来达到说服目的的巨大可能性。

在我的实验室进行的关于移动说服的研究中，我们检验了一些更流行的移动说服设备何以产生好的效果。至少对以下要介绍的这两款产品来说，成功的关键似乎在于它们的简单性，它克服了设备输入和输出能力的限制。

LifeSign 是一款旨在帮助人们戒烟的移动设备（见图 8–3）。这是一种隧道技术，该设备可以引导用户完成戒烟过程。在第一周，你只要在每次吸烟时按下这个装置上的大按钮就可以了。一周后，你只有在设备发出"时间到了"的信号时才能吸烟。可吸烟的时间间隔会越来越长。通过这种方式，该设备可以逐渐戒掉你对尼古丁的成瘾性依赖。

> **移动简洁性原理**
> 　易于使用的移动应用程序将有更大的说服可能。

图 8–3　作为一种移动设备，LifeSign 操作起来非常简单

[①] 我是从艾伦马库斯联合企业（Aaron Marcus and Associates）的艾伦·马库斯（Aaron Marcus）那里学到这个词的。

可以看到这个设备上的输入和输出是多么简单。然而，它却可以帮助人们逐渐减少对吸烟的需求。有一个为期六周的研究项目，涉及使用该设备的青少年吸烟者。在被试中，有 29% 的人在该研究结束后不再吸烟，59% 的人吸烟量减少了 50% 以上，71% 的人吸烟量减少了 35% 以上。[①]

Sportbrain 提供了一种更简单的体验（见图 8-4）。在最基本的层面上，它记录你每天走了多少步。但它不是一个简单的计步器，它的设计是这样的：当你把设备插入与电话线相连的支架时，支架会自动通过互联网上传数据到你个人的 Sportbrain 网页。在 Sportbrain 的网页上，你可以看到你走了多少步，并可以收集其他有用的信息，以帮助你增加锻炼量。该设备不需要你进行输入或输出，你只要把它带在身边就行了。设备内的技术装置会记录你的动作并在上面标记时间。即使你好几天没把设备放入支架内，它仍然能记住你前几天的运动情况。

作为一种计步器，Sportbrain 使用跟踪绩效的策略来激励人们。但是设计这个网站的人使其包含了更多的激励元素。它允许用户自己设定目标，并将自己的进展与朋友们的进展进行比较（我自己就知道有两位高科技公司的高管正通过 Sportbrain 系统在进行激烈的竞争）。在原来的所有者控制时期，该公司还向达到一定目标的用户提供棒球帽和其他随身用品。

图 8-4　Sportbrain 将复杂的活动迁移到线上进行

作为一个整体系统，Sportbrain 以能够巧妙地将任何复杂的活动都迁移到计算机上加以处理而著称。你完成的诸如设置、个性化、目标设定、反馈、社交互动等这些活动都是在网站上进行的。其他移动系统的设计者如果能

---

① LifeSign 使用了一种行为改变策略，这种策略已被许多研究证明是有效的。

借鉴 Sportbrain 的方法，将复杂的交互从移动设备端迁移到桌面计算机端，他们的业绩也会更好的。

沉迷于移动技术

在我看来，人们并不是在使用移动设备，可以说是和移动设备"结婚"了。有些人花在这些设备上的时间比花在他们生活中的任何人——甚至包括他们的配偶——身上的时间都要多。芬兰在移动系统的设计和使用上领先于美国，年轻一代对他们的手机有一个特殊的称呼"känny"。这个词在芬兰语中的意思是"手的延伸"。

> **移动忠诚性原理**
>
> 如果人们认为移动应用程序首先服务了其需求和愿望，而不是他方的需求和愿望，那它的说服力就会更强。

在我的研究实验室中，我们讨论了人们是如何看待他们的移动设备的（见图 8–5）。它们只是一种工具吗？它们是忠实的伴侣吗？或者，正如这个芬兰词语所暗示的那样，用户是否将他们的移动设备视为附属物，视为自己的一部分？

如果人们真的把他们的手机视为其自身的延伸，并作为他们的身份（是谁）和他们的能力（能做什么）的一个不可分割的部分，那么，那些为移动设备创造说服体验的人就需要特别谨慎了。那些能够帮助人们实现自己目标的体验是值得欣赏称道的。而那些与一个人的目标相悖或侵扰他们生活的体验则可能会被视为背叛。

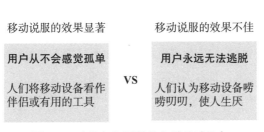

图8–5　人们如何看待他们的移动设备

媒体和一些未来学家已经宣布，未来广告商会将与当下场景相关的信息推送到我们的手机上。举例来说，当人们走过 Gap① 商店时，会收到卡其色休闲裤打九折的促销信息；或者当他们接近面包店时，会收到肉桂卷刚从烤箱中新鲜出炉的消息。我的实验室成员和我都对这一设想持怀疑态度。人们会接受对其移动设备进行这种程度的入侵吗？我们猜想，除非此人已经允许了从特定的来源获得此类信息，否则这种情况是不会发生的。

至少在美国，似乎必须有一个足够令人信服的理由（比方说在服务成本上得到补贴），才能让人们放弃对他们最私密的技术产品（即他们的移动设备）的控制，并让外人进入这个领域。我的某个学生在一项用户研究中记录了一句话，这句话很好地捕捉到了人们对移动设备的占有欲："只要我的手机做了这种事，我会毫不犹豫地丢弃它！"

激励用户实现他们自己的目标

相比之下，激励人们实现自己目标的移动产品可能会受到欢迎。例如，我和我的学生经常讨论手机该如何影响用户，让他们更好地与身边的人保持联系。举个具体的例子，手机可以激励用户按预定的时间表给别人打电话。

我的学生团队制作了许多原型，都与手机如何可以帮助用户设置电话的优先次序有关（从本质上说，这些目标是为了增强人际关系）。这些方法包括：显示出距离该用户上次打电话给某人已经过去了多久，提示用户在指定时间（比如此人的生日或纪念日）打电话给某人，为那些的确打了电话的人提供奖励（因为他们实现了目标）。一方面，让计算机来运行你电话交谈的社交日程这种做法看起来很机械。另一方面，许多人，尤其是那些生活忙碌的人，似乎很欢迎这种自我说服的形式。关键在于，这种说服性技术的概念是在帮助人们以自己选择的方式改变行为。

移动技术帮助人们实现自己的目标而不是别人的目标的另一个例子是计步器。30 多年来，日本人一直是计步器的爱好者，其广泛使用程度令人瞩目，每个日本家庭平均拥有的计步器高达 3.2 个。许多人整天戴着计步器，每天都戴。我和一些研究人员交谈过，他们说有些日本人甚至在睡觉时也佩戴计步器。大多数计算步数的设备中都包括一台简单的计算机（同样地，

---

① Gap 是美国著名的品牌零售商，主营运动休闲服饰和用品。——译者注

电子表和计算器也属于计算产品）。计步器可以记录你的步数，计算你走的距离和你在这个过程中燃烧的卡路里。有些可以跟踪你过去长达七天的活动情况，你点击几下就能查看这些天的活动水平。计步器可以通过自我监控这种方式激励人们（这是第 3 章中讨论的原理之一）；这些设备让人们很容易看到自己是否达到了运动目标，如果没有达到，就提高运动水平（广受推崇的运动量是每天 1 万步）。

体验设计的重要性

虽然移动性可以利用关键时刻和便利性这两个有利因素，但如果应用程序设计得不好，也会使得我们与移动设备的关系变得糟糕。最重要的是，为移动设备创建的交互应该支持用户和产品之间发展出一种紧密、积极的关系。否则，这种关系很可能会被终止，因为这个设备在用户心中变成了"弃子"。如果你把移动设备视为你的一部分，你就会期望它为你的利益服务；为别人服务会被视作一种背叛——你的设备出卖了你。

> **移动婚姻原理**
> 　为说服用户而设计的移动应用程序应该支持用户和产品之间产生紧密的、积极的关系（许多次互动或长时间的互动）。

为了创造成功的移动说服体验，设计师需要设计经得起考验的交互，就像一段跨越岁月、抚慰人心的友谊那样。

|通过连通技术说服|

正如移动技术为说服打开了大门一样，网络化或连通技术也创造了有效利用影响力的机会。所谓连通设备，是指能够通过互联网或其他通信基础设施与远程设备和人员交换数据的设备。

网络化的计算产品会比那些没有连接的计算产品更有说服力，因为它们可以提供更好的信息，可以利用社会影响策略，还可以利用群体层面的内在激励因素。本章的其余部分将集中讨论连通设备的以上三个属性，以及它们将如何增强说服力和它们为什么能够增强说服力。

利用当前的、情景化的和协调的信息

就信息质量而言，联网设备相对于非联网设备有三个优势：它们可以提供当前的、情景化的和协调的信息。这些信息特征创造出的体验，使得激励和说服成为可能。

联网的设备能够收集和报告最新的信息，也就是最有说服力的信息。eBay 利用当前信息的力量来激励和影响人们投标竞逐 eBay 网站上的商品。通过引入无线通知服务，eBay 可以向你的移动电话、寻呼机或联网的手持设备发送信息，通知你你的出价被他人超过了。通过提供这些当前信息，eBay 将在线拍卖的兴奋和竞争扩展到了网络浏览器之外，达至竞标者——无论他们身在何处。这些更新的信息可以让竞标者保持兴趣，提醒他们可能已经忘记的曾经竞标过的商品，从而使得人们不再需要反复查看 eBay 网站，以确保自己仍然在出价上领先。

当 eBay 的客户收到最新的信息时，无论他们身在何处，都可以链接到他们参与的拍卖，这就改变了 eBay 客户的体验。有了这些当前的信息，竞标者将被邀请回到虚拟拍卖中，并收到提示，敦促他们就自己的出价被其他人超越一事做出反应。信息的流通诱使人们回到 eBay 的世界，即便他们没有打开自己的网络浏览器。毫无疑问，这种提供最新信息的服务最终会使 eBay 受益，因为它会提高所售商品的价格，并增加客户与 eBay 的互动。

> **信息质量原理**
> 如果计算技术能够提供当前的、情景化的、协调的信息，它就有更大的可能使人们的态度或行为发生改变。

在美国电视节目《威尔和格蕾丝》（*Will & Grace*）中，演员肖恩·海斯（Sean Hayes）描述了在移动设备上接收 eBay 的最新信息是多么令人兴奋。作为喜剧情节的一部分，他痴迷于在 eBay 上赢得瑞奇·马丁（Ricky Martin）签名的滑板车和布兰妮·斯皮尔斯（Britney Spears）签名的厚底鞋的拍卖。[①] 他扮演的角色宣布："猜猜我刚从 eBay 上买到了什么？……我

---

① 瑞奇·马丁是美国著名的拉丁男歌手，布兰妮·斯皮尔斯是美国著名的流行女歌手。——译者注

买了一辆滑板车，上面正好有瑞奇·马丁的签名。但最妙的是，我出的价高过了我的劲敌危险博士，我赢了他。"

互联产品更具说服力的另一个原因是它们可以提供情景化的信息，也就是那些将用户、他们的目标和与他们的环境有关的变量考虑在内的信息。试想一款旨在促进智能通勤的产品，它可以将以下各方面都考虑到：当下的个人需求（"我今天上午九点必须到达工作场所，而且午餐期间我不用出外勤"）、持久的偏好（"我喜欢乘坐公共交通工具"）、必须满足的约束条件（"今天早上我只有 4 美元的消费预算"）以及环境变量（天气和交通状况）。考虑到所有这些变量以后，互联产品就可以更有说服力地提出何种通勤选择对于当天来说是最好的。

除了当前的和情景化的信息以外，互联产品还可以在不同的人和设备之间协调信息，从而进一步提高产品的说服潜力。假设一个 55 岁的男人设定了每天锻炼 30 分钟的目标，并在一台联网设备（个人活动监测器）的帮助下力图实现健身目标。通过在人员和设备之间协调信息，技术可以在实现目标方面给予此人相当大的灵活性。当他决定在城市中进行一次严格的午餐散步时，他的个人活动监测器会通知他的健身俱乐部的健身系统。晚上晚些时候，当他到达健身俱乐部进行常规锻炼时，健身系统就会知道此人今天已经进行了心血管锻炼，所以会建议他进行另一种类型的锻炼，比如说将锻炼重点转向力量或柔韧性。协调信息带来的适应性可以使干预更有效，它很可能会增加一个人对说服性技术的信心。

互联产品可以利用社会影响力

人们为什么要加入互助小组、有氧运动班或学习小组呢？其中一个原因就是，他人在激励和说服方面可以起到关键作用。一般来说，人们共同努力比单独努力能实现更大程度上的态度和行为改变。[1]这就是社会影响的力量。

---

① 下列参考文献对群体在说服中的作用有一番探讨。详见：J. C. Turner, *Social Influence*, (Buckingham, U.K.: Open University Press, 1991)。

由于它们的联网功能，互联产品可以创造许多机会，从而从同伴和专家那里获得社会影响力。这为互联产品提供了另一个重要的说服优势。

针对社会影响的研究包含了许多理论和观点。在以下几个小节中，我将讨论其中四个重要的理论——社会促进、社会比较、从众性和社会学习理论，并展示它们是如何应用于相关的说服性技术的。

通过社会促进来说服

每当我为大型游泳比赛进行训练时，我都会加入一个大师游泳俱乐部，并作为团队的一员进行训练。我一个人也可以游得不错，但是当我和团队一起游泳时，我发现自己会训练得更好，进步得也更快。我不是一个人在战斗。从 19 世纪末开始，运动心理学家就观察到了同样的现象：大多数人和别人在一起时锻炼更有效。

> **社会促进原理**
> 如果目标行为已经被熟练掌握，且人们知道他们正在被计算技术观察，或者他们可以通过技术识别出其他人也正在实施这种行为，那么他们就更有可能执行这种目标行为。

社会促进原理表明，当有其他人在场、参与或观察时，人们的表现会更好——做得更多、更持久、更努力。[①]互联产品可以利用这一原理，创造新的机会来产生社会促进效应。

因为互联产品可以让其他人虚拟在场，所以这些产品可以通过创建一个虚拟的社会群体来激发人们更好地表现。[②]如果一个人正在进行一项已经熟练掌握的活动，比如在跑步机上跑步，那么假如某个互联产品显示其他

[①] 请参考 R. Zajonc, Social facilitation, *Science*, 149: 269–274 (1965)；也可参考 J. R. Aiello and E. A. Douthitt, Social facilitation from Triplett to electronic performance monitoring, *Group Dynamics: Theory, Research, and Practice*, 5(3): 163–180 (2001)。欲了解与虚拟社会促进有关的其他研究，请参考：J. R. Aiello and C. M. Svec, Computer monitoring of work performance: Social facilitation and electronic presense, *Journal of Applied Social Psychology*, 23(7): 537–548 (1993)。

[②] 欲就社会影响动力学如何在虚拟环境中展现了解更多，请参考加州大学圣芭芭拉分校的詹姆斯·布拉斯科维奇的研究成果。他最新发表的成果之一是：J. Blascovich, Social influence within immersive virtual environments, in R. Schroeder (ed.), *The Social Life of Avatars* (New York: Springer-Verlag, 2002), pp. 127–145)。

人也在场并正在进行同样的活动,此人可能会表现得更好。[1]你甚至可以想象一个完全虚拟的健身设施:你在家健身,但通过互联技术,你可以看到其他人在做同样的事情,同时你知道他们也能看到你。[2]这种虚拟的存在可能会产生一些有益的社会促进效应,就如在一个通常的健身馆中锻炼那样。这种方法也可以用来激发远程工作者的绩效,激励学生准备大学入学考试,或刺激在线拍卖中出现更高的竞标价。想要产生社会促进效应,他人的表现方式根本不需要是现实的。[3]简单的虚拟角色就足以代表他人。在某些情况下,抽象形状也可能行得通,就像我在本章开头的学习伙伴场景中所描述的那样,甚至条形图也可以有效地表示其他人的存在以及他们的表现。

尽管计算机科学家和游戏设计师创造了各种方式来代表其他人的存在和表现,但迄今为止,还没有人进行过对照研究来记录他人的虚拟表现是如何导致社会促进效应发生的。但是,现有的研究表明这种影响是真实存在的。

通过社会比较来说服

互联产品还可以通过一种被称为社会比较(social comparison)的现象来改变人们的态度和行为。社会比较理论认为,人们在形成自己的态度和行为时,会试图了解他人的态度和行为(这与同伴压力不同,我将在本章后面讨论同伴压力)。根据社会比较理论[4],人们通过寻找与他人有关的信息来决定自己与他人之间应该如何比较,以及自己应该怎么想或怎么做。本质上,我们是把人当作一个比较点或现实检查手段。

为了吸引读者的兴趣,使他们潜心阅读,某些杂志会激发人们对社会

---

[1] 对于那些还没有很好地掌握的活动,其他人在场反而会降低表现。换句话说,如果你知道还有其他人正在观察你,那么你在学习一项新技能时就会表现得更差。

[2] 尽管并非针对健身锻炼,IBM 公司的研究人员一直在研究如何使用计算机技术来虚拟地表现那些身在异地但也在工作的同事。请参考:Thomas Erickson, Christine Halverson, Wendy A. Kellogg, Mark Laff, and Tracee Wolf, *Social Translucence: Designing Social Infrastructures That Make Collective Activity Visible, Communications of the ACM*, 45(4): 40–44 (April 2002)。

[3] IBM 的研究人员在他们的系统里就是用简单的圆圈来表示个人的。

[4] 这一理论由费斯汀格首先提出,参见:L. Festinger, A theory of social comparison process, *Human Relations*, 7: 117–140 (1954)。

比较的本能欲望。这些杂志提供关于健康、安全、人际关系和其他话题的调查，每项调查都附上一个标题，语句大致类似于"你和标准比起来怎么样"或者"你的安全智商是多少"。这样的测验可以让人们将自己的知识、态度或行为与编辑所说的正常或可取的状况进行比较。所谓社会比较，就是将你的表现、反应、态度或行为与他人进行对比。

社会比较有许多实际应用。一项研究表明，经历痛苦的人能从社会比较中获益。当患者能够将自己的疼痛反应与其他能够很好地应对疼痛的人进行比较时，他们对疼痛的感知就会降低。关于另一个人的疼痛反应的信息不仅使病人报告他们感觉到的疼痛减轻了，而且生理测量结果

> **社会比较原理**
>
> 如果人们能够通过计算技术得到他们自己的表现与他人（尤其是那些与自己相似的人）表现的比较信息，那他们就会有更强的动机去实施目标行为。

也表明病人实际上感受到的疼痛的确更少了。社会比较是如此强大，以至于它有时可以改变生理反应。

这一原理可以应用于互联产品。假设一个癌症患者正在经历令人痛苦的治疗。一个联网的计算系统可以把这个病人和其他能够很好地应对疼痛的病人联系起来。理论上，这将降低此名患者对疼痛的感知和对止痛药的需求。

学习伙伴应用程序就将社会比较作为策略之一，以促进更好的学习习惯的养成。该设备可以让学生知道他的同学正在学习。这些信息的重点并不是要给用户施加压力；相反，它提供了与用户相似的人的信息。这些信息有助于塑造决策和行为。

当人们能够与相似的人比较时，社会比较效应就会加强。换句话说，当人们把自己和那些与自己在年龄、能力、种族或其他关键属性方面相似的人进行比较时，他们从社会比较中感受到的动力就会更强。[1]

---

① 社会比较领域的经典研究成果支持"相似性很重要"的观点，请参见：L. Festinger, A theory of social comparison process, *Human Relations*, 7: 117–140 (1954)。最近有一篇文章探讨和回顾了对社会比较以及相似性在这个过程中起到了何种作用的研究，请参见：J. Suls, R. Martin, and W. Wheeler, Responding to the social world: Explicit and implicit processes in social judgments and decisions, Chapter for Fifth Annual Sydney Symposium of Social Psychology, March 20–22, 2002。

利用或抵抗从众性

社会比较利用的是其他人在想什么或在做什么的信息的说服力。规范性影响（normative influence）则通过一个不同的过程发挥作用，利用的是同伴压力，或心理学家所说的顺从的压力（pressures to conform）。关于从众（conformity）的研究表明，人们倾向于改变自己的态度和行为，以与同学、团队、家庭、工作组或其他群体的期望、态度和行为相称。[①]心理学文献将这些参照群体称为"内群体"（in-groups）。

有时，顺从的压力是显而易见的：人们会排斥或贬低那些不合群的人。在其他情况下，压力表现得更为微妙，比如不邀请那些"不时髦"的人参加聚会，当有人走过时故意视而不见，或者忽略他们在谈话中的贡献。即使没有明确地意识到这种顺从的压力，人们也会倾向于改变他们的态度和行为，以符合他们所属内群体的期望。

互联产品可以创造情境，利用规范性影响来改变人们的态度和行为。产品所要做的只是跟踪某人的行为，并以某种形式与这个人的内群体分享结果。

举例来说，这样的产品可以跟踪和分享你回复电话或电子邮件的速度。或者它可以监测安全带的使用习惯，又或者是垃圾回收利用的行为习惯，并在社区成员中分享结果。如果你达不到所在群体的标准，你可能会感到压力，从而要求自己更快地回复电话或电子邮件，坚持使用安全带，或实施更多的循环利用行为。让人们的行为在他们的内群体中显现，这会影响他们的行为。

上面的例子产生了良性的行为结果，如及时回电话、系安全带、回收利用垃圾等。技术对同伴压力在其他方面的应用可能就没那么有益了。如

[①] 如果你想要找一本可读性较强的学术著作以了解从众的社会压力，可以阅读：J. Turner, *Social Influence* (Pacific Grove, CA: Brooks/Cole, 1991)，也可以参考：C. McGarty, S. A. Haslam, K. J. Hutchinson, and J. C. Turner, The effects of salient group memberships on persuasion, *Small Group Research, 25*: 267–293 (1994)，J. C. Turner, M. A. Hogg, P. J. Oakes, S. D. Reicher, and M. S. Wetherell, *Rediscovering the Social Group: A Self-Categorization Theory* (Oxford: Blackwell, 1987)。

利用同伴压力鼓励人们在网上报税的技术似乎就显得相当暗黑。一种旨在促进人们与孩子共度美好时光的产品，如果其说服力来自同伴压力，就会显得不道德和富有侵略性。

除了对同伴压力加以利用以外，互联产品还可以用来破坏这种压力，也就是说帮助人们抵抗从众的压力。当至少有一个人蔑视群体时，人们就更有能力抵制服从群体的影响。换句话说，一个"越界者"（deviant）（这是研究中使用的术语）能让其他人更容易地抵抗从众压力。这个离经叛道的人甚至不必亲自出现；仅仅是知道有人没有跟随这个群体，就足以帮助其他人不再从众。

> **规范影响原理**
> 计算技术可以利用规范影响（即同伴压力）来增加或降低人们采取某种目标行为的可能性。

这对互联的说服性技术意味着什么呢？假设某个青少年面临着压力，她不得不遵守吸烟的群体规范。如果有一种可信的技术告诉她，在她的团体中至少有一个人成功地抵制了开始吸烟的压力——也许是一个她甚至都不怎么认识的人——她都会有更高的可能性不去屈服于团体的压力。

还是上面这个例子，一个卫生组织可以建立一个系统，让人们互相分享他们对吸烟的看法。即使这种分享是匿名的，只要一条信息，或者是与那个青少年认为是自己圈子里的人的一次实时聊天，也能让这名想要抵制吸烟压力的青少年从中找到支持和安慰。她可能会发现，她对青少年吸烟的原有印象——每个很酷的人都这么做——其实是一种偏见。互联技术可以让她扩大视野，从她亲近却闭塞的朋友圈安全地走出来。

另一个例子（虽然它不是一款网络产品）是 Alcohol 101，它利用了社会比较在大学生中推行更理智的饮酒行为。Alcohol 101 是一款互动型应用程序，它模拟了一场大学生聚会，为大学生们提供他们的同伴到底喝了多少酒的数据。使用这款程序的很大一部分学生发现关于饮酒的实际统计数据比他们预期的要低，这对他们关于饮酒的态度起到了积极的影响。[①]

---

① "正面规范"的使用是 Alcohol 101 程序中的一个重要的说服因素。詹妮特·赖斯（Janet Reis）博士，伊利诺伊大学厄巴纳－香槟分校（University of Illinois at Urbana-Champaign）的一名社区健康教授，在开发和评估这款产品上发挥了重要作用。

总而言之，互联技术不仅可以利用从众动力学，也可以用来削弱从众的压力——方法是让那些潜在的不服从者意识到有其他人已经成功抵制了这种压力。这是对说服性技术的一种带有解放性质的使用，它帮助人们选择他们自己想选择的，而不是同伴为他们选择的。

应用社会学习理论

我想介绍的最后一个理论，代表了目前改变态度和行为的最流行和最有效的方法之一：社会学习理论 [①]（social learning theory）。这个理论是由心理学家阿尔伯特·班杜拉（Albert Bandura）提出的，它的范围很广，但有一个方面与互联技术高度相关，那就是榜样的力量。[②]

针对社会学习理论的研究表明，人们会通过观察他人的行为并留意这些行为带来的后果，来学习新的态度和行为。如果观察者注意到有

> **社会学习原理**
> 如果某人可以使用计算技术观察到他人因实施目标行为而得到奖励，那么这个观察者就会更有动力去执行这种目标行为。

人因其行为而受到奖励，就更有可能做出那种受到奖励的行为。当榜样与自己相似，但比自己年长或更有经验的时候，人们的观察和学习效果是最好的。

* 在 QuitNet.com 上树立行为榜样

QuitNet.com 是一个致力于帮助人们戒烟的网站（见图 8–6），它利用了社会学习理论的力量，为成功戒烟的人庆祝。当你进入网站时，网站中最显眼的区域之一就是"社区"，这个区域被利用得很好。在此，你会看到一个戒烟纪念日庆祝活动，它会链接到成功戒烟两天、七天甚至几年的人。

---

① 社会学习理论还有其他一些名字，其中包括了社会认知理论（social cognitive theory）。
② 班杜拉使用的术语表达和我在这里用到的并不完全一致，但概念是相同的。

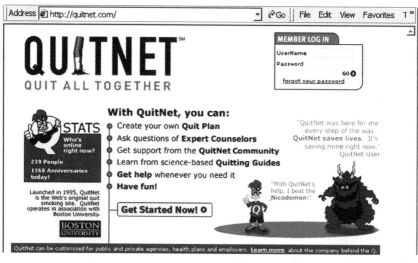

图 8-6　QuitNet.com 有效地利用了社会学习理论的要素鼓励戒烟

当你继续浏览 QuitNet.com 时，你还会发现"论坛""俱乐部""伙伴"等区域，以及其他更多网页。虽然对社区的强烈关注为困难的戒烟任务带来了社会支持力量，但该网站似乎是专门设计用来突出成功的。该网站还奖励那些成功戒烟的人，从而建立了一种社会学习动态：看到别人因为某种行为而受到奖励的人更有可能做出同样的行为。

这个网站上的奖励似乎很诱人。在"论坛"页面，戒烟者们一直在接龙讨论某个人成功戒烟，话题通常与纪念日有关。举例来说，某个社区成员发现今天是朱莉戒烟四个月的纪念日，所以他就以祝贺致敬的方式发起了一个帖子。有时会是正值纪念日的这个人自己发帖，很自然地大肆宣告"请为我欢呼"。其他社区成员也会进行接龙，发表各自的鼓励和赞美之词。

没有人不醉心于这种热情的回应和关注，这些公共信息通过使榜样行为看起来可以实现，并展示随之而来的奖励，为外部读者提供了动力。

正如 QuitNet.com 所表明的那样，由于互联技术的发展，现在能够很容易地看到别人的成功，观察他们的进步，甚至与他们互动。当人们相互联结在一起时，即使是在线讨论等随着时间而转移的媒体中，社会影响动态所发挥的作用也是那些独立技术以及书籍或电视等传统媒体所无法企及的。

* 在 epinions.com 上树立行为榜样

一些网站自身的存在依赖于外界的贡献。eBay 或许是最突出的例子。另一个依赖外部贡献的网站是 epinions.com，它依赖用户来对产品和服务进行评论——这也是该网站存在的主要目的。说服用户在网站上发布高质量的内容对 epinions 的成功至关重要。

树立榜样是该网站用来激励人们贡献高质量内容的一种方法。该网站奖励那些提供良好评论的人，并将这些奖励公之于众，从而建立了一种符合社会学习理论的动态。当你点击某个评论者的名字时，你会看到他们发表过的所有评论的列表。这个页面包括评论者发布内容的日期、主题，以及其他人对这篇评论的喜爱程度等信息。那些发表了至少 100 条被其他人认可的评论（用户可以评价这些评论意见）的人会得到一个"顶级评论家"称号，在他们发表的所有评论当中，这个称号都会出现在他们的名字旁边。他们所发表的评论也会被置顶，列在那些表现不如他们的评论者的评论之前。

顶级评论家是一种地位的象征，类似于媒体中的评论员（尽管地位没那么高）。评论者还可以获得"顾问"的称号，这意味着他们具有特定的专长，比如关于乐器的知识。其他称呼还包括"编辑""特色成员"和"最受欢迎的评审员"（注：这些称呼不仅仅与地位有关。受到重视的评论者还能从 epinions 网站获得版税分成。所以其中既有获利的动机，也有获取社会地位的动机）。

通过观察这个奖励系统，观察者将更有可能为 epinions.com 贡献高质量的内容。这是一个很好的例子，说明了如何利用社会学习理论来改变人们在网络空间中的态度和行为。

| 通过内在动机说服 |

除了借助社会影响原理的力量外，互联产品还可以利用内在动机的力量，这是一种直接从活动或情景中产生的激励力量。某些活动——比如弹吉他、写诗、在湖边游泳——本来就是有好

> 群体层面的三个内在动机是竞争、合作和认同。

处的。许多人做这些事情并不需要外部的压力或奖励；奖励是自带的，或者说是内在的。

麻省理工学院的汤姆·马龙（Tom Malone）和斯坦福大学的马克·莱珀（Mark Lepper）列出了七种内在动机[1]。其中三个动机——竞争、合作和认可——涉及人与人之间的互动；它们是群体层面的内在激励因素。因为互联产品可以跨越时间和空间将人们联系在一起，它们可以利用群体层面的内在动机来影响用户。

竞争原理	合作原理	认可原理
计算技术可以利用人类竞争的天然内驱力来激励用户持有某种目标态度或采取某种目标行为。	计算技术可以利用人类合作的天然内驱力来激励用户持有某种目标态度或采取某种目标行为。	通过个人或群体的公开认可，计算技术可以增加某个人或某个群体持有目标态度或采取目标行为的可能性。

---

[1] 马龙和莱珀所描述的七种内在动机是幻想、好奇心、挑战、控制、竞争、合作和认可。具体请参见：T. Malone and L. Lepper, Making learning fun: A taxonomy of intrinsic motivation for learning, in R. E. Snow and M. J. Farr (eds.), *Aptitude, Learning, and Instruction* (Hillsdale, NJ: Lawrence Earlbaum, 1987)。

竞争也许是最强有力的群体层面的内在动机。当你举办一场比赛时，人们会变得充满活力。他们会投入时间和精力，关心比赛的结果。你甚至不需要为获胜者提供奖励（奖励是一种外在的激励因素）。不是每个人天生都有好胜心，但在许多情况下，对大多数人来说，竞争是振奋人心、有着激励作用的。

合作是另一个激励因素，它似乎存在于人类本性中。当人们属于同一个工作小组时，他们中的大多数人都会合作。每当有紧急需要时，对合作的呼吁自然而然地会激励大多数人伸出援手。

最后一个群体层面的内在动机是认可。许多组织都会利用认可的力量。雇主们会颁发"月度最佳员工"奖，血库会发放"献血志愿者"的贴纸供人们佩戴，优秀生会出现在荣誉榜上。这些项目以及许多其他项目都利用了认可的激励力量。

认可既能激励团队，也能激励个人。知道自己的作品将被展出的高中生会花更长的时间、更努力地创作出他们引以为豪的作品。如果某一地方棒球比赛联盟的比赛成绩会在家乡报纸上登出，那么它们可能会培养出更有动力实现目标的球员和球队。

因为网络化的产品可以跨越空间和时间将人们联系起来，它们也可以创造出群体情境，从而利用群体层面的内在动机。为了展示这些内在动机如何在互联的说服性技术中发挥作用，我将描述一个名为"电视替代"（AlternaTV）的假想系统，它会使用一个或多个内在动机的组合拳。

电视替代：利用群体层面的内在激励因素

未来的电视很可能不再是被动接收信号的盒子，而是通过网络发送数据且可以运行广播节目之外的应用程序的交互式设备。

如果个人和组织能够以某种方式决定通过电视发生何种互动体验（而不是由广播巨头来控制这个决定），不难想象，未来的互动电视软件可能会被开发出来，以激励人们（尤其是学龄儿童）少看电视。这种互联的说服性技术可以利用群体层面的内在动机的力量——竞争、合作和认知——来说服孩子们在电视上少花一些时间。

这个系统的工作方式可能如下：电视替代计划会鼓励学生在学年期间每周看电视的时间少于五小时。这就是行为目标。为了激励孩子们遵守该计划，每个参与的家庭都成为"电视替代家庭"。这意味着他们同意将自己看电视的时间记录下来并报告给某个中央数据库。

电视替代系统中的第一个内在动机是竞争。竞赛分不同层次进行。每个学区都和其他学区竞争看谁看电视的时间最短。学校与其他学校竞争。班级与其他班级竞争。拥有一种能让这种比赛易于实施的技术，就能增强孩子们少看电视的动机。在这种情况下，不需要奖品，不需要任何外部激励。对许多人而言，只要是一场比赛，就已经有足够的激励作用了。

第二个内在动机是合作。电视替代系统将提倡同一个班的孩子们相互合作，以实现少看电视的目标。也许这个系统会允许一个学生向另一个看电视很多的同学的电视屏幕发送信息，要求那个人少看一些，以帮助整个班级赢得胜利。这种类型的合作也可以发生在其他层次上，例如整个学校内部的合作。

认可是第三个内在动机。最起码获胜的班级、学校或学区将被列在该项目中所有电视替代系统的显示屏上（或者可能出现在学校所有计算机显示器上的某个特殊窗口中）。另一种认可方式是简单地列出所有达到每周看电视少于五小时目标的电视替代家庭。这样一来，即使班上或学校的其他学生没有限制自己看电视的时间，那些做到了的家庭仍然可以被认可动机所激励。

这三种内在动机在电视替代系统中通力合作。当然，每一个内在动机都能够独立于其他两个动机，单独产生影响。然而，在这个例子中，由于内在动机的共同作用，系统变得更有趣味、更难以抗拒、更有说服力。

即便只能使用这三种内在动机作为说服策略，电视替代系统仍然可能是有效的。但是其实也可以将其他的影响策略纳入这个系统中：电视替代系统可以建议孩子们做其他活动；看电视可能需要付出体力（比如说要骑一下固定在地上的健身单车）；又或者它可以测试孩子们的家庭作业完成情况，只有当他们掌握了学习材料时才允许看电视。

利用互联产品的内在动机原理来改变人们的态度和行为，以实现积极正面的目的，此事潜力无穷（不幸的是，与所有说服性技术一样，心理学原理也会被一些人用于消极负面或不道德的目的）。当互动技术网络化时，可以在计算产品的设计上使用竞争、合作和认可作为激励力量。通过这种方式，联网的计算产品就有了说服力。

|移动和互联的说服性技术的未来|

目前，既能移动又能连接的产品仍然不多，而且即使有这样的产品，它们能够运行的应用程序也很有限。但这种情况终会改变。在未来，我们可能会看到各种各样的设备和应用，包括那些设计用来激励和说服的设备和应用。

虽然目前移动说服的例子仍然很少，但未来几年内将会出现很多，特别是随着手机系统允许人们和公司可以轻松地开发和部署应用程序。虽然为移动商务服务的移动说服性技术必将获得大量关注和资金，但对个人来说，一个明显的好处是可以使用移动技术来帮助其实现自己的目标。关键时刻因素和便利因素使移动说服成为最有前途的说服性技术前沿之一。

第9章
说服性技术的伦理道德

例1：一家广告公司创建了一个网站，让孩子们用虚拟角色在线玩游戏。为了在游戏中取得进展，孩子们必须回答一些问题，如"你最喜欢的电视节目是什么"和"你家有多少间浴室①"。孩子们为了继续玩下去，很轻易地就给出了这些问题的答案。②

例2：金的便携设备能帮她选择由环保记录良好的公司生产的价格合理的产品。在帮助金买一台新打印机时，系统建议她购买一款比她自己的意愿产品更贵一些的产品，因为便携设备显示该公司的环保记录要好得多。金买了系统推荐的打印机。但是系统没有指出她买的打印机可能会更频繁地出故障。

例3：朱莉近20年来一直在增加对退休基金的投入。为了优化自己的投资策略，她注册了一项基于网络的服务，据报道，该服务可以为她提供个性化的专家建议。该系统运用强大的视觉模拟并引用专家意见，说服了朱莉在股票市场上加大投资，并向她强烈推荐了某只股票。两个月后，该股票价格急剧下跌，朱莉多年来辛苦积攒的退休金损失惨重。尽管此系统有关于风险的信息，但这些信息并没有以醒目的方式显示出来。事实上，该网站是由一家公司经营的，这家公司对那家发行股票的公司进行了大笔财务投资。

---

① 一个家庭中浴室的数目是其社会经济地位的粗略指标。
② 这个概念构思来自斯坦福大学"计算机说服技术"课程上的学生，他们在探讨说服性技术的阴暗面。

例4：马克好不容易才恢复了健康。之前，在健身房，他使用了一个计算机化的健身系统，该系统可以概要地列出他的训练计划，监控每项锻炼，并确认他的进步情况。该系统鼓励人们在举重时使用全身的力量。不幸的是，系统所建议的动作幅度对马克来说太激烈了，导致他伤到了背部。

正如上述假设情景所描述的，说服性技术会引发许多伦理道德问题。它结合了两个有争议的领域——说服和技术，两者涉及的道德问题在历史上一直是争论的焦点。关于说服所涉伦理的争论可以追溯到亚里士多德和其他古典修辞学家的年代，并且一直持续到今天。就技术和伦理而言，至少从约瑟夫·魏岑鲍姆创造出第5章描述过的计算机"治疗师"ELIZA起，人们就对某些计算机应用程序表示了担忧。

> 说服一定是不道德的吗？不是的，得看情况。它有可能是不道德吗？显然，答案是肯定的。

对伦理问题的审查是计算机说服技术研究中的一个重要组成部分。在什么情况下的说服性技术是道德的，在什么情况下又是不道德的？因为价值观随着文化的不同而不同，不存在一个能让每个人都满意的答案，也不存在一套单一的能在所有情况下都适用的伦理体系或指导方针。对于那些设计、研究或使用说服性技术的人来说，关键是要对涉及的一系列伦理问题具有敏感度。本章的目的就是为确定和研究这些问题打下基础。

|说服是否不道德|

说服本身必定是不道德的吗？答案取决于你问谁。有些人认为，试图改变另一个人的态度或行为总是不道德的，或至少是值得怀疑的。在极端情况下，这种观点认为，说服可以导致灌输、胁迫、洗脑和其他不良后果。甚至一些著名的健康促进专家也对自身工作的基础提出了质疑，怀疑自己究竟有什么权利去告诉别人该如何生活，该相信什么。[①]

另一些人认为说服从根本上来说是好的。对某些人来说，说服为合乎道德的领导（ethical leadership）奠定了基础，而其他人认为说服是参与式民主（participatory democracy）的必要条件。

说服有可能是不道德的吗？答案显然是肯定的。人们可以用说服来促进我们相信我们所信奉的文化原本认为不可接受的结果，比如说服青少年吸烟，提倡人们使用成瘾性药物[②]，诱使人们去伤害那些在种族、性别或信仰上与自己有差别的人。当在说服中所用的策略是欺骗，或伤害到了其他积极正面的价值观时，说服行动显然也是不道德的。在本章的后面，我将再次讨论这两个概念。

做个总结，关于"说服是否不道德"这一问题的答案既非"是"，也非"否"。这取决于说服是如何被使用的。

| 与说服性技术相关的独特伦理问题 |

因为说服是一种承载着价值观的活动，所以创造一种旨在说服的互动技术也和价值观紧密相关。

我在斯坦福大学教授的计算机说服技术课程中，有一个模块是关于说服性技术的伦理道德的。我会给学生们布置一项作业：让他们以小组的形

[①] 古特曼（Guttman）认为，当专家暗示他人性格软弱，或在个人自主权上妥协退让，或将中产阶级价值观强加于人时，健康干预也有可能会造成损害。正如古特曼所写，"干预的定义引起了伦理关注"。他进一步指出，当"干预中强调的价值观与另一些价值观不完全相容时，就会出现伦理问题；而后面的这些价值观是与文化习俗、传统以及某些人关于什么是愉快的或可接受的观念有关的"。简而言之，劝说可能会变成家长式统治。参见：N. Guttman, Beyond strategic research: A value-centered approach to health communication interventions, *Communication Theory*, 7(2): 95–124 (1997)。欲了解与干预有关的伦理道德，请参考：C. T. Salmon, Campaigns for social "improvement": An overview of values, rationales, and impacts," in C. T. Salmon (ed.), *Information Campaigns: Balancing Social Values and Social Change* (Newbury Park, CA: Sage, 1989) ; K. Witte, The manipulative nature of health communication research: Ethical issues and guidelines, *American Behavioral Scientist*, 38(2): 285–293 (1994)。

[②] 举例来说，Opioids.com 就是一个曾经用理性的方法来主张使用受控药物的网站。

式完成一个概念设计，开发一项在道德上有争议的说服性技术——越不道德越好。这项作业的目的是让学生探索说服性技术的阴暗面，帮助他们理解技术在未来可能带来的影响，以及如何防止不道德技术的应用或减轻其影响。在教授这门课程数年后，我发现了伦理问题的某些模式。我在这一章中提供的信息来自学生在我的指导下完成的一些作业，以及我自己对市场的观察和对未来技术可能性的调查。

在大多数情况下，与说服性技术相关的伦理问题类似于说服在一般情况下会引发的伦理问题。然而，由于互动技术是一种新的说服途径，它的确引发了几个独特的伦理问题。以下是六个关键问题，每一个都对评估说服性技术的伦理有影响。

这项技术的新颖性可以掩盖它的说服意图

虽然长久以来人们一直身处其他形式的媒体的说服之中，但在处理来自交互式计算系统的说服方面，相对来说大多数人还是新手——部分原因是这项技术本身就很新。因此，人们可能不知道交互式计算机技术可以如何设计以对他们施加影响，他们可能也不懂得如何识别或回应技术所采用的说服策略。

计算机所用策略有时可能很微妙。其中一个例子来自《沃尔沃臭氧吞噬者》（*Volvo Ozone Eater*，见图 9–1），它是一款为沃尔沃这家瑞典汽车制造商量身定做的在线游戏。在这款类似于吃豆人的游戏中，玩家驾驶着一辆蓝色的沃尔沃汽车在城市的一个街区中不断行驶。模拟环境下的其他汽车会排放废气，并在行驶轨迹上留下代表臭氧的粉红色分子。而当沃尔沃汽车驶过这些粉红色分子时，会将它们转化为代表氧气的蓝色分子。

游戏的要领在于驾驶沃尔沃汽车通过尽可能多的臭氧区域，通过生产氧气来使城市变得清洁。这个简单的模拟游戏表明，驾驶沃尔沃汽车将去除空气中的臭氧，并将其转化为氧气。事实上，只有装有一款名为 PremAir 的特殊散热器的沃尔沃汽车才能将臭氧转化为氧气，而且这款散热器只对处在地面高度的臭氧有效（设计师偏见造成的这种影响已经在第 4 章中有所探讨）。但我猜想，那些经常玩这个游戏的人可能会把所有沃

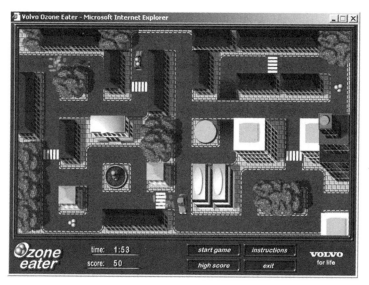

图 9-1　在《沃尔沃臭氧吞噬者》中，沃尔沃汽车会将臭氧转化为氧气

尔沃汽车都看作能够清洁空气的机器。即使他们的理性头脑不接受这种说法，一个不那么理性的因素也会影响他们的观点——后者与观赏这款模拟游戏并喜欢玩它有关。[①]这种策略很微妙，也很有效。

当计算技术利用新奇事物分散人们的注意力，以求增强自身的说服力时，道德问题就变得尤为突出。在处理新奇体验时，人们不仅缺乏专业知

---

① 关于沃尔沃的交互式模拟将对用户产生影响，至少有三个理由。首先，用户本质上是在扮演沃尔沃的角色。关于角色扮演和说服的心理学研究表明，扮演角色，即使是我们不相信或不认可的角色，也会影响我们的思维。关于角色扮演和说服的经典研究，请参阅 R. Petty and J. Cacioppo, *Attitudes and Persuasion: Classic and Contemporary Approaches* (Dubuque, IA: Brown, 1981)。其次，有关信息处理的文献表明，人们有忘记消息来源却记住消息的倾向，这一现象被称为"睡眠者效应"（sleeper effect）。在这个案例中，消息是"沃尔沃汽车可以清洁空气"，人们在忘记了该信息来源于某个简单的模拟以后，可能仍然会记得这条信息本身。关于睡眠者效应的研究可以追溯到 20 世纪 30 年代。关于这一现象的更深入的探索，请参见 D. Hannah and B. Sternthal, Detecting and explaining the sleeper effect, *Journal of Consumer Research*, 11 (Sept.): 632–642 (1984)。最后，关于演示说明的营销文献表明，以戏剧性的方式展示产品的好处可以影响购买决策。举例来说，可以参考：R. N. Laczniak and D. D. Muehling, Toward a better understanding of the role of advertising message involvement in ad processing, *Psychology and Marketing*, 10(4): 301–319 (1993)；或者参考：Amir Heiman and Eitan Muller, Using demonstration to increase new product acceptance: Controlling demonstration time, *Journal of Marketing Research*, 33: 1–11 (1996)。

识，而且还会被这样的体验分散注意力，从而妨碍他们专注于所呈现的内容。[①] 这使得新的应用程序或如《沃尔沃臭氧吞噬者》这样的在线游戏能够向用户传达他们可能不会仔细审视的信息，因为用户正在关注的是体验的其他方面。

分心发挥作用的另一个例子是：如果你想在某个特定的网站上注册，该网站可能会让这个注册过程变得非常复杂和漫长，以至于你所有的注意力都集中在注册过程上。因此，你可能没有充分意识到那些正加诸你身上的影响或操纵，例如注册过程中出现的众多由该网站预先勾选的默认选项——细看的话，你可能不会选择，但现在你可能会一口气全盘接受，只为了能尽快完成注册。

一些网站利用了其用户相对缺乏经验的情况来影响用户去做一些事情——而这些事情是用户在得到更多信息的情况下本不会做的。例如，某些网站试图通过"弹出式下载"来扩大它们的触及范围，即通过弹出式窗口询问用户是否想下载软件。很多人完全没有意识到自己正在同意什么事情，就已经选择了同意。而一旦他们同意了，一整套软件就会下载到他们的计算机上。这些软件可能合法，也可能不合法。举例来说，它可能会引导用户访问成人网站，创建用户不想要的拨号账户，甚至干扰计算机的操作。最起码，这些虚拟木马软件也会占用计算机资源，并可能需要耗费大量的时间和精力来卸载。

总而言之，处于新奇情境中的人会变得更脆弱，因为他们会被互动中所包含的新奇性或复杂性分散注意力。

说服性技术可以利用计算机的好名声

涉及说服时，计算机也得益于其聪明和公平的传统声誉，成了可靠的信息和建议来源。虽然这种声誉并不总是合理的（特别是涉及第 7 章中所探讨的网络可信度时），但它会导致人们过于容易地接受来自技术系统的信息和建议。如果说服性技术利用了计算机的传统声誉，但其自身并不值得

---

① 与注意力分散和说服有关的经典研究可参见：J. Freedman and D. Sears, Warning, distraction, and resistance to influence, *Journal of Personality & Social Psychology*, 1(3): 262–266 (1965).

信赖，那么伦理问题就出现了。

如果你在黄页上寻找脊椎指压治疗师，你可能会发现某些展示广告提到了计算机，让这种有时有争议的治疗艺术看起来更可信。在我的电话簿上，有一则广告是这样写的：

> 不需要在你身上反复拍打，发出噼里啪啦的声响。对你身体的调整是通过计算机化的先进技术来完成的，这种技术几乎不再依赖于治疗师的猜测。

很难判断这种说法是否准确，但很明显，这位脊椎指压治疗师以及其他许多与她类似的、来自各行各业的人士，正在利用计算机的良好声誉来实现自己的目标。

计算机更加积极主动、坚持不懈

计算机的另一个优点是持久性。与人类说服者不同，计算机不会感到疲倦；它们可以一次又一次地实施它们的说服策略。一个典型的例子是TreeLoot.com，它会反复弹出信息来激励用户继续玩在线游戏，并访问网站赞助商（见图 9–2）。要求你同意的请求不停出现，用户最终可能也就屈服了。

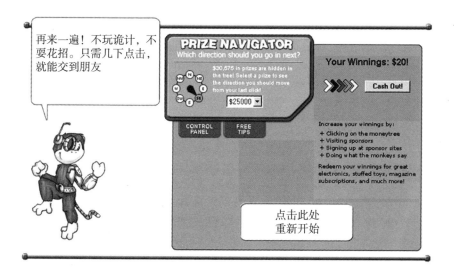

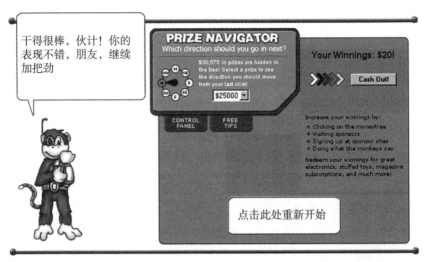

图 9-2　TreeLoot.com 努力说服用户继续玩游戏并访问其赞助商

　　计算机不仅可以在你使用应用程序时坚持说服你，即使在你并没有使用时，它也可以持续努力。有说服力的信息可能会在你的桌面上弹出，或者频繁地发送到你的电子信箱里。这种主动积极的说服尝试比其他持续的媒体具有更大的影响力。你可以把通过直邮广告收到的请求丢入废纸篓，但弹出窗口却是难以避开的，因为它就出现在你的面前。

计算机控制着交互的可能性

　　与说服性技术特别相关的第四个伦理问题是人们如何与计算技术互动。当你和人类劝说者打交道时，你可以要求其停止劝说并做出澄清，你可以争辩、辩论和谈判。相比之下，当你与计算技术互动时，技术最终会控制互动的展开方式。你可以选择继续或停止交互，但你不能选择计算机程序中没有编入的路径。

计算机可以影响情绪，但不会被情绪影响

　　下一个伦理问题与情感线索有关。在人类说服过程中，当人们使用情感线索时，说服过程会更顺利。一名教练能感受到你的挫败感，并调整她的激励策略。一名销售员可能会释放出微妙的信号，提示你他的言行略

有夸张。这些线索有助于为了说服而进行的交流达到更公平和合乎道德的结果。

相比之下，计算产品（直到目前）还不能解读人们的微妙暗示 [1]，但它们确实提供了情感暗示，可以用在说服当中。这种不平衡使人类处于相对不利的地位。我们是有情感的生物，尤其是涉及与影响有关的问题时。我们期望合乎道德的说服能将共情和互惠的元素也包括在内。但当我们和互动技术打交道时，却不存在情感上的对等性。

计算机无法承担责任

交互技术特有的最后一个伦理问题涉及为错误承担责任。要成为一名有道德的劝说者，我相信此人必须能够对自己的行为负责，并且至少要为其说服对象身上发生的事情承担部分责任。计算机无法以这样的方式承担责任。[2] 作为具有说服力的实体，计算机可以向人们提供建议、激励，可以纠缠不休，但如果计算机引导人们走上了错误的道路，它们却不能真正承担责任；因为它们在道德上没有行为能力（想想本章开头的例 4。谁又能把马克的受伤归咎于那套计算机化的健身系统呢）。

在所有主要的文明中，"对错误行为进行补偿"（或至少为此受到适当的惩罚）一直都是道德准则的一部分。但如果计算机是独立于人类开展工作的，即使它们说服人们走上了歧途，计算机本身却无法受到惩罚，也无法通过任何途径进行赔偿。

这些产品的开发者可能会试图为自己的发明开脱，或者可能已经无处可寻了（比如说公司倒闭了，或者项目负责人换了工作），但其作品仍在与人发生互动。特别是现在有了互联网，软件并不一定会在开发者离开或公司放弃产品后消失。它可能仍然存在于网络的某个地方。

---

① 计算机和情感领域最著名的研究来自麻省理工学院媒体实验室（MIT Media Lab）由罗莎琳德·皮卡德（Rosalind Picard）主持的情感计算小组。有赖于这个实验室和其他一些人的研究，有一天计算机可能也可以处理情感问题，从而为"计算机说服技术"开辟新的道路。
② 欲就此议题了解更多，请参考：B. Friedman, *Human Values and the Design of Computer Technology* (Stanford, CA: CSLI Publications, 1997).

这就改变了说服领域的格局，从而引发了道德上的担忧：互动中的一方（计算产品）拥有说服的能力，但如果出了差错，却无法承担责任。让我们假设一个基于网络的治疗项目被它的开发者放弃了，但仍然存在于互联网上。现在想象一下，一个心烦意乱的人偶然访问了这个网站，参加了一场基于计算机的在线治疗会谈。此人需要从某个人那里获得特别的帮助，却无法从已被放弃的"计算机治疗师"那里获得转诊建议。

实施研究所涉及的伦理问题

当对说服性技术产品进行研究和评价时，会涉及伦理问题。这些问题与研究专为信息而设计的产品（如新闻网站）或专为直接交易而设计的产品（如电子商务网站）时会遇到的问题类似，但更为尖锐。因为说服性技术旨在改变态度或行为，所以它可能对研究的被试有更大的影响。这种影响并不总是积极的。因此，研究人员和评估人员在建构研究体验时应加倍小心；他们在招募被试、向他们提供信息简报和牵涉他们的事务上应该遵循公认的标准。

学术机构通常都会设立一个委员会，正式审查拟定的研究，以求防止滥用被试，并防止出现意外结果。在斯坦福大学，我的研究方案通常需要六到八周的时间才能获得批准。为了获得批准，我必须完成一个相当复杂的在线申请（这已经比填写旧时的纸质表格要简单得多）。我需要概述研究目的，描述研究过程中会发生什么事情，解释招聘被试的程序，列出所涉及的研究人员，概述资金来源（以检查是否存在利益冲突），凡此种种。我还要提交研究中所作刺激的例子，提交收集测量数据的工具（如问卷）。有几件事会使申请变得格外复杂，包括：使用儿童被试，通过视频收集数据，或者将欺骗手段作为研究的一部分。在我们的实验室里，我们很少用到这类手段，如果真的有需要，就必须仔细描述我们将如何解决和克服由此引发的任何伦理问题。

在提交申请几周后，我会收到委员会的回复，要么就是允许我继续的绿灯，要么就会要求我提供进一步的信息。每次我收到斯坦福大学审查委员会的正式批准函，我都会在每周的实验室会议上传阅。我想让我实验室的其他研究人员了解研究批准制度是如何运作的，我想让他们知道，我认为机构批准是我们研究过程中的一个必要步骤。尽管获得斯坦福大学学术审查委员会批准这个程序拉长了研究周期，但它显然是有益的，这既保护了被试，也保护了研究人员。

当我为科技公司工作时，我也会寻求审查委员会的批准。然而，有些公司并没有设立研究审批制度。确保被试得到尊重的责任落在了设计和实施研究的个人的肩膀上。这些责任包括：确定被试了解研究的性质，获得他们明确的同意，允许他们在任何时候退出，并且向他们提供相关负责机构的联系方式。在我看来，当进行涉及说服性技术产品的研究时，这些是保护被试所必需的基本步骤。

以上列出的六个因素单独或结合在一起，都使交互式计算技术在说服他人方面具有优势。换句话说，这些因素会使技术的使用者处于相对不利的地位，这就是道德问题产生的根源。这六个领域提供了坚实的起点，供我们进一步扩展对说服性技术的伦理方面的探究。

|值得探讨的三个方面：意图、方法和结果|

许多涉及说服性技术的伦理问题可分为三类：意图、方法和结果。通过研究开发说服性技术的个人或组织的意图、用来说服的方法，以及使用该技术的结果，就有可能对其造成的伦理影响进行评估。

意图：创造这个产品的目的

要评估一款说服性技术产品是否符合道德标准，其中一个合理的方法就是检查其设计者希望实现的目标。有些形式的意图几乎总是好的，例如旨在促进健康、安全或教育。在这些领域中，设计用于说服的技术可能是高度符合道义的。

其他意图可能就不那么道德了。越来越多的说服性技术背后都有一个共同目的，那就是销

> 了解设计者的意图、说服的方法和造成的结果有助于确定说服性技术是否符合伦理道德。

售产品或服务。虽然许多人并不认为这种意图就必然是不道德的，但其他人可能会将其等同于促进浪费性消费等不那么道德的目标。然后还有明显不道德的意图，例如提倡暴力。

为了评估意图，你可以检查某个说服产品，并做出有根据的猜测推论。根据其开发者的说法，第 4 章中所描述的宝贝请三思婴儿模拟器的目的是教育青少年懂得为人父母的责任，大多数人认为这是合乎道德目的的。与之类似，第 3 章中讨论的 Scorecard.org 的意图对大多数人来说似乎也是合乎道德的。它的目的看上去是鼓动公民联系他们选出的政治代表，讨论他们所在社区的污染制造者问题。另一方面，你可以合理地看出，沃尔沃公司之所以推出《沃尔沃臭氧吞噬者》这款游戏，是想通过它来向那些关心环境的人卖出更多的沃尔沃汽车。对某些人来说，这种意图可能是值得质疑的。

确定目的是进行道德评价的关键步骤。如果设计者的意图是不道德的，那么互动产品很有可能也是不道德的。

说服的方法

考察互动技术使用的说服方法，是了解意图和评估伦理的另一种方法。有些方法显然是不道德的，甚至严格来说其中最可疑的策略都不能算是说服。这些策略包括制造威胁、提供扭曲的信息，以及把人们逼到无路可走。相比之下，那些摆明因果关系的影响策略，假如它们实事求是，并尊重个人为自己做出正确决定的权利，就可以说它们在道德上是站得住脚的。

如何确定计算机使用的影响方法是否合乎道德呢？第一步是先将技术排除在外，以获得更清晰的视角。你可以问自己一个简单的问题，即如果是一个人在用这个策略说服我，这是道德的吗？

回顾第 1 章中讨论过的一个网站——CodeWarriorU.com。虽然在线学习网站的目标的确包括获取和留住客户，但大多数人都会同意，该网站使用的说服方法——提供推荐信、反复要求潜在学生注册、为学生制订完成每门课程的时间表，以及跟踪学生的学习进度——假设换作某个人来使用的话，就属于可以接受的说服方法。因此，在第一步的测试上（检验交互技术使用的影响方法是否道德），CodeWarriorU.com 获得了及格分数。现在再考虑另一个例子：某个网络横幅广告承诺提供信息，但是在点击它之后，你就被带到了一个完全意想不到的地方。在真实世界里，类似的诱骗策略起到了误导作用，是不道德的。而它的网络版本自然也是不道德的（这种做法不仅不道德，而且随着网民对这种伎俩越来越熟悉，可能还会产生相反的效果 ①）。

用情感说服

剔除技术的影响是检验说服策略是否道德的第一步。然而，它并没有揭示人机交互在道德上所特有的一个灰色地带：情感的表达。

因为人类很容易对情绪做出反应，所以表达"情绪"的计算机很可能会影响人。当一台计算机表达诸如"你是我最好的朋友"或"见到你我很高兴"之类的情感时，它就是摆出了人类情感的姿态。以上那两句话都出自活动伴侣巴尼（Barney）之口，它是我在第 5 章中描述过的微软公司开发的互动毛绒玩具。

巴尼的道德性质一直是争论的焦点。② 当我在听取一场关于该产品的道德问题的小组讨论时，我发现小组成员分成了两个阵营：一些人认为该产品在道德上存在问题，因为它对孩子撒谎，说一些暗示着情感和动机的话，以及一些不真实或不准确的陈述，比如"我很高兴见到你"；其他人则认为，孩子们知道它只是一个没有情感或动机的玩具，是孩子们能够理解的幻想的一部分。

---

① 1998 年 12 月，《哥伦比亚每日论坛报》（*Columbia Daily Tribune*）的戴维·汤普森（David R. Thompson）博士和密苏里大学（University of Missouri）的比尔吉特·沃斯穆特（Birgit Wassmuth）博士进行了一项试点研究，以调查一种用来提高点击率的新技术。成果以论文形式在 1999 年 8 月 4 日—7 日于路易斯安那州新奥尔良市举行的新闻和大众传播教育协会（Association for Education in Journalism and Mass Communication）年度大会上提交，论文名为 "Do they need a 'trick' to make us click"。
② 在 1999 年美国计算机协会（ACM）人机交互分会（SIGCHI）的会议上，我组织并主持了一场关于使用了高科技的儿童毛绒玩具（其中也包括"巴尼"）其伦理问题的小组讨论。这个小组由微软公司的包括"巴尼"在内的活动伴侣产品线的开发负责人，以及其他儿童与科技领域内的专家组成。

活动伴侣角色所利用的社会动力学能够创造出引人入胜的游戏，这可能是无害的，并且可能有助于教会孩子社交规则和行为。但是，互动玩具也有可能仰仗着社会动力学，以消极或剥削利用的方式影响孩子们的想法和行为，这就会引发伦理问题。

我个人的观点是，在说服性技术中使用情感，只有当其目的是利用用户，或当它利用了人们对他人表达的负面情绪或威胁信息的自然强烈反应时[①]，才是不道德的或在道德上可质疑的。举个例子，如果你在本章之前所提到的 TreeLoot.com 这个网站上玩游戏，那么你可能会遇到一个角色，它宣称它因为你没有访问网站的赞助商而对你很生气（见图 9–3）。

因为 TreeLoot 网站很简单，而且诡计是如此明显，所以你可能会认为这种对情感的使用没什么值得担心的。目前而言很有可能就是这样的。但是，如果 TreeLoot 的系统更加复杂，达到了用户无法分辨消息是来自人还是来自计算机的地步，就像一个复杂的聊天机器人那样，情况又会如何？或者，如果用户认为表达愤怒的计算机系统有能力对他们施加惩罚呢？到了那个地步，这种做法的伦理道德将更值得质疑。

关键在于，如果表达情感的是计算机而不是人类，使用情感来说服就具有了独特的伦理意义。除了活动伴侣巴尼和 TreeLoot.com 这类产品带来的潜在道德问题之外，本章前面还讨论了另一个问题，即虽然计算机可能传达情感，但它们无法对情感做出反应，这就使它们在说服方面占据了不公平的优势。

---

① 在一篇回顾各种关于自我肯定（self-affirmation）的研究的文章中，克劳德·斯蒂尔（Claude Steele）讨论了他自己的研究。他的研究显示，受侮辱的人比受奉承的人选择服从的比率更高。在这两种情况下，服从的比率都是高的，但是那些首先收到对自己负面评价，然后再收到要求他们顺从的要求的人，其选择服从的比率明显要更高。请参考：C. M. Steele, The psychology of self-affirmation: Sustaining the integrity of the self, in L. Berkowitz (ed.), *Advances in Experimental Social Psychology*, 21: 261–302 (1988)。关于在受到威胁之后的服从，有一篇更近期的讨论，见于：Amy Kaplan and Joachim Krueger, Compliance after threat: Self-affirmation or self-presentation?, *Current Research in Social Psychology*, 2:15–22 (1999)。此外，帕梅拉·苏梅克（Pamela Shoemaker）还提出了一个令人信服的论点，即人类天生就更倾向于关注消极的、威胁性的信息，而不是积极的、肯定的信息。参见：Pamela Shoemaker, Hardwired for news: Using biological and cultural evolution to explain the surveillance function, *Journal of Communication*, 46(2), Spring (1996)。

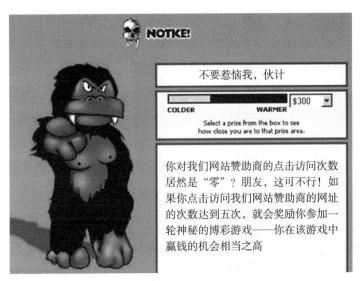

图 9-3　网站 TreeLoot.com 上的一个角色通过表达负面情绪来驱动用户

必然不符合道德的方法

无论是由人还是计算机系统使用，某些改变态度和行为的方法几乎总是不道德的。虽然它们本身就不属于说服的范畴，但其中有两种方法值得在此提及，因为它们很容易被应用到计算产品中，那就是欺骗和强制。

网络广告可能是最常见的基于计算机来行骗的例子。有些横幅广告（见图 9-4）似乎是不择手段地想要驱使你点击它们。它们可能会许诺给钱，对计算机问题发出虚假警报，或者如前所述承诺提供一些你永远不会得到的信息。这些广告的不道德本质是显而易见的。要不是因为网络是一项新生事物，我们是不可能容忍这些欺骗手段的。[①]

图 9-4　这个横幅广告声称它在检查资质，而这其实是一种欺骗

注：当你点击广告后，你只是被链接到一个赌博网站而已。

① 有一个说法描述了网络在 1998 年时是如何具有美国西进运动中的那种无法无天的"狂野西部"性质的，详见：R. Kilgore, Publishers must set rules to preserve credibility, *Advertising Age*, 69 (48): 31 (1998)。

除了欺骗之外，计算机还可以通过强制手段来改变人们的行为。软件安装程序就是这样一个例子。有些安装程序要求你安装可能不需要的其他软件，这些软件是作为整体产品的一部分捆绑在一起的。在其他情况下，新软件可能会将你的默认设置更改为有利于制造商而不是用户的首选项，从而影响你将来的工作（某些媒体播放器在安装时就已设置为要这样做）。在这类情况下，用户可能会觉得他们其实是被安装程序所支配的。这就引发了伦理问题，因为计算产品可能被故意设计成为了制造商的利益而对用户的选择加以限制。

要加以警惕的方法

包含在科技产品中的欺骗和胁迫固然是不道德的，还有另外两种行为改变策略——操作性条件反射和监测——也属于说服的广义范畴，它们并不能那么明确地被判定为合乎道德或不道德，具体取决于这些策略如何应用。

*操作性条件反射

第3章中描述的操作性条件反射主要包括使用强化或惩罚手段来促进某种行为。尽管除了游戏之外的技术产品很少会大量使用操作性条件反射，但我们可以想象，在未来，操作性条件反射将被普遍地用于改变人们的行为，有时甚至没有征得他们的直接同意，或甚至他们压根就没有意识到发生了什么——这就是会产生道德问题的地方。

举例来说，某家公司可以开发一个网络浏览器，使用操作性条件反射来改变人们的上网行为而不让他们意识到。如果浏览器的程序设置能加快某些网站的页面下载速度（比如那些与公司的战略合作伙伴有关的网站），并增加其他网站的下载时间，这就相当于对用户访问某些网站的行为提供了巧妙的奖励，而访问其他网站则会受到隐形的惩罚。在我看来，这种策略是不道德的。

相对来说，这类使用惩罚来减少行为的发生的操作性条件反射是不太常见的。正如我在第3章中提到的那样，我认为这种方法通常充满了伦理问题，并不是对条件反射技术的适当使用。

话虽如此，如果用户事先充分了解了情况，而且惩罚手段本身也无伤大雅，那么包含惩罚的操作性条件反射就有可能是合乎道德的。例如，经过一段试用后，某些下载的软件的启动时间会逐渐变长。如果用户不注册该软件，他们将被告知，在程序准备就绪可以使用之前他们将不得不等待更长的时间。只要用户对此知情，这种无害的惩罚形式（或者是负强化形式，具体应该算是惩罚还是负强化取决于你的观点）就是符合道德的。另一种无伤大雅、合乎道德的惩罚形式是共享软件程序中会显示出的屏幕信息（通常被称为"唠叨屏幕"），它提醒用户应该注册并为产品付费。

现在，让我们假设一个系统在开发时对不注册这件事使用了某种更严厉的惩罚方式，比如：在后续启动时让计算机崩溃、死机，锁定你的常用文档并为解锁索要赎金，给你电子邮件联系人列表中的人发送电子邮件指出你在使用没有付费的软件。以上所描述的这种技术很显然是不道德的。

一般来说，如果操作性条件反射本身是公开的和无害的，那么当它被某种说服性技术整合使用时，就可以算作一种合乎道德的策略。然而，如果它违反了两项限制中的任何一项，就必须被判定为不道德的。

另一个值得关注的领域是技术使用惩罚手段或发出要惩罚的威胁，来塑造行为。从技术角度来看，惩罚是一种消极的后果，它会导致人们更少地执行某种行为。一个典型的例子就是打孩子的屁股。惩罚是一种短期内改变外显行为的有效手段[1]，但惩罚除了可以改变那些可观察到的行为外，其效果非常有限。

* 监测

监测是另一种需要警惕的说服方法。回想一下第 3 章描述的保健卫士（即一套监控员工洗手行为的监测系统）。这样的一套系统是道德的还是不道德的呢？双方都有各自的理由。乍一看，保健卫士似乎具有侵入性，侵

---

[1] 如果想要以书的篇幅详细了解以惩罚手段"立规矩"对于改变儿童行为何时有效何时无效，可以参考以下两本书：I. Hyman, *The Case Against Spanking: How to Discipline Your Child without Hitting* (San Francisco: Jossey-Bass Psychology Series, 1997); J. Maag, *Parenting without Punishment: Making Problem Behavior Work for You* (Phil adelphia, PA: The Charles Press, 1996)。

犯了个人隐私，但它的目的是积极的：保护公众健康。许多设置了保健卫士系统的机构都属于医疗保健和食品服务行业。它们利用这个系统来保护它们的病人和主顾。

那么，保健卫士究竟是否合乎道德呢？在我看来，这取决于如何使用它。该系统可以对用户进行监控，如果他们试图不洗手就离开洗手间，就会向他们发送温和的提醒。或者，该系统也可以主要用来识别违规行为并惩罚违规的人。我认为对此技术的前一种应用是合乎道德的，而后一种应用则是不道德的。

关于监测技术的伦理道德，保健卫士的例子引出了一个重要的一般性观点：系统的工作方式，即人机交互的本质和基调，有着巨大的影响。一般来说，如果监测的目的是支持或帮助，而不是惩罚，它可能就是合乎道德的。但是，如果其主要目的是惩罚，我认为就是不道德的。监测技术是否合乎道德还取决于其应用的环境。回想一下第 3 章中描述的自动监视系统，它可以让父母追踪他们的青少年子女是如何驾驶的。这种监控可能是对青少年的"不信任"投票，但它并非不道德，因为父母最终要对他们孩子的驾驶行为负责，而该产品有助于他们履行这一责任。

同样的道理也适用于在公司汽车上安装这一系统的雇主。公司有责任（如果不是道义责任，那么还有经济上和法律上的责任）确保员工在上班时间安全驾驶。我认为这是一种可以接受的技术应用方式（尽管我个人并不支持）。然而，如果公司安装了一个系统来监控员工在下班时间的驾驶行为或其他活动，那将是对隐私的侵犯，显然是一种对于技术的不道德应用。

有意的和无意的结果

如图 9-5 所示，除了检查意图和方法之外，你还可以调查说服性技术系统的结果，以评估某个特定系统是否合乎道德规范。图中的思路源自我以前的两个学生：埃里克·诺伊施万德（Eric Neuenschwander）和丹尼尔·贝尔迪切夫斯基（Daniel Berdichevsky）。

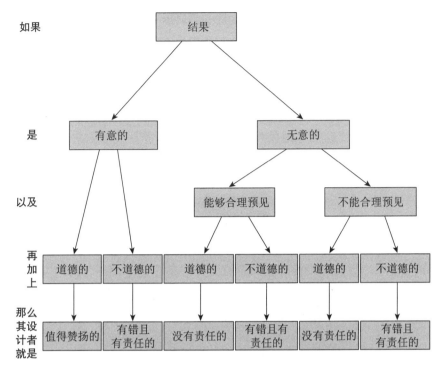

图 9-5　说服性技术的伦理性质有可能取决于其结果是否有意为之

如果说服性技术的预期结果是良性的，通常不会有重大的伦理问题。许多为了销售合法产品和加强品牌忠诚度而设计的技术都属于这一类。

其他一些技术的预期结果则可能会引发伦理问题。请回想第5章中描述的高科技老虎机香蕉–拉玛。这个设备使用了屏幕上的角色（一只猩猩和一只猴子）来激励玩家继续赌博。当你获胜时，角色们会庆祝。当你犹豫是否要投入更多钱继续游戏时，角色的表情就会从支持变成不耐烦。

有些人会认为这种产品在伦理上是不受欢迎的，因为它的预期结果是促进赌博，而赌博这种活动与某些个人和文化价值观是有冲突的。另一些人则认为这种预期的结果在道德上没必要大惊小怪；因为赌博在许多文化中是可以接受的，而且经常为政府团体所提倡。然而，如果香蕉–拉玛广受欢迎，赌城拉斯维加斯的游客排着长队等待在这款老虎机上输钱，那么其结果就可能会变得足够重要，使其成为一个重大的道德问题。

图 9-6 所示的惠普公司的莫比是一个显示数字化宠物的屏幕保护程序，它奖励那些使用惠普打印机打印的用户。莫比系统的目的是鼓励人们打印多份原件，而不是使用复印机——其名字中的"MOP"就是多原件打印（multiple original printouts）的意思。当你打印原件时，你就可以赚取点数，用来兑换你饲养的虚拟小鱼使用的虚拟植物和虚拟玩具。这样一来，人们就会更多地使用惠普的墨盒，不得不买得更多、更频繁。

图 9-6　莫比屏幕保护程序

注：该程序鼓励人们使用打印而不是复印，会增加对一次性墨盒的消费。

一些人可能会认为，莫比是不道德的，因为它的预期结果是导致更高的印刷成本和环境恶化（值得称道的是，惠普公司已不再推广这个程序）。其他人可能会辩称，没有理由敲响道德的警钟，因为使用该产品对个人或环境的影响微不足道。

但假设香蕉–拉玛和莫比非常成功地实现了它们的预期结果，即刺激赌博和墨盒消费行为。如果这些产品对于个人、社会和环境产生了重大的负面影响，那么伦理道德上的错误会落在哪里呢？谁应该为此承担责任呢？

在我看来，当一项说服性技术的结果在道德上站不住脚时，有三方可能会犯了错误，分别是产品的开发者、传播者和使用者。我认为罪责的天平会根据具体情况而变化。[1]在莫比的例子中，开发者有责任，因为它们的产品以牺牲个人和全球环境为代价，使私人公司受益。同样，分销商也必须担负起使得不道德技术普及的道德责任。

最后，使用有道德问题的说服性技术的用户必须至少承担一些责任。在香蕉－拉玛和莫比的例子中，尽管这些产品的策略很有说服力，但个人用户通常是自愿选择使用这些产品的，因此他们对于可能存在道德问题的结果也有责任。

对意外结果的责任

说服性技术也有可能产生意想不到的结果。尽管作为学科的计算机说服技术关注的是预期的结果，说服性技术的开发者仍然必须为可以合理预见的、非预期的不道德结果承担责任。

为了使行为合乎道德，开发者应该对以下几个方面做出谨慎的预测：它们的产品可能会如何被用于计划外的说服目的？它可能会如何被滥用？或者它可能会如何被非计划内的用户所采用？即使这些意想不到的结果是不容易预测的，一旦开发者意识到了有害的结果，它们就应该采取行动来降低危害。

第 3 章中讨论过的速度监测感知和雷达拖车设计的原目的是减少超速行为。这一产品似乎就有着意想不到的、事前可能难以预见的结果。当我和一群大学生讨论这项技术时，通常而言，这群学生中至少有一个男生会宣称，SMART 拖车在他身上会造成与预期相反的效果：他看到拖车后反而会加速，看看自己能开多快。

据我所知，执法机构还没有处理好人们在见到这些拖车时加速而不是减速的可能性。这也许是因为这种意想不到的结果尚未被认识到，或者被认为只适用于相对较少的人群——主要是那些寻求刺激的年轻男性司机。

---

① 也有人认为所涉各方应该承担均等责任，这种观点的其中一例见于：K. Andersen, *Persuasion Theory and Practice* (Boston: Allyn and Bacon, 1971)。

无论是哪种情况，如果这个意外结果导致了大量的事故和伤害发生，我认为 SMART 拖车的开发人员都将不得不承担责任，移除或改变这个系统。

一些公司对使用它们的产品所产生的虽则无意、但却可以合理预见到的结果采取了漠视的态度。以电子游戏《格斗之王》（ Mortal Kombat ）为例，该游戏对玩家的虚拟杀戮行为提供了奖励。在这款游戏中，玩家通过虚拟的格斗来与其他玩家进行互动。对某些人来说，这是一款非常受欢迎的产品。

不幸的是，《格斗之王》等暴力电子游戏不仅激励人们继续玩下去，还可能会对玩家在现实世界中的态度和行为产生负面影响。社会学习理论认为，在虚拟世界中实施暴力行为会导致在现实世界中实施暴力行为。针对电子游戏暴力所造成的影响已经争论了十多年。在回顾了以往的研究结果并呈现了他们自己最近的研究结果后，心理学家克雷格·安德森（Craig Anderson）和卡伦·迪尔（Karen Dill）得出了以下结论：

> 当电子游戏中的选择和动作组件……和游戏本身的行为强化特性结合在一起之后，就具有了很强的学习体验效果。从某种意义上说，宣扬暴力的电子游戏为攻击性提供了一个完整的学习环境，并使用户同时暴露于行为的榜样示范、强化和演练这几种效应当中。这种综合的学习策略已被证明比单独使用其中任何一种策略都更为有效。

尽管现实世界中发生暴力行为并不是像《格斗之王》这样的电子游戏的开发者所期望的结果，但是，对于《格斗之王》奖励那些演练暴力行为的人的做法而言，它是一种合理的、可预见的结果。这就使得这些暴力游戏的开发者、发行商和用户必须承担起道德上的责任。

|当说服的对象是弱势群体时|

说服性技术产品可以专门针对弱势群体来设计，这些人非常容易受到影响。当这些产品对弱势群体进行盘剥利用时，它们就是不道德的。

最明显的弱势群体是儿童，他们是当今许多说服性技术产品的预期用户。不难想象，这些技术如何利用了儿童的脆弱性来获取隐私信息，进行不恰当的销售，或促进一种有争议的意识形态。

从我在斯坦福大学教授的课程中就可以明显看出，通过说服性技术来剥削儿童是多么地容易。在我的课程中，我让学生们完成概念设计，目标是开发有道德问题的产品。其中一个学生团队为儿童制作了一个基于网络的《大侦探皮卡丘》（*Pokémon*）游戏的简单原型。在原型中，该团队展示了如何设计这个表面上看似无害的游戏——使用流行的卡通角色皮卡丘从玩游戏的孩子那里获取个人信息（见图9–7）。

图9-7 一个不道德的电脑游戏的概念设计

注：由计算机说服技术课程的学生汉娜·戈尔迪（Hannah Goldie）、大卫·李（David Li）和彼得·威斯腾（Peter Westen）完成。

你做好迎接行为技术的准备了吗

在物体和环境中嵌入计算功能的想法很常见，但将计算设备植入人体的想法就不那么常见了。当可植入人体的交互技术被创造出来，使人类的能力远远超出常规时，我们将如何应对？又该如何应对？我们准备好讨论涉及仿生人的伦理问题了吗？尤其是在是否植入是个选择性手术的情况下（想象一下有人对你说："嘿，在刚过去的这个周末我将我的记忆升级了！"）。如果植入式设备被发明出来不仅是为了恢复人类的能力，而且是为了改变人类的行为，我们又该如何应对？

其中一些这样的技术引发了伦理问题。例如，为了帮助吸毒的人戒掉毒瘾，这些人可能会自愿同意——或被迫接受——在他们的体内植入一种设备，这种设备能够检测到他们体内存在的非法物质，并向有关机构报告。

谁来决定这些技术是否合乎道德，以及何时使用才算是合乎道德？谁有权获得所产生的信息？谁应该控制植入式设备的功能？这些都是重要的问题。

遗憾的是，我们目前对我所称的"行为技术"（behavioronics）的理解是有限的，所以我们没有关于这些问题的可靠答案，特别是当我们将计算技术与药物干预相结合时。行为技术是一个前沿领域，在我们步入这一领域之前，应该先对其进行充分的探讨。

儿童可能是最明显的弱势群体，但还有许多其他弱势群体，包括智障人士、老人、丧亲者和特别孤独的人。随着工作场所技术的增长，员工甚至也可以被视为弱势群体，因为他们的工作受到了威胁。那些对于自己不得不使用监测系统或其他旨在激励或影响自己的技术心存抱怨的人，可能得不到雇主的善待，有失去工作的危险。

任何利用特定群体的脆弱性的技术都会引起道德上的担忧。那些利用说服性技术来剥削弱势群体的人——无论他们是雇主、其他组织还是个人——都不太可能成为自己行为的监督者。外部组织和个人必须负责确保说服性技术被合乎道德地使用。

|利益相关者分析：一种分析伦理的方法|

即使你没有就伦理道德议题接受过正式的培训，如本章所述，你也可以通过审视产品的意图、方法、结果以及它的目标人群来评估一个说服性技术产品的道德性质。你还可以依靠你的直觉、你对正确和错误的认知、你对公平和不公平的认知，等等。在许多情况下，这种直观的、非结构化的方法都可以收到良好的效果。

然而，当审视一种复杂情况中的伦理道德或者当你与他人合作时，你可能需要一种更结构化的方法。其中一种有用的方法就是进行利益相关者分析，也就是确定所有受说服性技术影响的人，以及每个利益相关者通过该技术将获得或失去什么。通过进行这样的分析，就有可能以一种系统性的方法来识别伦理问题。[①]

> 要评估一项技术的伦理道德，就要确定所有利益相关者，并确定他们的收益和损失。

考虑到这一点，我建议应用以下通用的利益相关者分析步骤，来确定伦理道德方面的关注点。对这七个步骤的分析为系统地审视所有说服性技术产品的伦理提供了一个框架。

步骤 1：列出所有利益相关者

列出与该技术有关联的所有利益相关者。利益相关者是指利益会被说服性技术产品的应用所影响的人。利益相关者包括开发者、传播者、用户，有时还包括那些与用户关系密切的人——他们的家庭、邻居和社区。重要的是要全面考虑所有可能受到产品影响的人，而不仅仅是最明显的利益相关者。

---

① 我在本章中介绍的利益相关者分析方法将我在多年的教学和研究中收集的方法技巧结合到了一起。我非常感谢琼·弗洛拉（Jone Flora）教授在 1994 年初向我介绍了这个概念。利益相关者方法起源于下面这本商业管理书：R. E. Freeman, *Strategic Management: A Stakeholder Approach* (Boston: Pitman, 1984)。后续的研究工作进一步完善了利益相关者理论。举例来说，可以参阅：K. Goodpaster, Business ethics and stakeholder analysis, *Business Ethics Quarterly*, 1(1): 53–73 (1991)。

步骤 2 ：列出每个利益相关者可能获得的利益

当使用说服性技术产品时，列出每个利益相关者能从中得到什么。最明显的收益是经济利润，但收益还包括其他因素，如学习收获、自尊、事业成功、权力或控制力等。

步骤 3 ：列出每个利益相关者可能付出的代价

列出每个利益相关者由于该技术而可能失去的东西，如金钱、自主权、隐私、声誉、权力或控制力等。

步骤 4 ：评估哪个利益相关者可能获益最多

审视步骤 2 和步骤 3 的结果，并确定哪个利益相关者从该说服性技术产品中获益最多。你也许会根据每个利益相关者的获益多少来对所有利益相关者进行排序。

步骤 5 ：评估哪个利益相关者可能受损最多

现在到了确定哪个利益相关者损失最大的时候了。同样，损失并不局限于时间和金钱。它们可以包括无形的因素，如声誉、个人尊严、自主权和许多其他因素。

步骤 6 ：通过评估所得所失的价值来决定道德标准

评估每个利益相关者相对于其他利益相关者的得失。通过识别得失的差异，你可以确定产品是否合乎道德，或者它在多大程度上引发了道德问题。这时就需要通过个人价值观和文化价值观进行分析。

步骤 7 ：识别出你在分析中依据的价值观和假设

最后一步可能是最困难的：识别出藏在你的分析背后的价值观和假设。任何对伦理道德的研究都以进行分析时所使用的价值体系为中心。这些价值观通常是不明确或不外显的，因此，确定你的分析依据了哪些道德假设是有用的。

这些价值观和假设因人而异。在西方的大多数文化中，个人自由和自决的价值高于制度效率或集体权力。因此，当说服性技术产品促进了个人自由时，人们很可能认为它是合乎道德的；而当它们以牺牲个人利益为代价赋予机构权力时，人们则可能会认为它是不道德的。其他文化可能会将社群需求置于个人自由之上，从而以不同的方式来评估技术的伦理。

| 关键在于教育 |

本章涵盖了一系列与说服性技术相关的伦理问题。其中一些问题，如使用计算机传达情感，代表了伦理学讨论的新领域。其他问题，如利用监测来改变人们的行为，都已经是我们熟悉的议题了。无论是新的问题还是熟悉的问题，这些伦理问题都应该被那些设计、传播和使用说服性技术的人更好地理解。

归根结底，教育才是使说服性技术更合乎道德的关键。理解了本章所述道德问题的设计师和分销商，将更容易开发出和销售合乎道德的说服性技术产品。教育办好了以后，当计算产品使用不道德或有争议的道德策略来说服用户时，技术用户也将能更好地认识到这一点。我们对说服性技术的伦理知识了解得越多，科技产品就越有可能以合乎伦理的方式被设计和使用。

第 10 章
计算机说服技术的前景

前面的章节已经向你介绍了计算机说服技术这门学科（对计算机作为说服性技术的研究）的基础知识。我的目标是为你提供资源，使你能够研究、设计、使用或者就只是为了理解，当前和未来的说服性技术产品。我还提供了一些框架，如功能三位一体模型和网络可信度网格等，用于从概念上将这个变化多端的领域梳理清楚。

无论是在理论上还是在实践中，我们都正在见证着说服性技术的曙光。因为计算机说服技术是一个崭新的领域，不仅本书中的一些框架可能会改变或发展，而且书中提供的许多例子都只是代表着开拓性的实验，而不是成熟的产品。仅仅根据这些早期的例子很难判断说服性技术的潜力何在，又有哪些陷阱。就像飞行器的早期设计一样，说服性技术的早期设计也很可能会有很高的失败率。随着计算机说服技术在理论和实践上的成熟，那些早期的例子将被更加精妙复杂的应用程序所取代。

在未来的几年里，由于计算能力的进步和它们涉及的巨大利益，说服性技术方面的能力可能会快速增长。针对说服性技术的研究也应该能迅速发展，因为技术将会改变研究进行的方式。

在过去，研究说服是件费时费力的事情。一项研究可能耗时数年才能完成，即使是"快速"的实验室实验也需要至少几个月的时间。而且，即使一项研究完成并被记录下来，其结果也可能要一两年才会发表。这一两年的时间将要花在学术同行评审、修订、编辑、排版、印刷等事务上。因此，在 20 世纪，关于说服的科学研究一直步履维艰。

一切都在改变。今天，互联网和其他计算技术使我们能够快速地研究说服，这包括构建研究、大规模招募被试、收集和分析数据以及在网上分享结果。使用这些新的技术系统，我们可以在几天内就实施一项研究并报告结果，而不用再像以前那样要等好几年。

> 当我们了解到计算机如何说服他人时，我们将对人类如何说服别人产生新的见解。

如此快速的研究和报告周期也是有潜在缺陷的，包括容易在没有经过周密设计的情况下就迅速启动一项研究；缺乏时间仔细考虑结果；在没有足够的同行评审的情况下急于分享结果。此外，互联网使任何人，而不仅仅是那些有资格的人，都能进行研究；没有管理机构对在线的研究工作进行监管。互联网也使得招募大量被试变得更容易，这也带来了一种危险，即研究的评估将基于被试的数量，而不是研究的质量。

然而，我相信使用交互技术进行研究更快和更容易这两项便利将永久性地改变关于说服的研究。无论是好是坏，这项新技术都将催生一批新的研究人员，他们不会满足于20世纪那种稳妥却缓慢的做法。

因为计算机说服技术既是理论的又是实践的，研究和设计说服性技术的努力很可能因此会成为一个相互交织的过程。研究将为设计新的说服性技术产品提供基础，设计又将成为新的研究的刺激和灵感。

在我看来，为我们理解说服性技术做出最大贡献的不会是某个只追求理论的研究实验室，也不会是某位独立工作的天才设计师；相反，最大的贡献将来自那些重视彼此的工作，也知道如何有效地相互合作的研究人员和设计师。

随着我们对如何设计计算系统来改变人们的态度和行为有了更深的理解，我预测我们将看到一个非凡的转变，那就是，关于计算机如何说服人们的知识将创造出新的见解，使我们更好地了解人类如何说服其他人。

让我来详细说明一下：迄今为止，计算机说服技术已经利用了各种学科，尤其是社会心理学，来预测计算机对人类的影响潜力。例如，我早期关于来自计算机的表扬具有说服效力的研究假设，就源自与来自人的表扬有关的社会心理学研究。虽然心理学和其他学科的成果在过去帮助人们照亮了说服性技术的前路，但我认为这种信息的流动是有可能逆转的。

　　未来，我们或许可以通过研究基于计算机的说服来发现新的影响动态。然后，研究人员将进行测试，以确定这些新动态是否同样适用于只有人类参与的情况。换句话说，关于计算机对人说服的新知识可能会为人对人的说服提供重要的见解。[①]虽然这只是推测，但是，如果这种做法确实成功了，它将提供实际的好处：我们可以首先使用计算机系统来尝试影响策略的效用，然后就能帮助教练、教师、销售人员，甚至是父母成为更有效的说服者。

| 计算机说服技术的五个未来趋势 |

　　我关于说服理论领域中的信息流可能会反转的主张只是一种推测，但计算机说服技术中的其他议题已经似乎相当清楚。在接下来的几年里，我预测，计算机作为说服性技术在研究和设计上将出现以下五个新趋势。

趋势 1：说服性技术将无处不在

　　在未来，无论是在家里还是在工作中，说服性技术系统都将越来越多，并最终成为我们日常生活的一部分。纵观历史，说服的艺术可以帮助人们和团体达成他们的目标。说服这件事在人类生活中仍将无处不在，这是必然的。改变的只是说服的方式：人们将越来越多地通过互动技术被说服。

　　基于计算机的影响策略不仅将出现在典型的桌面和网络应用程序中，而且将被设计到日常消费品中，如汽车、厨房电器，甚至可能会设计到服

---

① 这种情况已经在一定程度上发生了。我在对人机说服的研究中发现了之前在人与人的研究中前所未见的说服动态。具体来说，在研究从属关系的说服力时，克利福德·纳斯教授和我将从属关系的结构区分为两个要素：互依性（人们会与另一个实体在所获奖励或惩罚上得到相同的待遇）和身份（人们被分配到同一个群体中）。我们发现，本质上，是互依性，而不是身份，导致了人们与他人保持一致，并且对他人持积极正面的态度。这一领域最初的几项研究涉及的是使用计算机的人。在这些研究显示出有趣的结果后，我们对一起共事的人重复了这个研究。在人对人的实验中，我们也得到了同样的结果。随着说服研究步伐的加快，以及计算机系统提供了一种以高度受控的方式进行实验的做法，我预期还能发现更多这样的情况。

P 福格说服技术
ersuasive Technology
Using Computers to Change What We Think and Do

装中。技术研究者和有远见者已经预测了计算系统将如何改变我们生活中的普通物品和环境。未来，我们将使用各种智能产品，并且在智能环境中工作和生活。对于这个愿景，我要补充的一个观点是：未来的智能产品和环境将不仅仅与生产力或娱乐有关，它还将与影响和激励人们有关。

在说服性技术实验室，我和我的学生们探索了智能灯具和高科技毛毯如何促进节能，下一代的沙发和家庭供暖系统如何鼓励社交互动，以及未来的汽车和居民区街道标志如何促进更安全的驾驶行为等项目。虽然这些概念构思中的绝大多数永远不会成为实际产品，但有些还是会的。

这样的未来还需要一些时间才能到来；创造智能的、有说服力的产品和环境是一项重大的技术和经济挑战。然而，很显然，在不久的将来，有一个平台将开始运行说服性的应用程序，这个平台就是手机。在第 8 章中，我讨论了移动设备在增强说服力方面的潜力。我相信，开发推出应用程序，以便通过手机推广电子商务和自助服务，将使说服性技术普及。这一点比任何其他近期创新都重要。

说服性技术的普及对高科技设计师有着直接的影响。因为许多交互系统都包含具有说服力的元素，大多数高科技设计师至少要对计算机说服技术有所了解，就像大多数设计师现在都熟悉可用性一样。与可用性类似，计算机说服技术可能会成为人们学习设计交互式计算系统的标准课程中的一个组成部分。

趋势 2：其应用将超越交易和品牌领域

第二个主要趋势涉及计算机说服技术的应用领域。在引言部分列出的 12 个领域[①]中，近期增长最多的领域是商务，即通过交互系统进行购买和品牌推广。一些公司已经表现出了通过网络技术推广产品、服务和品牌的热情。在撰写本书时，许多这类尝试都不免沦为以下几种情况之一：粗制滥造（使用过度加工的图形、文本或动画；通过禁用浏览器上的"返回"

---

① 我在引言部分讨论过这一点。这 12 个领域分别是：商务（购买和品牌推广）；教育、学习和培训；安全；环境保护；职业效能；预防保健；健身；疾病管理；个人理财；社区参与行动；人际关系；个人管理与自我提升。

按钮来尽量使用户留在其网页上；提供冗长的"常见问题清单"而不是真正的客户支持；带有欺骗性的横幅广告），尚不成熟（为推广产品或服务而设计的在线角色），或者就只是令人生厌（你的收件箱里塞满了垃圾邮件；你必须先在新闻网站上注册才能查看其流媒体视频内容）。在电子商务和在线推广中，那些说服性技术的成功案例将继续存在并不断复制，而不成功的方法将逐渐消失。随着时间的推移，通过多种类型的交互系统（不仅仅是网络）来促进的购买和品牌推广将变得更加复杂和有效。

在未来，那些目前尚未与互动技术有多少关系的公司也将开始利用它的潜力。具体来说，在金融理财、健身、人际关系、环境保护等方面拥有核心竞争力的公司会发现，通过使用技术作为激励和影响的手段，它们可以更好地实现企业目标。

我们已经看到了一些例子，这些例子显示出非科技公司也开始提供或考虑提供说服性技术产品。慧俪轻体（Weight Watchers）公司推出了一个计步器来鼓励健身活动。在保险费率较低的压力下，保险公司正在探索使用车载监控系统来激励更安全的驾驶行为的可能性。默克（Merck）制药公司在销售一款减缓脱发的药物，该公司提供了一种在线模拟，帮助人们看到自己如果头发少了会是什么样子。那些对某个垂直细分市场感兴趣的公司也将越来越多地使用交互技术来实现它们的目标。此外，政府和政客们肯定会更加老练地运用技术，通过说服来获得权力。

卫生保健

卫生保健是最有可能利用说服性技术的垂直细分市场之一。今天，你可以找到大量的旨在支持健康的互动系统，不过，这些产品中只有相对很少的一部分在积极地激励或说服人们过一种更健康的生活（慧俪轻体的计步器可以算作一个例子）。在将互动技术应用于健康方面，我们仍处于早期阶段。①

---

① 2001 年发表的一份关于电子保健业务现状的报告对这一领域发展缓慢的情况表示了遗憾。详见：T. R. Eng, *The eHealth Landscape: A Terrain Map of Emerging Information and Communication Technologies in Health and Health Care* (Princeton, NJ: The Robert Wood Johnson Foundation, 2001)。

尽管仍处于早期阶段，但我相信我们将在卫生保健领域看到许多创新。推动在这个领域使用说服性技术的将是保险公司和医疗保健提供商，因为它们看到了潜在的财务收益。这些机构知道，许多健康问题都有行为方面的因素，例如，吸烟会导致心脏病，无保护措施的性行为会增加感染艾滋病毒的风险，未能控制糖尿病会导致一系列健康问题。通过帮助人们改变这些和其他领域的一些行为，保险公司和医疗保健提供商可以节省资金，并在这个过程中提高它们的利润。这个原因足以使我做出预测：随着对计算机说服技术理解的加深，卫生保健领域的利益相关者将投入大笔资金，开发那些能够积极促进健康的交互技术。

教育

另一个即将迎来增长的说服性技术领域是教育。从教室到工作场所，教育设计师将开发计算机应用程序，从而深刻地激励人们去获取新知识和新技能。说服性技术可以激励人们开始学习过程，坚持完成任务，然后根据需要对材料进行复习。[①]有些互动学习系统已经包含了影响力的原理，尤其是将之冠以"寓教于乐"的主题。教育技术的前景肯定是一片光明的。随着精巧程度的提高，我们将看到具有调适性的教育和培训产品出现，它们能够量身定制激励方法，以匹配每一位学习者的情况。例如，可以通过因果模拟来激励调节型的人进行学习，或者为聚合型的人在互动性问题集和测验中的表现提供奖励。[②]也许更重要的是，那些能够在正确的时间和地点教育人们的互动系统——在购买食品杂货时进行营养教育，或在与来自不同文化的人见面前提供关于礼仪的信息。

由于它们的市场前景广阔，卫生保健和教育是说服性技术中的两个可能会迅速增长的领域。其他没有立竿见影的财务收益的重要领域，比如环境保护，可能只能够在无私的个人和基金会能够提供资源的前提下实现增长——不幸的是，与整个行业的创新步伐相比，它将是缓慢的。

---

① 有一篇短文描述了电脑游戏如何在训练现场激励人们，详见：M. Feldstein and D. Kruse, The power of multimedia games, *Training & Development*, 52(2): 62–63 (1998)。

② 区分学习风格有很多种方法。我这里所用的方法以大卫·科尔伯（David Kolb）的学习风格理论为基础。在他的模型中，四种学习风格分别为发散型（diverger）、同化型（assimilator）、聚合型（converger）和调节型（accommodator）。

趋势 3：专门的说服设备将会增多

计算机说服技术领域的另一个趋势是专门为说服目的而创建的设备将会激增。目前，这样的设备相对较少（从宝贝请三思婴儿模拟器到《口袋皮卡丘》计步器）。然而，我预测在未来几年内，你将看到许多能够影响和激励玩家的互动设备出现。这些设备的用途将变得非常窄，使用影响策略来瞄准有限领域内的特定受众。

有一天，我们可能会看到一个激励大学生献血的设备，或者一个帮助青少年克服害羞的设备。在商业领域，我们可能会看到一些创新，例如，某种可以在父母开车靠近购物中心时激励他们去逛玩具店的设备，或者另一种可以说服高中学生每周都去某家服装店或音乐商店逛一次的设备。这些专用设备中的大多数将是可移动的，因此它们可以在正确的时间和地点，以最有效的方式改变人们的想法和行为。

专门化设备的激增趋势是由三个因素合力推动的。第一个因素是组织开始明白开发说服性互动设备的潜在好处。一旦说服设备为公司赚了大钱的消息登上头版，决策者就会开始调查他们自己的公司使用类似方法的可能性。

第二个因素是成本。在未来几年，制造说服设备的成本将会大幅降低。其他消费类电子设备，如掌上电脑和数字宠物，随着时间的推移，价格也将出现大幅下降。具有说服力的互动设备也会走上同样的道路，因为此类设备的生产成本因素（主要涉及更廉价的离岸劳动力、激烈的全球竞争和更有效的设计方法）同与生产力或娱乐有关的设备的生产成本因素类似。

推动说服设备激增的第三个因素是网络链接的进步。如今，开发出用户友好的、能够访问互联网的移动设备并非易事。至少在美国，还没有一个统一的无线数据基础设施；各种标准和方案都在相互竞争，看不到明显的赢家。[①]这种情况在未来几年内应该会改变。随着无线技术的进步和无线标准的出现，开发出通过网络共享数据的移动设备（或在这些设备上运行

① 亚洲和欧洲在无线数据标准的某些方面远远领先于美国。

的应用程序）将变得更加容易。当链接成为一项微不足道的工作时，生产说服性移动设备的想法将变得更有吸引力。

趋势 4：越来越关注影响策略

第四个趋势与计算机说服技术本身的性质有关。在未来几年中，对于计算机作为说服性技术的研究将更直接地聚焦在基于计算机的影响策略[①]上，无论这样的影响发生在何处——网站、桌面计算机中与生产力有关的软件、专门设备或智能环境中。随着通过计算技术来影响他人的尝试越来越普遍，对交互产品的某种区分方式会变得越来越不重要，也就是说，我们会将交互产品分为两类：一类是专为说服而设计的（宏劝说）；另一类是将影响策略作为更大的应用程序中的一部分（微劝说）。

随着计算机说服技术的成熟，它所使用的影响策略（而不是具体体现为哪款交互产品），将成为分析的基本单元、构建的基本模块。这一转变将扩大计算机说服技术的应用范围。我的观点是，几乎所有成熟的终端用户应用程序——无论它在桌面计算机、移动设备上运行，还是基于网络运行，最终都会把激励和说服的元素整合进来。

我们已经目睹了这种转变。成熟的桌面端应用程序，如 Intuit 公司的 Quicken 财务管理软件，一度明确只专注于提高生产力，现在正在演变为将教练辅导、状况监控、建议，甚至交叉销售（同样由 Intuit 公司开发的 TurboTax 税务管理软件试图说服用户尝试使用 Quicken）等元素都包含在内。

网站也正在运用说服的方法来保证访问者的回头率。Iwon.com 鼓励用户将其作为默认主页。CNN 试图说服浏览者注册以获取其优质内容。其他使用了说服性技术的应用程序和网站数目也正在迅速增长。有两个因素推动了这种将说服性技术融入科技产品的趋势。

[①] 你会发现本书中关于影响策略的例子比比皆是。例如，第 3 章讨论了定制技术、自我监控技术和监测技术等；第 4 章阐述了因果模拟等；第 5 章解释了吸引力、相似性等因素的说服效力。

第一个因素是，随着应用程序的成熟，公司开始不再专注于一次性交易，而是专注于建立品牌忠诚度，专注于向现有客户销售更多的产品和服务。将说服性技术设计到交互式技术产品中可以帮助公司实现这些目标。

第二个驱动因素是，由于技术的进步，公司能够改善其互动产品的用户体验，扩展其产品的基本功能，以提供更广泛的服务。Quicken 不再只是一个用来计算你的收入支出的花哨计算器，而是你的个人理财顾问。诺顿实用程序包不再只是计算机出问题时需要使用的软件，而是一种先发制人的解决问题的维护服务。这些产品和其他一些产品越来越多地被设计用来帮助终端用户在某个领域（如个人理财）取得成功，并在此过程中增强品牌忠诚度。

将重点放在影响策略而不是产品上之所以可能是必然的趋势，还有另一个原因：许多产品不再是独立的单元——你安装的单个应用程序或你随身携带的某个设备。计算产品正在超越它们以前的界限，越来越多的桌面端软件将链接到网络端的服务，互联网内容将出现在你的电视屏幕上，便携式设备将传输来自第三方的实时数据。这种界限的模糊将为说服性技术的研究人员和设计师创造新的机会。那些从影响策略的角度出发来解读说服性技术的人将能够在广泛范围内应用他们的技能，既包括现有的产品，也包括新兴的产品。

趋势 5：影响战术会成为另一个新的焦点

随着计算机说服技术更多地聚焦于影响策略，另一个趋势也将出现，那就是对影响战术的关注。所谓"战术"，我指的是影响策略的具体实施方式。例如，赞美表扬是一种影响策略，而如何在计算产品中实施赞扬就属于战术范畴。当谈到基于计算机的表扬时，具体战术可以是一个说"你干得很棒"的对话框，可以是来自歌曲《没人比你做得更好》（*Nobody Does It Better*）的一段剪辑音乐，也可以是卡通蜥蜴在屏幕上跳着桑巴舞表示庆祝。还有其他成百上千种的战术可能。

虽然影响策略的数量是有限的，但用以实施战略的可能战术的数量几乎是无限的。新的计算能力为新战术带来了更多的可能性。这是让计算机说服技术变得如此有趣的一件事：只要交互技术在进步，新的战术就会涌现，从而改变人们的态度和行为。

对于说服性技术的设计师来说，选择正确的影响策略是产品成功的关键。假设你正在设计一种技术来增强人们对锻炼计划的遵从性，而且你已经确定了追踪是一个重要的影响策略。那么，你将如何实施追踪策略呢？用户是自行输入与遵从锻炼计划有关的数据吗？还是说系统会自动感知并记录这些数据？追踪用户的遵从行为的适当频率是多少？每天，还是每周？对于行为追踪而言，使用什么样的隐喻最为有效？在方框内打钩以表示完成，还是使用奖励点？用户如何查看自己的表现记录？对于不同的目标行为和不同的受众，这些问题也可能会有不同的答案。选择正确的答案——也就是说正确的战术——将决定产品在说服方面的效果。

随着计算机说服技术的发展，研究人员和设计师都将更多地关注影响战术，以确定何种战术在何种情况下适用于何种类型的用户。在说服性技术的实践领域中，战术还将通过其他方式占据中心位置。开发出特定类型的、基于技术的策略来影响人们，这很可能会成为某些公司大力发展的核心能力。例如，某家公司可能会声称自己是在小屏幕（如手机屏幕）上开发说服性模拟方面做得最好的；另一家公司可能会专注于开发一系列的口头音频元素来传达赞扬或鼓励的信息；还有一家公司可能会开发一个系统，以在适当的时间和地点建议人们做出购买行动。①

当涉及专利时，影响战术也将变得更加重要。你不能为影响策略申请专利，但你可以为该策略的具体实施（即一种战术）申请专利。在说服性技术领域，一个值得注意的例子是各方激烈竞争的、亚马逊公司的一键式购物专利，该专利由亚马逊公司于 1999 年获得。一键式购物的理念是建立在削减策略之上的，即把一个复杂的活动变得简单，从而增强说服力。

---

① 在某种程度上，公司在开发或使用影响战术方面的专业化趋势已经出现了苗头。

亚马逊一键式购物的专利问题仍然是网络世界和知识产权领域争论的话题。①互动式影响战术很可能最终会产生数十项甚至数百项专利（以及不可避免的许多诉讼），从而创造出与计算机说服技术相关的重要知识产权。

最后，因为它们对公众的潜在影响，影响策略可能会受到决策者越来越多的审查。第 9 章指出了说服性技术的一些使用方式可能会对个人和社会有害。未来，某些互动影响战术可能会引发伦理问题，甚至引发公愤。不难想象，更严格的监管将用于防范对某些战术的运用，如利用游戏平台鼓励孩子泄露自己和家人的隐私。政策制定者不能禁止使用游戏动力学，如创造模拟、奖励分数或使用其他方法去影响人们，但他们可以禁用针对特定用户的特定实施方法。

| 肩负责任，勇敢前行 |

上述五个趋势是我对计算机说服技术的下一个发展阶段的展望。其中一些我所预测的趋势可能会消退，另一些新的趋势也可能会出现。预测技术的发展方向从来都不是一件容易的事情。而在一个相对较新、取决于多种因素（包括学术研究、经济活力、技术创新等）的领域预测未来就更具挑战性了。

有一件事是确定无疑的：随着计算技术越来越深入地融入日常生活，说服的新的可能性将会出现。无论这种技术的形式是什么，从台式计算机到智能汽车内饰再到手机，它都可以被设计成以我们无法完全预测的方式来改变人们的态度和行为。

---

① 亚马逊的一键式购物专利最著名的反对者之一是蒂姆·奥莱利（Tim O'Reilly），他是一位著名的计算机图书出版商。他悬赏了一笔奖金，奖励给那些能在现有技术中找到证据，以证明有其他人在亚马逊之前也曾构想或使用过一键式购物的人。2001 年 3 月，他把奖金颁给了三个不同的人。就连亚马逊公司的创始人杰夫·贝佐斯（Jeff Bezos）也对这场喧闹做出了回应，主张对专利体系进行修订。现在互联网社区内的主要议题不是亚马逊是否应该被授予专利（因为这已成定局），而是亚马逊为执行其专利可以采取什么步骤。这正是人们想要向亚马逊公司施加压力，逼迫其让步的地方。

我们还没有意识到计算机作为说服性技术的所有可能性或陷阱，计算机说服技术这个领域仍处于起步阶段。

但是说服性技术将会发展和成熟。在某种程度上，其精确的成长路径将取决于那些对说服性技术足够熟悉，从而可以帮助并指导这一发展领域的人。

我写本书的主要目的就是增强人们对说服性技术的集体理解，这样计算产品就可以被创造出来，以提高生活质量的方式对人们产生影响。这至少需要三件事：提高普罗大众对说服性技术的认识；鼓励设计师遵循指导方针，以开发合乎道德的互动产品；采取行动反对那些使用说服性技术来剥削和利用他人的个人和组织。如果本书有助于实现这些有价值的目标，诚我所愿也。

附　录

原理总结

第3章　作为说服性工具的计算机

削减原理

使用计算技术将复杂的行为简化为简单的任务，提高了行为的效益／成本比，并驱动用户实施行为。

隧道效应原理

使用计算技术来引导用户逐步通过一段过程或经历，从而提供了说服的机会。

定制原理

如果计算技术提供的信息会根据个人的需要、兴趣、个性、使用背景或其他个体相关因素进行调整，那么它将更有说服力。

建议原理

计算技术如果能在适当的时候提出建议，就会有更大的说服力。

自我监控原理

应用计算技术来消除跟踪绩效表现或状态时的单调乏味感，从而帮助人们实现预定的目标或结果。

监测原理

应用计算技术来观察他人的行为，从而增加达成预期结果的可能性。

条件反射原理

计算技术可以使用正强化来塑造复杂的行为或将现有的行为转变为习惯。

第4章 作为说服性媒体的计算机

因果原理

通过使人们能够立即观察到因果之间的关系，模拟可以说服他们改变态度或行为。

虚拟演练原理

通过提供一个有激励作用的模拟环境来演练一种行为，可以使人们在现实世界中改变他们的态度或行为。

虚拟奖励原理

计算机模拟在虚拟世界中奖励目标行为，比如对锻炼行为给予虚拟奖励，可以促使人们在现实世界中更频繁、更有效地实施目标行为。

现实环境中的模拟原理

某些便携式模拟技术的设计目的就是要在日常生活中使用，它们可以突出特定行为的影响，进而激励人们改变行为或态度。

第5章 作为说服性社会角色的计算机

吸引力原理

对目标用户具有视觉吸引力的计算技术也可能更有说服力。

相似性原理

人们更容易被与自己在某些方面相似的计算产品所说服。

赞扬原理

计算技术可以通过文字、图像、符号或声音等方式给予用户赞扬，从而让用户更容易接受说服。

互惠性原理

当计算技术对人们施与恩惠时，人们会认为有必要做出回报。

权威原理

充当权威角色的计算技术将具有更强的说服力。

第6章　计算机可信吗

诚信原理

如果人们认为计算技术是值得信赖的（真实、公平、不带偏见），那它的说服力就会增强。

专长原理

如果人们认为计算技术将知识、经验和能力整合成了专长，那它的说服力就会增强。

假定可信度原理

当人们使用计算技术时，会基于他们对何为可信、何为不可信的一般假设，对可信度有一个先入为主的概念。

表面可信度原理

人们会通过对页面布局、广告密度等表面特征的第一手考察，对计算技术的可信度进行初步评估。

名声可信度原理

第三方的背书——尤其是如果它们来自受人敬重的来源——能够提高人们对计算技术可信度的看法。

挣得可信度原理

随着时间的推移，如果计算技术能够按照用户的期望始终如一地表现，其可信度就会得到加强。

（近乎）完美原理

如果在用户看来，计算技术从不（或很少）犯错误，那么它将更有说服力。

第 7 章　可信度与万维网

真实世界感原理

网站如果能突出它所提供的内容和服务背后的人或组织，那么它的可信度就会更高。

易验证性原理

网站如果让用户很容易就能检查外部信息源，以验证网站内容的准确性，那么它的可信度就会提高。

期望实现原理

当网站满足用户的正面期望时，它的可信度就会提高。

易用性原理

网站会因容易使用而赢得可信度。

个性化原理

提供个性化内容和服务的网站的可信度会提升。

响应性原理

对用户的响应越快，人们就会认为网站的可信度越高。

第 8 章　通过移动性和连通性提高说服力

关键时刻原理

移动设备非常适合利用关键时刻原理——在适当的时候提供建议——来增加说服的可能。

便利性原理

易于获取——理想情况下，只需在移动设备上点击一次——的交互体验会更有说服力。

移动简洁性原理

易于使用的移动应用程序将有更大的说服可能。

移动忠诚性原理

如果人们认为移动应用程序首先服务了其需求和愿望，而不是他方的需求和愿望，那它的说服力就会更强。

移动婚姻原理

为说服用户而设计的移动应用程序应该支持用户和产品之间产生紧密的、积极的关系（许多次互动或长时间的互动）。

信息质量原理

如果计算技术能够提供当前的、情景化的、协调的信息，它就有更大的可能使人们的态度或行为发生改变。

社会促进原理

如果目标行为已经被熟练掌握，且人们知道他们正在被计算技术观察，或者他们可以通过技术识别出其他人也正在实施这种行为，那么他们就更有可能执行这种目标行为。

社会比较原理

如果人们能够通过计算技术得到他们自己的表现与他人（尤其是那些与自己相似的人）表现的比较信息，那他们就会有更强的动机去实施目标行为。

规范影响原理

计算技术可以利用规范影响（即同伴压力）来增加或降低人们采取某种目标行为的可能性。

社会学习原理

如果某人可以使用计算技术观察到他人因实施目标行为而得到奖励，那么这个观察者就会更有动力去执行这种目标行为。

竞争原理

计算技术可以利用人类竞争的天然内驱力来激励用户持有某种目标态度或采取某种目标行为。

合作原理

计算技术可以利用人类合作的天然内驱力来激励用户持有某种目标态度或采取某种目标行为。

认可原理

通过个人或群体的公开认可，计算技术可以增加某个人或某个群体持有目标态度或采取目标行为的可能性。

注意

　　本书涉及领域的知识和实践标准在不断变化。新的研究和经验拓展我们的理解，因此须对研究方法、专业实践或医疗方法作出调整。从业者和研究人员必须始终依靠自身经验和知识来评估和使用本书中提到的所有信息、方法、化合物或本书中描述的实验。在使用这些信息或方法时，他们应注意自身和他人的安全，包括注意他们负有专业责任的当事人的安全。在法律允许的最大范围内，爱思唯尔、译文的原文作者、原文编辑及原文内容提供者均不对因产品责任、疏忽或其他人身或财产伤害及 / 或损失承担责任，亦不对由于使用或操作文中提到的方法、产品、说明或思想而导致的人身或财产伤害及 / 或损失承担责任。

北京阅想时代文化发展有限责任公司为中国人民大学出版社有限公司下属的商业新知事业部，致力于经管类优秀出版物（外版书为主）的策划及出版，主要涉及经济管理、金融、投资理财、心理学、成功励志、生活等出版领域，下设"阅想·商业""阅想·财富""阅想·新知""阅想·心理""阅想·生活"以及"阅想·人文"等多条产品线。致力于为国内商业人士提供涵盖先进、前沿的管理理念和思想的专业类图书和趋势类图书，同时也为满足商业人士的内心诉求，打造一系列提倡心理和生活健康的心理学图书和生活管理类图书。

《细节设计之美：一本书学会神经设计》

- 一切没有神经科学和心理学知识支撑的设计作品，都有可能成为"漂亮的废物"。
- 消费者神经科学领域先驱倾力打造。
- 让你超越 90% 的设计师的神经设计必修课。

《呆萌营销心理学：让人无法抗拒的销售魔法》

- 揭示隐藏在具有说服力的营销信息背后的科学原理。
- 通过行为经济学与心理学核心发现的巧妙融合。
- 直击消费者痛点，打造让消费者无法抗拒的销售魔法。

《最后一英里：影响和改变人类决策的行为洞察力》

- 行为洞察力的提出者、世界知名行为科学家的经典力作。
- 用行为科学思维解决决定成败的"最后一英里"问题。
- 通过行为助推设计帮助人们做出最佳决策。